Manfred Kleine-Hartlage
Die liberale Gesellschaft und ihr Ende

Über den Autor

Manfred Kleine-Hartlage, 1966, ist Diplom-Sozialwissen-schaftler in der Fachrichtung Politische Wissenschaft. Er veröffentlicht regelmäßig aktuelle politische Kommentare, Analysen und Essays in seinem Internet-Blog *korrektheiten.com* und bei *sezession.de.* Im Verlag Antaios erschienen bereits sein Essay *Neue Weltordnung – Zukunftsplan oder Verschwörungstheorie? (reihe kaplaken* Bd. 30, 2011) sowie *Warum ich kein Linker mehr bin (reihe kaplaken* Bd. 33, 2012).

Inhalt

Einleitung 9

I. Die Selbstgefährdung der liberalen Moderne 13
   1. Nachhaltigkeit 16
   2. Was heißt »Gesellschaft«? 17
   3. Ideologiekritik und
      gesunder Menschenverstand 20
   4. Wie Gesellschaft funktioniert 22
   5. Individuelle und gesellschaftliche
      Rationalität 34
   6. Wie die Aufklärung den Totalitarismus
      hervorbringt 37
   7. Die Irreversibilität der Aufklärung 42
   8. Das Dilemma konservativer Politik 43
   9. Das Auseinanderklaffen von Wahrheit
      und Notwendigkeit 46
  10. Die Selbstradikalisierung der Aufklärung 47
  11. Metarationalität 48
  12. Transzendenz und Sinn 50
  13. Unfruchtbarkeit 53
  14. Die Verleugnung der menschlichen Natur 56
  15. Aufklärung und christliches Menschenbild 59
  16. Die Dummheit der Intelligenz 66
  17. Regel und Ausnahme: Die Dialektik
      der Toleranz 73
  18. Fazit 77

II. Ideologien der Destruktion 79
    1. Das Erbe des Kalten Krieges 81
    2. Liberalismus und Marxismus 83
    3. Die Metaideologie und ihre Implikationen 87
    3.1. Die Beweislastumkehr 87
    3.2. Entstrukturierung 89
    3.3. Universalitätsanspruch 90
    3.4. Die Herrschaft der Abstraktion 91
    3.5. Die Politisierung aller sozialen Beziehungen 92
    3.6. Wahrheitsmonopol 95
    3.7. Feinddefinition 96
    3.8. Utopisches Menschenbild 97
    4. Wie sich die Logik der Metaideologie
       in soziale Wirklichkeit übersetzt 99
    5. Die Dialektik des Liberalismus 104
    6. Wie man Untertanen züchtet 118
    7. Dekonstruktivismus: Die Abschaffung
       der Wahrheit 128
    8. Fazit 138

III. Mechanismen und Akteure der Destruktion 142
    1. Entdifferenzierung und Entstrukturierung 144
    1.1. Struktur und Differenz 144
    1.2. Entdifferenzierung und Kartellbildung 146
    1.3. Differenzierung und freiheitliche Demokratie ... 149
    *1.4. Entdifferenzierung als
       politisches Machtinstrument* 151
    *1.5. Ideologien der Entdifferenzierung als
       totalitäre Quasireligionen* 154
    1.6. Beispiel Globalisierung 157
    1.7. Fazit 160

2. Typische Aspekte von Entstrukturierung 162

2.1. Desinformationskartelle – ein Beispiel 162

2.2. Die Umgehung des Zensurverbots 170

2.3. Parteienkartelle 176

2.4. Die dialektische Struktur von
Zerstörungsprozessen 181

2.5. Die Rolle von Minderheiten 186

2.6. Gender Mainstreaming 192

2.7. Entdemokratisierung durch
Supranationalisierung 195

2.8. Selbstermächtigung supranationaler
Organisationen 200

2.9. Partikularität und Demokratie 202

2.10. Fazit 205

Zusammenfassung 208

Anmerkungen 215

Literaturverzeichnis 226

Einleitung

Meine bisherigen Bücher handelten von den Gefahren, die der europäischen Zivilisation drohen: In *Das Dschihadsystem*[1] ging es um die aggressive Expansivität des Islam, in *Neue Weltordnung*[2] um die Verschmelzung und Vernichtung partikularer Strukturen zugunsten globaler, in *Warum ich kein Linker mehr bin*[3] um die Destruktivität linker Ideologie und die fatalen Folgen ihrer gesellschaftlichen Dominanz.

Auf den ersten Blick handelt es sich um Gefahren, die miteinander nichts zu tun haben und bloß zufällig gleichzeitig auftreten. Tatsächlich sind sie aber nicht nur vielfältig miteinander verknüpft, sie treffen auch alle auf dieselbe Gesellschaft, eine Gesellschaft, die, wie von einer merkwürdigen Lähmung befallen, die schleichende Demontage ihrer Grundlagen hinnimmt.

Gewiß, die fortschreitende Islamisierung trifft hier und da auf Kritik und sogar auf meist unspektakuläre Formen eines zähen, untergründigen Widerstandes, der Ausbau supranationaler Strukturen führt zu Protest, wenn er offensichtliche Mißgeburten wie den Euro hervorbringt, linke Projekte wie das »Gender Mainstreaming« werden als ideologischer Irrsinn durchschaut und verlacht, allerdings bestenfalls zaghaft bekämpft. Der Protest setzt frühestens dann ein, wenn die Folgen einer verfehlten Politik vor aller Augen liegen, bleibt aber selbst dann eigenartig folgenlos.

Nur wenigen Menschen dürfte bewußt sein, daß all die politischen Fehlentscheidungen, die solche problematischen bis katastrophalen Folgen zeitigen, einer inneren Logik folgen, nämlich der Logik einer bestimmten Ideologie, und damit meine ich keineswegs nur eine im engeren Sinne *linke* Ideologie. Linke Ideologie ist lediglich eine von zwei Hauptvarianten eines ideologischen Paradigmas, zu dem auch der Liberalismus gehört, und das konkurrenzlos das politische Denken in westlichen Gesellschaften beherrscht. Die Prämissen dieses Paradigmas sind schon seit langem nicht mehr Gegenstand qualifizierter Kritik in den Zentren der gesellschaftlichen Meinungsbildung, und sie sind in dem Maße, wie diese Kritik ausblieb, vom Publikum als Selbstverständlichkeiten verinnerlicht worden und deswegen als Bestandteile einer Ideologie kaum mehr erkennbar.

So wird zum Beispiel kaum jemand, der über einigen Einfluß auf die öffentliche Meinung verfügt (und diesen behalten möchte), bezweifeln, daß die Aufklärung mitsamt den damit verbundenen Werten der individuellen Freiheit, der Emanzipation, der Toleranz, der Gleichheit und so weiter etwas unhinterfragbar Gutes sei. Die lange und große Tradition *gegenaufklärerischen* Denkens dürfte außer einer marginalisierten konservativen Rechten bloß noch Spezialisten für Philosophiegeschichte geläufig sein, und die wenigen Denker dieser Tradition, deren Namen wenigstens den Gebildeten noch etwas sagen (Carl Schmitt etwa), sind oft weniger Gegenstand einer ernstzunehmenden Kritik als einer niveaulosen, haßerfüllten Diffamierung.

Daß die Aufklärung durchaus ihre Schattenseiten hat; daß ihre Prämissen anfechtbar sind; daß Ideologien, die auf diesen anfechtbaren Prämissen basieren, die Existenz der ihr anhängenden Gesellschaft gefährden, sind Gedanken, die nicht verstanden werden können, solange eben diese Prämissen gedankenlos als Selbstverständlichkeiten verinnerlicht und als vermeintlicher Inbegriff des Wahren und Guten jeder Kritik so weit entrückt sind, daß der bloße Versuch, sie mit Argumenten zu kritisieren, den Kritiker zum Feind von Freiheit, Emanzipation und Toleranz stempelt, mit dem man demgemäß auf keinen Fall diskutieren darf.

Es liegt in der Natur der Sache, daß eine Gesellschaft, die eine falsche Ideologie verinnerlicht hat, stets aufs neue von unerwarteten Entwicklungen unangenehm überrascht wird – Entwicklungen wie denen, die ich in den genannten Büchern analysiert habe –, daß sie aber deren Ursachen nicht erkennen und adäquate Antworten nicht finden kann, sofern sich in diesen Entwicklungen die innere Logik eben *der* fehlerhaften Ideologie entfaltet, deren Prämissen sakrosankt sind.

Unter solchen Umständen muß es bei oberflächlicher Kritik und zaghafter, erfolgloser Symptombekämpfung bleiben, die sich obendrein lediglich auf die bereits offen zutage liegenden Probleme beschränkt, diese isoliert voneinander angeht und nicht zu verhindern vermag, daß immer neue verhängnisvolle Fehlentwicklungen eingeleitet werden.

Die Partikularinteressen verantwortungsloser Machteliten und Interessengruppen tragen das Ihre dazu bei, die Gesellschaft in einem Netz ideologischer Fehlannahmen gefangenzuhalten, die es ihr unmöglich machen, ihre eigene Situation zu erkennen. Es handelt sich dabei nicht etwa um ein zufälliges Sammelsurium von Irrtümern, sondern um ein *in sich* schlüssiges, durchdachtes und immer weiter ausgebautes System von Unwahrheiten, das für die Gesellschaft, die an sie glaubt, selbstzerstörerische Konsequenzen hat: um ein lückenlos geschlossenes, soziopathologisches *Wahnsystem*.

Es wird in diesem Buch darum gehen, die verborgenen Prämissen und Implikationen dieses Systems aufzudecken und die von ihm systematisch ausgeblendeten Wahrheiten zur Sprache zu bringen. Wir werden sehen, daß zu diesen mißachteten Wahrheiten nahezu alles gehört, was naturgemäß zur Aufrechterhaltung von Gesellschaft erforderlich ist, und daß diese Ideologie eben *deshalb* auf die Dauer nur zu deren Zerstörung führen kann.

Bei diesem Erkenntnisprozeß werden wir eine ganze Reihe von Heiligen Kühen schlachten müssen, und ich kann den Leser nur bitten, sich auch auf solche Argumente einzulassen, die ihm möglicherweise widerstreben werden. Ich habe durchaus keine Freude daran, ihn durch Thesen zu provozieren, die er vielleicht als skandalös empfindet. Ich bin aber zutiefst überzeugt davon, daß wir bestimmte Erkenntnisblockaden beseitigen müssen, weil wir – und mehr noch unsere Kinder und Enkel – auf eine Katastrophe zusteuern, wenn wir es *nicht* tun.

Gelingt es der Gesellschaft nämlich nicht, sich aus dem Netz der falschen Ideologeme zu befreien, so wird sie zuerst aufhören eine freie, und dann, eine zivilisierte Gesellschaft zu sein; am Ende werden die Überreste dessen, was einmal die europäische Zivilisation war, nur noch durch die Gewalt totalitärer Machtgebilde zusammengehalten werden können und diese Zivilisation sich als gescheitertes Experiment aus der sozialen Evolution verabschieden wie die Dinosaurier aus der biologischen.

I. Die Selbstgefährdung der liberalen Moderne

Es scheint, als lasse sich über Ideologie so wenig streiten wie über Geschmack oder Religion. Zwar *wird* unablässig darüber gestritten, aber solche Debatten führen selten dazu, daß jemand sich von den Argumenten der Gegenseite überzeugen läßt. Konversionen von einer Ideologie zur anderen finden statt, gewiß, aber nicht aufgrund von Argumenten, eher von Erfahrungen.

So hat der Zusammenbruch der Sowjetunion zweifellos dazu beigetragen, daß die Anzahl entschiedener Sozialisten in westlichen Ländern sich drastisch reduzierte, während die Reihen der Linksliberalen sich mit Ex-Sozialisten füllten. Hier war die Wirklichkeit selbst das stärkste Argument.

Das mag damit zusammenhängen, daß Ideologien nicht zuletzt auf Wertentscheidungen beruhen. Ob man mehr Wert auf Emanzipation oder auf Recht und Sitte legt, auf Freiheit oder Sicherheit, auf Demokratie oder Autorität, scheint ausschließlich auf den mehr oder minder willkürlichen Wertentscheidungen des autonomen Individuums zu beruhen, die als solche so wenig hinterfragbar und kritisierbar sind wie Geschmacksfragen, etwa die Präferenz für Salami oder Leberwurst, und ebenso verhält es sich mit den Ideologien, in denen diese Wertentscheidungen systematisiert sind.

Daß man eine Ideologie nicht nur vom Standpunkt einer konkurrierenden Ideologie, die *eine* Wertentscheidung nicht nur vom Standpunkt einer *anderen* kritisieren, sondern durchaus mit dem

Anspruch auf Objektivität hinterfragen kann, wirkt auf den ersten Blick so anmaßend, als wolle man wissenschaftlich über Geschmacksfragen entscheiden.

Wenn es auch kaum möglich ist zu entscheiden, was eine *gute* Ideologie ist – jedenfalls nicht ohne Rückgriff auf wiederum subjektive Wertentscheidungen –, so gibt es doch objektive Kriterien dafür, was eine *schlechte* ist:

Schlecht ist sie erstens, wenn sie an ihren eigenen Maßstäben scheitert, und dies nicht im Sinne der bloß unvollkommenen Verwirklichung ihrer Ideale, sondern im Sinne der Verwirklichung ihres Gegenteils. Der Marxismus, sofern man ihn als politische Handlungsanleitung versteht, ist nicht durch die liberale oder konservative Kritik an ihm widerlegt worden, sondern dadurch, daß er das Gegenteil von dem bewirkte, was er zu bewirken beanspruchte: Er hatte sich explizit das Ende der Herrschaft von Menschen über Menschen und das Absterben des Staates zum Ziel gesetzt, beim Versuch seiner Verwirklichung aber ein System hervorgebracht, in dem alles Mögliche abstarb, nur eben nicht der Staat, der ganz im Gegenteil zu einem System totaler Herrschaft ausgebaut wurde. Eine solche Ideologie ist offensichtlich defekt.

Ob eine Ideologie schlecht ist, erkennt man ferner daran, ob die Gesellschaft den Versuch ihrer Verwirklichung überlebt oder nicht. Es geht nicht um die Entscheidung zwischen Salami und Leberwurst, sondern um die zwischen einer Salami und einem Knollenblätterpilz. Es mag durchaus sein, daß ein Knollenblätterpilz besser schmeckt als eine Salami – ich weiß es nicht, weil ich noch nie einen gekostet habe –, trotzdem kann ich sagen, daß er ganz objektiv eine schlechte Speise ist, weil man seinen Verzehr nicht überlebt.

So banal das alles klingen mag, es handelt sich um *die* Sorte Binsenweisheit, die gerade ihrer Banalität wegen übersehen wird. Wenn es nämlich so scheint, als sei die Entscheidung für diese oder jene Ideologie mehr oder weniger Geschmackssache, so ist bereits die Tatsache, *daß* es so scheint, im höchsten Maße besorgniserregend: Daran läßt sich nämlich ablesen, daß politische Debatten sich nur noch um die Frage drehen, wie die Gesellschaft gestaltet werden *sollte*, nicht aber darum, wie sie überhaupt gestaltet werden *kann*, ohne unterzugehen. Daß sie *nicht* untergeht, gilt als Selbstverständlichkeit.

Besorgniserregend ist dies deshalb, weil die Geschichte weitaus mehr Beispiele für Staaten, Völker und Kulturen kennt, die untergegangen sind, als für solche, die überlebt haben. Wenn wir heute glauben, dagegen immun zu sein und den Stein der Weisen entdeckt zu haben, so zeugt dies, wie ich fürchte, von jener Sorte Hochmut, die vor dem Fall kommt.

Dabei ist dieser Hochmut zunächst nicht mehr als der berechtigte Stolz auf die Errungenschaften der westlichen Zivilisation: Keine andere der großen Zivilisationen hat ein vergleichbares Maß an wissenschaftlicher Erkenntnis, technischem Fortschritt, wirtschaftlichem Wohlstand, persönlicher Freiheit hervorgebracht, und in keiner anderen ist die Teilhabe an diesen Errungenschaften so allgemein wie in den Ländern Europas und Nordamerikas. Und dieser Fortschritt scheint noch längst nicht an sein Ende gekommen, im Gegenteil: Die Leistungen dieser Zivilisation werden immer atemberaubender. Unsere Zivilisation gleicht einem kühn konstruierten Wolkenkratzer, der ständig ausgebaut wird: immer höher, immer schöner, immer geräumiger, immer raffinierter, immer luxuriöser.

Einsturzsicher ist er deswegen noch lange nicht – so wenig, wie die *Titanic* unsinkbar war. Die Statik auch des eindrucksvollsten Bauwerks hängt davon ab, ob die Fundamente intakt sind. Ich werde in diesem Buch die These vertreten, daß dies *nicht* der Fall ist, mehr noch: daß der Wolkenkratzer »westliche Zivilisation« mit Material ausgebaut wird, das direkt dem Fundament entnommen ist, und daß er einstürzen wird, wenn dies nicht aufhört.

Daß es geschieht und nur von Wenigen bemerkt wird, hat mit einer Ideologie zu tun, die nur den Blick nach oben erlaubt, nicht aber den nach unten; die nur fragt, wohin wir wollen, aber nicht, woher wir kommen; die nur die Dynamik kennt, nicht die Statik; gleichsam eine Ideologie von Architekten, die als Studenten genau jene Vorlesungen geschwänzt haben, in denen es um das Thema »Fundamente« ging.

1. Nachhaltigkeit

Dabei verfügen unsere Gesellschaften mit dem Begriff der *Nachhaltigkeit* durchaus über ein Prinzip, das gerade darauf abzielt zu verhindern, daß sie sich den Ast absägen, auf dem sie sitzen. Nachhaltig ist eine Wirtschafts- und Lebensweise dann, wenn sie nicht mehr Ressourcen verbraucht, als sie erzeugt.

Der Verbrauch fossiler Energieträger etwa erfüllt dieses Kriterium nicht, deswegen bauen wir den Anteil erneuerbarer Energien aus. Entwicklungshilfe in Gestalt von Lebensmittellieferungen ist nicht nachhaltig, weil sie die örtliche Landwirtschaft ruiniert, deswegen gilt die Hilfe zur Selbsthilfe als Königsweg der Entwicklungshilfe. Eine ausufernde Staatsverschuldung, und überhaupt jede Verschuldung, die nicht auf die Finanzierung rentabler Investitionen gerichtet ist, ist ebenfalls nicht nachhaltig, deswegen versuchen unsere Politiker, sie einzudämmen. Zumindest behaupten sie das.

Geburtenziffern unterhalb der zur Bestandserhaltung statistisch erforderlichen 2,1 Kinder pro Frau sind nicht nachhaltig, weil sie über kurz oder lang zum Verschwinden der Gesellschaft führen, die sich diese niedrigen Geburtenraten leistet. Tatsächlich weisen praktisch alle westlichen Gesellschaften diese auf lange Sicht selbstmörderischen Geburtenraten auf. Und das bedeutet, daß unsere Lebensweise nicht nachhaltig ist.

Mancher wird nun einwenden, daß man die fehlenden Geburten ja durch Einwanderung wettmachen könne. Ich werde in diesem Buch noch in aller gebotenen Ausführlichkeit auf diesen denkbaren Einwand eingehen. Hier jedoch kann ich bereits festhalten, daß dieser Einwand, selbst wenn er zuträfe, kein Argument gegen die These ist, unsere Lebensweise sei nicht nachhaltig; denn allein die schiere Tatsache, daß die westlichen Völker sich nicht aus sich selbst heraus reproduzieren, sondern darauf *angewiesen* sind, ihre Defizite durch Import von Menschen auszugleichen, zeigt, daß unsere Lebensweise nicht verallgemeinerbar, sondern auf die Existenz einer Außenwelt angewiesen ist, die *anders* lebt als wir. Lebte die *Menschheit* so wie wir, sie würde aussterben.

Für das Thema dieses Buches von Belang ist zunächst die Frage nach den Ursachen: Ist die demographische Krise ein isolierbares Phänomen, das gegebenenfalls durch technokratische Eingriffe zu lösen wäre, etwa durch eine bessere Familienpolitik, höheres Kindergeld und dergleichen mehr?

Oder stellt sie bloß die Spitze des Eisbergs dar, also den sichtbaren und daher nicht zu leugnenden Kulminationspunkt einer Gesellschaftskrise, die in eben diesem Phänomen gipfelt, ohne sich in ihm zu erschöpfen? Sollte dies der Fall sein, so steht der gesamte Funktionsmodus unserer Gesellschaft auf dem Prüfstand, einschließlich der Ideologien, auf die er sich beruft.

Zumindest dies ist jedenfalls deutlich: Indem wir leben, wie wir leben, üben wir ein Privileg im klassischen Sinne aus: Nur eine Minderheit der Menschheit kann leben wie wir, was im Umkehrschluß bedeutet, daß die Mehrheit strukturell davon ausgeschlossen ist. Unsere Lebensweise ist in diesem Sinne parasitär.

Das muß freilich per se nicht bedeuten, daß sie nicht ad infinitum weitergeführt werden könnte; Parasiten sind unter Umständen so langlebig wie ihre Wirte. Es stellt sich aber die Frage, ob dies hier der Fall ist; ob nicht vielmehr die Mittel, mit denen wir versuchen, die Defizite unserer Lebensweise auszugleichen (also zum Beispiel Geburtendefizite durch Einwanderung) zu Folgeproblemen führen, die ihrerseits diese Lebensweise auf die Dauer unmöglich machen.

2. Was heißt »Gesellschaft«?

Wenn ich sage, unsere Gesellschaft lebe nicht nachhaltig, sondern nach Prinzipien, die zu ihrem Verschwinden führen, dann muß ich angeben können, was ich unter der Gesellschaft und ihrem Verschwinden verstehe. Zwei verschiedene Auffassungen von »Gesellschaft« kommen hier in Betracht:

- einmal die Gesellschaft als Solidarverband benennbarer *konkreter* Personen, der sich im Zeitverlauf entwickelt, indem einige wegsterben oder sonst ausscheiden, andere hineingeboren werden oder auf andere Weise beitreten, der aber als Solidarverband seine Identität behält und von anderen gleichartigen Solidarverbänden abgrenzbar ist; Solidarverbände dieser Art sind insbesondere Völker;
- zum anderen Gesellschaft als *abstraktes* Prinzip, als Lebensweise, als Regelsystem, z.B. als westliche, liberale oder demokratische Gesellschaft.

Plastischer formuliert: Gleicht das, was ich mir unter einer »Gesellschaft« vorstelle, einer *Familie*, in die man normalerweise hineingeboren wird (in die man aber im Ausnahmefall auch einheiraten und von der man adoptiert werden kann), bei der ich zu jedem gegebenen Zeitpunkt angeben kann, wer dazugehört und wer nicht, und die eine *Wir*-Gruppe darstellt?

Oder gleicht es einem Theaterstück, das an jedem denkbaren Ort aufgeführt werden kann und das auch dann dasselbe bleibt, wenn die Besetzung wechselt? Das also so lange »unsterblich« ist, wie genug Schauspieler bereitstehen, die die Rollen ihrer Vorgänger übernehmen können?

Auf den ersten Blick handelt es sich um eine bloß subjektiv entscheidbare Wert- oder Geschmacksfrage. Dem einen mag dann wichtig sein, daß zum Beispiel das deutsche Volk als historisch gewachsener und sich entwickelnder Solidarverband erhalten bleibt. Dem anderen geht es darum, daß in dem Land, das man üblicherweise »Deutschland« nennt (das man aber seiner Meinung nach ebenso gut anders nennen könnte, ja sogar sollte, damit das Mißverständnis vermieden wird, es handele sich womöglich um das Land der Deutschen), bestimmte *Spielregeln* gelten, zum Beispiel Demokratie, persönliche Freiheit, Rechtsstaatlichkeit, die Ächtung von Gewalt, das Recht auf Nacktbaden oder Schwulsein und dergleichen mehr, unabhängig davon, ob die, die in hundert Jahren dort leben und diese Prinzipien respektieren, mit den *heutigen* Bewohnern jener Fläche namens »Deutschland« irgend etwas zu tun haben.

Die Frage, welcher der beiden Gesellschaftsbegriffe vorzuziehen ist, entzieht sich in dem Maße der willkürlichen subjektiven Entscheidung, wie sich herausstellt, daß zwischen beiden Arten von Gesellschaft ein Abhängigkeitsverhältnis besteht. Wenn man etwa zeigen könnte, daß das *Regelsystem* »Gesellschaft« nur so lange aufrechterhalten werden kann, wie der *Solidarverband* »Gesellschaft« existiert, und daß die Auflösung des Solidarverbandes oder seine Verdrängung durch einen anderen (oder mehrere andere) zugleich die Auflösung und Verdrängung seiner Prinzipien bedeutet, wäre die Frage *objektiv* entschieden; freilich erst *dann*.

Ich werde noch zeigen, in welchem Maße das Denken in abstrakten Prinzipien *selbst* Ursache und Teil der Krise ist, die eben dieses Denken erledigen wird.[4] Zunächst begnüge ich mich mit dem Hinweis, daß jedes Abstraktum bereits begriffslogisch ein Konkretes voraussetzt, von dem abstrahiert wird. Man kann »Gesellschaft« als ein System von Spielregeln auffassen, die *zwischen* Menschen gelten, und dabei von den Menschen selbst absehen, eben *abstrahieren*. Dies gehört zum Handwerkszeug von Soziologen und erleichtert deren Erkenntnisprozeß: Man läßt einfach außer Betracht, was einen im Hinblick auf die jeweils konkrete Fragestellung nicht interessiert. Das heißt aber nicht, daß das, wovon man momentan absieht, deswegen nicht existieren würde oder nicht von Bedeutung wäre. Im Gegenteil wird es, gerade indem man davon abstrahiert, als existent, und sogar als konstant, *vorausgesetzt*. Wenn ich die Gesellschaft als Regelsystem analysiere, dann setze ich pragmatischerweise als Selbstverständlichkeit voraus, daß dieses System von den konkreten Menschen auch tatsächlich akzeptiert wird. Die Frage nach den *Bedingungen*, unter denen dies der Fall ist, unter denen also zum Beispiel Toleranz, Gewaltfreiheit, Gesetzestreue und dergleichen als Normen akzeptiert werden, steht auf einem ganz anderen Blatt.

3. Ideologiekritik und gesunder Menschenverstand

Mancher Leser mag solche Unterscheidungen – Gesellschaft als Solidarverband, Gesellschaft als Regelsystem, Gesellschaft als Abstraktum und als Konkretum – als typisch intellektualistische Haarspaltereien empfinden. Das ist doch klar, mag er sagen, daß mit einer »Gesellschaft«, die möglicherweise verschwindet, nur ein konkretes *Volk* gemeint sein kann – was denn sonst?

Dies ist der Standpunkt des gesunden Menschenverstandes, der freilich in den Zentren der gesellschaftlichen Ideologieproduktion schon lange nicht mehr so genannt wird. Medien, Wissenschaft und Politik ziehen es vor, den landläufig zu Recht so genannten gesunden Menschenverstand als »den Stammtisch« zu diffamieren. Der verächtliche Ton, mit dem dieses Wort ausgesprochen wird, bringt nicht nur ein beträchtliches Maß an Sozialdünkel zum Ausdruck, der denkbar schlecht zu den egalitären Postulaten linker Ideologie paßt. Er impliziert auch, daß diejenigen, die sich so ausdrücken, eine Ideologie vertreten, die vom Volk (das sich deswegen als »Stammtisch« abqualifiziert sieht) mehrheitlich abgelehnt wird.

Unglücklicherweise kann man Ideologien dieser Art mit dem gesunden Menschenverstand allein nicht widerlegen, jedenfalls nicht, wenn zur Ideologie gehört, das offen zutage Liegende als »Konstruktion« abzutun. Ideologien widerlegt man nicht durch den gesunden Menschenverstand, sondern durch Ideologiekritik. Was der Unterschied ist?

Sagen wir es so: Wenn jemand aufgrund einer hochkomplizierten Theorie »beweist«, daß der Regen von unten nach oben fällt, dann ist das *Ideologie.* Wenn jemand – wie ich – diese Auffassung zu widerlegen versucht, indem er ihre innere Logik kritisch hinterfragt und aufgrund möglichst scharfsinniger Analyse zu dem Schluß kommt, der Regen falle wohl doch von oben nach unten, dann ist das *Ideologiekritik.* Wenn aber jemand die Frage einfach dadurch entscheidet, daß er die Augen aufsperrt: *Das* ist gesunder Menschenverstand!

Es ist wichtig zu sehen, in welchem Maße die hierzulande vorherrschenden Ideologien von der Delegitimierung des gesunden Menschenverstandes leben, wie sehr ihre Plausibilität also davon abhängt, daß die Menschen *nicht* die Augen aufsperren. Ich wende mich mit diesem Buch vor allem an diejenigen Mitbürger, denen man erfolgreich beigebracht hat, ihren Augen *nicht* zu trauen. An die, die es zum Beispiel fertigbringen, einen Journalisten noch ernst zu nehmen, der schreibt, ein Terroranschlag, bei dem der Täter »Allahu akbar« ruft, habe selbstverständlich nichts mit dem Islam zu tun. Dabei ist dies nur *ein* Beispiel für die Absurditäten, die man uns täglich zu glauben zumutet, und nicht einmal das haarsträubendste.

Es sollte einen stutzig machen, wenn man aufgefordert wird, seinen Augen nicht zu trauen, und wenn eine ganze Industrie von Meinungsmachern darauf besteht, für irreal zu erklären, was Millionen von Menschen täglich als Realität wahrnehmen. Erinnern wir uns an die Sarrazin-Debatte: Ist die Hysterie nicht ein wenig verdächtig, mit der sogenannte Wissenschaftler Zweifel an ihren Erkenntnissen nicht mit Argumenten, sondern mit moralischer Denunziation quittierten? Führt eine solche Wissenschaft sich nicht selbst ad absurdum? Ist es nicht grotesk, daß die Ideologen, die ihren Mitbürgern unterstellen, sich von »Stereotypen« und »Vorurteilen« leiten zu lassen, dies selber in stereotypen Floskeln tun (»Ressentiments«, »rechtsradikal«, »rassistisch« etc.)? Daß sie stets und überall »Ressentiments« wittern, wenn die Wirklichkeitsbeschreibung ihrer Mitbürger von ihrer eigenen abweicht, während ihre *eigenen* Ressentiments gegen eben diese Mitbürger aus jeder Zeile sprechen, die sie zu deren Verunglimpfung schreiben? Könnte es sein, daß sie die Diffamierung des Andersdenkenden nötig haben, weil es ihnen an Argumenten fehlt? Könnte es sein, daß sie die Frage, ob diese Andersdenkenden Recht haben, schon deswegen tabuisieren, weil sie die Antwort fürchten, die sie zwingen könnte, sich mit ihren eigenen Vorurteilen auseinanderzusetzen, statt mit denen, die sie ihren Mitbürgern unterstellen?

Dies nur als Denkanstoß. Fahren wir fort mit der Ideologiekritik.

4. Wie Gesellschaft funktioniert

Wir alle kennen den Kategorischen Imperativ: Handle so, daß die Maxime deines Handelns jederzeit als Grundlage der allgemeinen Gesetzgebung dienen könnte. Und wir alle halten dieses Prinzip für einleuchtend. Es verbürgt einen fairen, gewaltfreien Interessenausgleich, und sofern wir davon ausgehen können, daß die meisten unserer Mitmenschen demselben Prinzip folgen, verbürgt es uns ein kalkulierbares, gesichertes soziales Umfeld, was uns wiederum ermutigt, uns ebenfalls gemäß dem Kategorischen Imperativ zu verhalten und dadurch unseren Teil dazu beizutragen, dieses Umfeld zu erhalten.

Gewiß sind im Einzelfall auch unangenehme Überraschungen möglich, wenn wir etwa einem Kriminellen begegnen, der sich gerade *nicht* an diesem Grundsatz orientiert. Aber solche Ausnahmen bestätigen die Regel, daß wir uns auf einem im Allgemeinen sicheren sozialen Boden bewegen, ähnlich wie ein Erdbeben uns nicht nachhaltig in unserem Vertrauen in die Festigkeit der Erde erschüttern würde.

Weil er so vernünftig und einleuchtend ist, gehen wir davon aus, daß der Kategorische Imperativ die ethische Grundlage *jeder*, zumindest aber jeder funktionierenden menschlichen Gesellschaft ist, und in einem abstrakten Sinne ist dies in der Tat auch der Fall; aber eben nur in einem *abstrakten* Sinne.

Wie kompliziert die Verwirklichung dieses einfachen Prinzips sein kann, können wir uns an einem Extrembeispiel klarmachen, an dem eines Terroristen. Scheinbar ist der Terrorist – egal für welche Ideen er kämpft – von der Ethik des Kategorischen Imperativs so weit entfernt wie nur möglich. Er selbst freilich würde argumentieren, daß er schließlich für das Wohl der Menschheit kämpfe, das durch die gesellschaftlichen Verhältnisse (welche auch immer er konkret im Auge haben mag) beeinträchtigt werde. Würden alle Menschen, so spräche unser hypothetischer Terrorist, derselben Maxime folgen wie er und sich einem gedachten Gesetz unterwerfen, das zum Kampf gegen diese Verhältnisse verpflichtet, so wären Glück und Wohl der Menschheit gesichert. Er wäre also durchaus der Ansicht, im Sinne des Kategorischen Imperativs zu handeln und könnte sogar darauf verweisen, daß sein Handeln besonders selbstlos sei, da er selber ja ebensogut seinen Privatvergnügungen frönen könnte, statt sich für das Wohl einer Menschheit zu opfern, die dieses Opfer unverständlicherweise gar nicht zu schätzen wisse.

Die Logik einer solchen Argumentation ist hieb- und stichfest. Offenbar genügt es für das Funktionieren der Gesellschaft nicht, daß die meisten – im Idealfall alle – ihrer Mitglieder sich in einem *abstrakten* Sinne am Kategorischen Imperativ orientieren; dies tut der Terrorist unter Umständen ebenso wie der ihn verfolgende Polizeibeamte. Vielmehr bedarf es auch noch eines zumindest grundlegenden Konsenses darüber, *wie* die allgemeinen Gesetze beschaffen sein sollten, als deren Grundlage die Maxime des eigenen Handelns dienen kann. Der Imperativ setzt diesen Konsens voraus. Er sagt nichts darüber aus, wie er zustande kommt oder gestiftet werden kann.

Ein Konsens ist etwas, was naturgemäß *zwischen Menschen* bestehen muß, und zwar zwischen *konkreten* Menschen. Er muß nicht zwangsläufig die gesamte Menschheit umfassen, um seine pazifizierende Funktion zu erfüllen; es genügt, wenn er zwischen *den* Menschen besteht, um deren Zusammenleben es jeweils geht. Das heißt, er muß *innerhalb* einer Gruppe bestehen, nicht unbedingt *zwischen* ihnen. Dies impliziert, daß verschiedene Gruppen von Menschen sehr unterschiedliche Vorstellungen davon haben können, welche allgemeinen Gesetze der Gesellschaft zugrunde liegen und daher als Maxime die Handlungen des einzelnen leiten sollten.

Es hilft nichts, den daraus resultierenden Problemen dadurch ausweichen zu wollen, daß man einen menschheitsweiten Konsens einfach als gegeben unterstellt. Kulturen sind nicht nur, aber auch nicht zuletzt, *Konsensgemeinschaften*, die unter jeweils konkreten und unwiederholbaren Voraussetzungen historisch gewachsen sind und einer je spezifischen inneren Logik folgen. Eine multikulturelle Gesellschaft ist daher per definitionem eine, in der die Orientierung am Kategorischen Imperativ, sofern er abstrakt gedacht wird, unter

Umständen nicht geeignet ist, das elementare Problem menschlichen Zusammenlebens zu lösen. Dies wird nämlich vor allem dann nicht gelingen, wenn die Gerechtigkeits-, Wahrheits- und Moralvorstellungen der verschiedenen Kulturen, die in ein und demselben Land eine Gesellschaft bilden sollen, miteinander unvereinbar sind.

Damit ist bereits angedeutet, wie tief der Konsens reichen und welche Dimensionen er umfassen muß, damit er als Grundlage der Gesellschaft fungieren kann: nämlich mindestens die Dimensionen Recht/Unrecht, Wahr/Unwahr, Gut/Böse. Die entsprechenden Auffassungen erwirbt jeder einzelne Mensch im Sozialisationsprozeß und verinnerlicht sie als kulturelle Selbstverständlichkeiten.

Mancher mag an dieser Stelle einwenden, einen so tief reichenden Konsens müsse es doch gar nicht geben; es genüge vielmehr – erstens –, daß man nicht töte, nicht stehle, nicht betrüge, und dies sei doch – zweitens – universell eine Selbstverständlichkeit.

Nun, beide Voraussetzungen sind falsch. Wer nicht tötet, nicht stiehlt und nicht betrügt, kann sehr wohl trotzdem dem Gemeinwohl schaden: indem er zum Beispiel Intoleranz gegenüber Andersdenkenden propagiert; indem er sich als Wähler ohne Rücksicht auf das Gemeinwohl an den Partikularinteressen einer Klasse oder ethnischen Gruppe oder ganz einfach an seinem eigenen Bedürfnis nach staatlicher Alimentation orientiert; indem er seinen Söhnen beibringt, einer Lehrerin, die erstens eine Frau und zweitens eine Ungläubige sei, müsse man nicht gehorchen. Es gibt weitaus mehr Möglichkeiten, dem Gemeinwohl zu schaden, als es in einer freien Gesellschaft gesetzliche Verbotstatbestände geben kann.

Aber selbst das Verbot des Tötens, Stehlens oder Betrügens gilt nicht einfach universell – jedenfalls nicht gegenüber allen Menschen gleichermaßen. Der Kategorische Imperativ funktioniert als Grundlage der Gesellschaft nur so lange, wie als Konsens unterstellt werden kann, daß Rechte und Pflichten innerhalb einer Gesellschaft stets wechselseitiger Natur sind. Man kann es auch umgekehrt ausdrücken: Die Gesellschaft ist der Bereich, innerhalb dessen Rechte und Pflichten grundsätzlich reziprok sind. Eine Ethik wie die islamische dagegen definiert als Bereich der Reziprozität, d.h. als Gesellschaft, ausschließlich die islamische Gemeinschaft.

Das Tötungsverbot etwa gilt absolut nur für Moslems untereinander; »Ungläubige« dagegen können, wenn es der Verbreitung des Islams dient, sehr wohl getötet werden, zumindest unter bestimmten Voraussetzungen. Und auch das Stehlen und Betrügen erfährt weitaus geringere soziale Mißbilligung, wenn die Opfer keine Moslems sind.

Diese Ethik funktioniert als Grundlage einer moslemischen Gesellschaft ebenso gut wie andere Ethiken als Grundlage anderer Gesellschaften. Sie stellt auch keineswegs einen Verstoß gegen die Regel dar, daß die Ethik auf dem Kategorischen Imperativ beruhen müsse, um als Basis der Gesellschaft zu dienen. Die Maxime, der der Moslem folgt, ist der Gehorsam gegenüber Allah, und selbstverständlich kann und soll diese Maxime nach islamischer Auffassung als Grundlage der allgemeinen Gesetzgebung dienen. Dies impliziert, daß der Nichtmoslem allein dadurch, daß er das ist, daß er also die Unterwerfung unter Allah verweigert, ein strafwürdiges Unrecht begeht, weswegen es eine Wechselseitigkeit von Rechten und Pflichten zwischen Moslems und Nichtmoslems aus islamischer Sicht ebensowenig geben kann wie aus unserer Sicht zwischen einem gesetzestreuen Bürger und einem Kriminellen.

Zu den genannten Dimensionen, über die ein Konsens bestehen muß, kommt also noch die Dimension »Wir/Sie«. Es muß Einigkeit darüber bestehen, wer zur Gesellschaft gehört und wer nicht, und es ist keineswegs universell anerkannt, daß die jeweils in einem Land Zusammenlebenden in diesem Sinne zur selben Gesellschaft gehören.

Wir sehen also, daß der Multikulturalismus im Grunde auf einem Etikettenschwindel basiert: Er setzt voraus, daß die verschiedenen Kulturen, deren »Diversität« auch noch gefeiert und gefördert wird, in Wirklichkeit ein und dieselbe Kultur seien, zumindest in den Punkten, auf die es wesentlich ankommt, und daß Unterschiede demgemäß oberflächlicher, folkloristischer Natur seien.

Mit Respekt vor oder Interesse an fremden Kulturen hat eine solche Haltung nichts zu tun. Manch einer, der sich viel auf seine Toleranz und Weltläufigkeit zugute hält und andere als intolerant oder nationalistisch diffamieren zu dürfen glaubt, lebt in Wahrheit im Kokon eines kulturellen Autismus, der sich auf die Eigenart fremder Kulturen nicht – oder nur zum Zwecke oberflächlicher Affirmation – einlassen kann und will. Er glaubt, alle Menschen auf der Welt seien von Natur aus so wie er, der postmoderne, grünwählende Europäer, und er ist fest überzeugt, daß sie dieses ihr »wahres« Wesen spätestens dann erkennen würden, wenn sie lange genug unter dem Schutz von Antidiskriminierungsgesetzen gelebt hätten.

Die Unterscheidung »Wir/Sie« ist aber noch in anderer Hinsicht entscheidend für das Funktionieren, ja sogar und vor allem das Überleben einer Gesellschaft. Es muß nicht nur Konsens darüber bestehen, daß alle Menschen innerhalb desselben sozialen Gefüges zu dem »Wir« gehören, innerhalb dessen das Prinzip der Wechselseitigkeit gilt – es muß auch Konsens darüber bestehen, daß dieser Konsens bestehen muß.

Was heißt das? Bis jetzt haben wir uns mit den Problemen beschäftigt, die daraus resultieren, daß einerseits in westlichen Gesellschaften auch Einwanderer in das »Wir« der wechselseitigen Rechte und Pflichten integriert werden sollen, daß es aber andererseits Einwanderergruppen gibt (speziell die moslemischen), die eine solche Integration ablehnen. Jetzt aber geht es um ein *anderes* Problem, nämlich darum, daß *innerhalb* der einheimischen Völker kein Konsens darüber besteht, daß es so etwas wie ein »Wir« überhaupt geben müsse, das sich vom »Sie« der nicht Dazugehörigen abgrenzt.

Einer verbreiteten Denkrichtung zufolge sollte nämlich die gesamte *Menschheit* das »Wir« darstellen, innerhalb dessen Reziprozität gefordert ist, und dies ausdrücklich im Unterschied und Gegensatz zur Bejahung einer »Wir«-Gruppe unterhalb dieser Ebene. Es geht also nicht etwa darum, daß einen primär das Wohl der eigenen Gesellschaft, sekundär aber *auch* das Wohl etwa von hungernden oder unterdrückten Menschen in Afrika interessiert. Vielmehr soll man *überhaupt keine* Prioritäten dieser Art setzen, sondern mit allen Menschen *gleich* solidarisch sein. Das Hemd soll einem nicht näher sein als der Rock; es soll, um im Bilde zu bleiben, Jacke wie Hose sein, ob der Nächste mein Nachbar ist oder zehntausend Kilometer entfernt lebt.

In der Praxis scheitert naturgemäß die strikte Verwirklichung einer solchen Ethik an den Tücken der Realität, aber als normative Hintergrundannahme liegt sie der Berichterstattung der Medien, den Fragestellungen der Wissenschaft und den Entscheidungen der Politik zugrunde und wird über diese Kanäle ins Volk gespült.

Dies führt dann dazu, daß es geradezu als unmoralisch gilt, Einwanderungswillige abzuweisen, egal ob dies generell oder aber nach bestimmten Kriterien geschieht; daß ein Bekenntnis zum einheimischen Volk selbst denen nicht abverlangt wird, die sich einbürgern lassen; daß man als Menschenrechtsaktivist gilt, wenn man gegen die Überfremdung Tibets protestiert, aber als Rechtsradikaler, wenn man dasselbe für das eigene Land tut; daß wir eine »Gesellschaft für bedrohte Völker« haben – zweifellos eine verdienstvolle Vereinigung –, die sich mit *einem* Volk *nicht* beschäftigt, das bei Fortgang der laufenden Trends das Ende des Jahrhunderts nicht oder nur als bedrängte Minderheit im eigenen Land erleben wird, nämlich dem eigenen.

Ja, aber ist das denn nicht eine wunderbare Idee, daß alle Menschen Brüder werden – denn darauf läuft der Gedanke einer die gesamte Menschheit umfassenden »Wir«-Gruppe ja hinaus? Vielleicht wäre es eine – wenn sie sich denn verwirklichen ließe. Wenn also Menschen auf der ganzen Welt ihre in Jahrhunderten gewachsenen, über viele Generationen verinnerlichten und durch sozialen Druck aufrechterhaltenen Normen- und Wertesysteme über Bord werfen und durch eine weltweit gültige Einheitskultur, Einheitsmoral, Einheitswahrheit und Einheitsreligion ersetzen würden oder könnten. Also ein Projekt verfolgen würden, das nicht mehr und nicht weniger als ein globales Umerziehungsprogramm voraussetzt.

Daß dies ein totalitäres Unternehmen sein könnte und in der Tat auch eines ist, daß also die »wunderbare Idee« womöglich gar nicht so wunderbar ist, werde ich noch zeigen.[5] An dieser Stelle kommt es aber zunächst darauf an, daß dieser Traum von der »einen Menschheit« außerhalb der westlichen Welt von praktisch niemandem geträumt wird, sondern daß die Orientierung am Wohl des eigenen Volkes, der eigenen Kinder, an den Werten der eigenen Kultur und des eigenen Glaubens, wenn auch vielleicht in unterschiedlicher Intensität, in allen anderen Kulturkreisen so selbstverständlich die Grundlage der gesellschaftlich akzeptierten Ethik ist, wie sie es von Anbeginn der Menschheit immer gewesen ist und es bis vor ungefähr fünfzig Jahren auch im Westen war.

Die entscheidende Frage ist, was geschieht, wenn einzelne Gesellschaften sich als solche abschaffen, indem sie die Existenz einer alle Menschen umfassenden Weltgesellschaft mit universeller Reziprozität unterstellen, andere aber nicht; wenn sie also ihre Werte und ihr Verhalten nach einer Fiktion richten (von der im Grunde jeder weiß, daß sie eine ist), dabei aber mit anderen Gesellschaften konfrontiert werden, die diese Fiktion keineswegs teilen und sich erst recht nicht von ihr leiten lassen.

Was mit der Unterstellung einer allumfassenden Menschheitssolidarität ignoriert wird, ist die Binsenweisheit, daß Solidarität auf Wechselseitigkeit basiert. Sie ist etwas grundlegend anderes als Altruismus, bei dem man gibt, ohne zu empfangen – eine Haltung, die nur von wenigen Menschen dauerhaft durchgehalten wird und deshalb unmöglich als Grundlage der Gesellschaft taugen kann. Solidarität ist reflektierter Egoismus, ein Geschäft auf Gegenseitigkeit, bei dem allerdings nicht unmittelbar Leistung gegen Leistung getauscht wird, sondern der Einzelne sich solidarisch mit einer abstrakten Gemeinschaft zeigt. Er tut dies in der Erwartung, daß er dieselbe Haltung bei den anderen Mitgliedern dieser Gemeinschaft als Normalfall unterstellen und deshalb davon ausgehen kann, bei Bedarf seinerseits von der Solidarität der anderen zu profitieren. Gegenüber Menschen, an die er diese Erwartung realistischerweise – und spätestens aufgrund negativer Erfahrungen – nicht richten kann, wird er sich seinerseits nicht solidarisch zeigen, und er wird diese Solidarität auch seiner eigenen Gemeinschaft verweigern, wenn diese zu viele Schwarzfahrer aufnimmt, also Menschen, die Solidarität in Anspruch nehmen, ohne sie zu honorieren. Dies wird regelmäßig dann der Fall sein, wenn diese Menschen ihrerseits einer *anderen* Gemeinschaft mit Anspruch auf dieselbe Art von Solidarität angehören. Eine Solidargemeinschaft, die solche Schwarzfahrer nicht auszuschließen versteht, hört deshalb über kurz oder lang auf zu existieren.

»Dabei gehört kaum ein Mensch bloß *einer* Solidargemein-schaft, bloß *einem* System gegenseitiger Solidaritätserwartungen an. Diese Systeme bauen vielmehr aufeinander auf, erfüllen je spe-zifische Funktionen und entlasten einander, wobei die Intensität der Solidaritätserwartungen mit zunehmender Größe des Systems tendenziell abnimmt: Meiner Familie bin ich stärker verpflichtet als meinem Land, meinem Land stärker als meinem Kulturkreis und diesem wiederum stärker als der Menschheit insgesamt. Auf jeder Ebene ist mir das sprichwörtliche Hemd also näher als der Rock.

Dabei können diese Systeme einander nicht substituieren: Die Familie kann nicht die Aufgaben der Nation übernehmen und die Nation nicht die der Familie; die Menschheit als ganze wiederum kennt zwar auch Solidarität – wir spenden für Flutopfer in Bangla-desh – aber die ist nur schwach ausgeprägt – wir spenden als Na-tion vielleicht 20 Millionen, aber eben nicht 20 Milliarden, wie wir es bei vergleichbaren Katastrophen im eigenen Land täten –, wes-wegen die Menschheit nicht die Nation ersetzen kann.

Es ist wichtig zu sehen, daß die Solidarität innerhalb eines solchen Systems ihre notwendige Kehrseite im *Ausschluß* aller *nicht* dazu gehörenden Menschen findet: Wer seinem Nachbarn beim Tapezieren hilft, weil er davon ausgeht, daß dieser Nachbar sich irgendwann revanchieren wird, ist noch lange nicht bereit, *je-dermann* beim Tapezieren zu helfen. Oder, ins Politische gewen-det: Die Westdeutschen, die – nicht ohne Murren, aber letztlich doch anstandslos – eine Billionensumme aufbrachten, um Ost-deutschland auf die Beine zu helfen, hätten es zu Recht als ab-surde Zumutung zurückgewiesen, dasselbe für Polen oder Ruß-land zu tun.«[6]

Die Hoffnung, die, meist unausgesprochen, dem mutwilli-gen Leugnen oder Ignorieren solch einfacher Zusammenhänge zu-grunde liegt, lautet, daß die Utopie der Weltgesellschaft eine sich selbst erfüllende Prophezeiung sei, nach dem Motto: Wenn wir Alle ans Herz drücken, drücken sie uns ebenfalls ans Herz. Man erwar-tet also von Menschen aus anderen Kulturkreisen, daß sie aufhören sollen, sich mit ihrer eigenen Gemeinschaft zu identifizieren, nicht indem wir ihnen die Zugehörigkeit zu unserer eigenen als Alternative anbieten, sondern indem wir sie auffordern, die »Menschheit« als ihre Gemeinschaft anzusehen.

Dies wird jedenfalls implizit dort ausgesagt, wo man Einwanderern signalisiert, sie könnten ruhig doppelte, multiple oder hybride Identitäten hegen, was im Klartext bedeutet, daß sie mit dem deutschen Volk nicht solidarisch zu sein brauchen (es aber theoretisch auch mit keinem anderen sein sollen), da wir Deutschen selbst es ja auch nicht seien und als Glied einer fiktiven Solidargemeinschaft namens »Menschheit« jede Bevorzugung des Eigenen gegenüber dem Fremden schon aus Prinzip ablehnten. Ein Volk, das tatsächlich so denken würde, wie unsere Eliten uns suggerieren möchten, könnte im Normalbetrieb noch eine Weile nominell fortexistieren. Seine faktische Nichtexistenz als Volk, und das heißt definitionsgemäß als Solidargemeinschaft, würde sich spätestens im Ernstfall offenbaren, also dann, wenn sein Überleben von der Loyalität und Opferbereitschaft seiner Mitglieder abhängt. Es steht zu befürchten, daß die ideologisch postulierten und legitimierten »doppelten«, »multiplen« und »hybriden« Identitäten mancher Einwanderer sich in einem solchen Fall als Bemäntelung von jeweils höchst eindeutigen ethnischen Loyalitäten entpuppen würden. Von Loyalitäten, die alles andere als hybrid sind und jedenfalls nicht dem deutschen Volk gelten.

Sie gelten aber auch nicht der »Menschheit«, einer Nicht-Gemeinschaft. Warum sollten sie auch? Menschen haben sich schon immer zu Gemeinschaften zusammengeschlossen, die sich gegen andere Gemeinschaften abgrenzten, und zwar lange bevor sie darüber philosophiert haben, was eine Gemeinschaft überhaupt sei. Sie würden es nicht tun, wenn sie kein Verlangen danach hätten, und zwar ein *natürliches* Verlangen, also eines, das nicht von konkreten historischen Bedingungen abhängt. Daß die *Formen* dieser Gemeinschaften sich historisch verändern, ändert nichts am Prinzip.

Doch selbst wenn wir diese naturalistische Prämisse beiseitelassen, liegt es auf der Hand, daß die Zugehörigkeit zu einer solchen Gemeinschaft Bedürfnisse erfüllt, die nicht ohne weiteres von der *Menschheit* befriedigt werden können:

◆ Sie schaffen durch die Definition eines je spezifischen Systems sozialer Spielregeln ein kalkulierbares soziales Umfeld, den oben beschriebenen festen sozialen Boden.

◆ Sie geben dem Einzelnen Anspruch auf eine Solidarität, den er gegen die Menschheit nicht hat oder zumindest nicht mit Aussicht auf Erfolg erheben kann.

◆ Sie sind eine Quelle narzißtischer Befriedigung: Gerade wenn das persönliche Leben wenig Befriedigung bietet, insbesondere wenig Anlaß zu dem Stolz, der sich einstellt, wenn man sich von anderen positiv unterscheiden kann – und diese Art von Befriedigung ist ihrer Natur nach ein Privileg, d.h. nicht verallgemeinerbar –, kann die Zugehörigkeit zu einer Gemeinschaft ersatzweise Befriedigung stiften. Sie muß nicht einmal besonders großartig sein, es genügt, daß ihre Mitglieder sie für großartig *halten*, und zwar – dies ist entscheidend – *im Vergleich* zu anderen Gemeinschaften! Man kann solchen Gruppennarzißmus als Laster ansehen, aus der Welt schaffen wird man ihn nicht.

Viele Europäer haben Schwierigkeiten, dies nachzuvollziehen, und zwar aus mehreren Gründen: Gerade für die gebildeten Schichten ist charakteristisch, daß sie ihr Bedürfnis nach Stolz *individuell* befriedigen können, etwa durch Berufstätigkeit, und dementsprechend weniger auf den Gruppennarzißmus angewiesen sind. Sie sind wohlhabend genug, die Solidarität anderer entbehren zu können und sich ein gesichertes soziales Umfeld zu kaufen, indem sie sich in Umgebungen niederlassen, wo sie mit ihresgleichen unter sich sind. Vom monokulturellen Villenviertel Dahlem aus läßt sich trefflich von der Multikulturalität schwärmen. Und wer dann trotzdem noch ein Bedürfnis nach Kollektivstolz hat, wird es nicht zugeben, weil er von Kindesbeinen an dazu erzogen worden ist, dieses Bedürfnis für etwas »Böses« zu halten, weil angeblich der Stolz auf das Eigene zwangsläufig die Verachtung des Fremden impliziere, die – von wem eigentlich? – als schlimmste aller Todsünden definiert worden ist.

Menschen, die so denken, haben Schwierigkeiten, sich vorzustellen, daß sie von den ans Herz zu drückenden Anderen womöglich nicht als großherzige Menschenfreunde angesehen werden, sondern als Angehörige einer schwachen und deshalb verachtenswerten Gruppe und somit selbst als verachtenswert.

Daß eine Gruppe, deren Angehörige ihr gegenüber nicht loyal sind und sogar ihre Existenz leugnen, eine schwache Gruppe ist und deshalb nicht die beschriebenen psychologischen Bedürfnisse erfüllen kann, liegt auf der Hand. Und auf der Hand liegt auch, vor allem in den Augen der Anderen, daß sie keine Zukunft hat.

Warum, um nur dieses eine Beispiel zu nennen, sollten Türken in Deutschland es attraktiv finden, so zu werden wie wir? Warum sollten sie es attraktiv finden, ihre Gemeinschaft mitsamt den damit verbundenen Solidaritätspflichten und -forderungen zu verlassen, um sich einer anderen Gemeinschaft anzuschließen (denn eine solche sind wir in ihren Augen, egal ob wir eine sein wollen oder nicht), die offenkundig auf dem absteigenden Ast sitzt? Die Scheidungs- und Geburtenraten, die masochistische Selbstbeschimpfung und Selbstschädigung der Deutschen, die genau wissen, daß Deutschland sich abschafft (denen das aber egal ist), ihr schwächliches Nachgeben gegenüber Forderungen und Drohungen sprechen doch eine klare Sprache. Wer sich einer solchen Gemeinschaft anschließt, schifft sich sehenden Auges auf der *Titanic* ein.

Und sind wir selbst eigentlich mit unserer Lebensweise so glücklich, daß wir erwarten könnten, jeder Andere wolle sie teilen? Ist die Instabilität von Familien, ist das »lebenslange Lernen« aus Angst, am Arbeitsmarkt abgehängt zu werden, ist das Diktat der Mode, die in Ermangelung bleibender Werte das letzte Refugium sozialer Verbindlichkeit ist – ist das alles als Preis der Freiheit nicht ein wenig hoch? Die Frage, wie glücklich wir selbst damit sind, mag jeder für sich beantworten, aber offensichtlich ist, daß wir in den Augen anderer nicht unbedingt den *Eindruck* erwecken, es zu sein.

Wir gehen wie selbstverständlich davon aus, daß jeder Mensch frei sein wolle, und bis zu einem gewissen Grade ist das auch so. Das heißt aber noch lange nicht, daß jeder es erstrebenswert findet, in einer *Gesellschaft* zu leben, in der *jeder* frei ist. Die Kehrseite dieser Freiheit ist nämlich, daß man sich um so weniger auf den anderen verlassen kann, je weiter sie gediehen ist. Und das sagt durchaus nicht jedem zu.

Hinzu kommt, daß auch die *eigene* Freiheit um so weniger als Chance und um so mehr als Bedrohung und Überforderung wahrgenommen wird, je stärker man durch ein Milieu geprägt ist, das sich durch starke Verbindlichkeit sozialer Normen auszeichnet, wie es in moslemischen Milieus zum Beispiel der Fall ist. Wer dazu erzogen worden ist, sich an den Erwartungen des sozialen Umfelds zu orientieren, wird ein Umfeld, das solche Erwartungen nicht artikuliert, sondern dem einzelnen den Zwang zur Entscheidung aufbürdet, womöglich als einen Dschungel empfinden, in dem er sich nicht zurechtfindet.

Ich habe oben erwähnt, daß unsere Lebensweise insofern parasitär ist, als sie nur aufrechterhalten werden kann, wenn genug Menschen bereitstehen, die bereit sind, unsere freiwerdenden Rollen zu übernehmen. Wäre die Gesellschaft ein Theaterstück, dann ginge das vielleicht. Das Problem ist, daß diese Rollen nicht, oder nur schwer, im Nachhinein erlernbar sind. Sie können nur von dem ausgefüllt werden, der dazu erzogen worden ist, und diese sozialisatorische Leistung kann nicht von jeder beliebigen Gesellschaft erbracht werden, sondern nur von der, die die Rollen geschrieben hat. Unsere Lebensweise ist nicht nur in sich nicht nachhaltig; sie kann auch ihre Defizite nicht durch Zustrom von außen kompensieren. Der Zustrom findet statt, das ja. Aber die Gesellschaft verändert dadurch nicht nur ihre Zusammensetzung, sondern auch ihre Funktionsweise. Das Theaterstück wird umgeschrieben, und dies nicht in einem emanzipatorischen Sinne.

Die Frage, ob man »Gesellschaft« sinnvollerweise mit der Metapher des Theaterstücks beschreiben kann, dürfte damit beantwortet sein. Beantwortet ist auch die Frage, ob eine Gesellschaft, die kein »Wir« sein will, dadurch der Utopie einer die gesamte Menschheit umfassenden Solidargemeinschaft näherkommt: Die Gesellschaft, besser: das Volk, das keines sein will, wird von anderen verdrängt, die es sein *wollen*.

33

5. Individuelle und gesellschaftliche Rationalität

Mit dem Kategorischen Imperativ hat Kant nicht nur eine normative Forderung formuliert, sondern auch eine *empirische,* wenngleich abstrakte Beschreibung der ethischen Grundlagen von Gesellschaft schlechthin geliefert. Wir haben gesehen, daß diese abstrakte Beschreibung zwar definiert, was allen Ethiken gemeinsam sein muß, wenn sie als Grundlage von Gesellschaft taugen sollen, zugleich aber haben wir konstatiert, daß diese Ethiken sich notwendig voneinander unterscheiden müssen, weil sie unter jeweils konkreten, verschiedenartigen und unwiederholbaren historischen Bedingungen entstanden sind. Das abstrakte Prinzip läßt sich induktiv aus den beobachtbaren konkreten Ethiken gewinnen, es kann aber nicht an ihre Stelle treten. Ethik ist, empirisch gesprochen, nicht ein globales, zeitloses, abstraktes Ideal. Sie existiert nur in jeweils einer historisch konkreten Form ihrer kulturellen Verwirklichung.

In der modernen westlichen Gesellschaft tritt dabei ein Problem auf, daß es so in traditionellen Kulturen nicht gab und nicht gibt: nämlich daß die Normen für ethisches Verhalten einem Begründungszwang unterworfen werden. In anderen Kulturen, die die individuelle Freiheit nicht als primären Wert ansehen, sind Normen das von Gott, Allah, den Traditionen der Väter, in jedem Falle aber von einer nicht beeinflußbaren und nicht rechenschaftspflichtigen, einer insofern *transzendenten* Instanz schlechthin Gegebene. Erst eine Gesellschaft, die auf dem Gedanken individueller Autonomie aufbaut, die also die *Gesellschaft* vom *einzelnen* her denkt statt umgekehrt, macht es überhaupt denkbar, daß Normen einer Begründung bedürfen könnten. »Das Pathos, das die Aufklärung auf die Autonomie legt, richtet sich immer gegen eine Grundlegung der Moral aus der überkommenen Tradition.«[7] Indem die Aufklärung die transzendenten Gewalten mehr oder minder radikal zu bloßen Ideen, ja Illusionen erklärt und damit ihrer Autorität beraubt, schafft sie das Problem, daß der Kategorische Imperativ – in seiner Kantschen Formulierung selbst ein Kind der Aufklärung – zwar abstrakt postuliert werden kann, seine inhaltliche Konkretisierung aber von den Wertentscheidungen des *einzelnen* abhängt. Die Aufklärung kann aus sich heraus nur eine abstrakte, aber keine konkrete Ethik entwickeln, die ihrerseits als Grundlage der Gesellschaft dienen könnte. Sie lebt deshalb von den Überresten eines *voraufklärerischen* ethischen Konsenses, zu dessen Erhaltung sie nichts beitragen kann, während sie seiner Zerstörung zumindest Vorschub leistet, wie wir noch sehen werden. Dies ist die Grundlage des mittlerweile klassischen Böckenförde-Diktums, der liberale Staat lebe von Voraussetzungen, die er selbst nicht garantieren könne.

Da aber, wie wir gesehen haben, die Verwirklichung des Kategorischen Imperatives als Grundlage der Gesellschaft die Existenz eines solchen Konsenses voraussetzt, bedeutet dessen schleichende (oder vielmehr galoppierende) Auflösung, daß es aus der Sicht des Einzelnen womöglich gar nicht mehr als sinnvoll erscheint, das Gebot ethischen Verhaltens zu erfüllen. Ethisches Verhalten bedeutet aus der Sicht des freiheitlichen Individualismus eine Einschränkung von Freiheit. Es bedeutet die Zumutung, zu unterlassen, was einem vorteilhaft oder angenehm erscheint, und statt dessen das zu tun, was für das Abstraktum »Gesellschaft« vorteilhaft ist.

Sinnvoll ist dies aus der Sicht des einzelnen höchstens dann, wenn als Normalfall unterstellt werden kann, daß andere sich nach denselben ethischen Grundsätzen richten. Dies kann aber um so weniger unterstellt werden, je mehr die konkrete Ethik Sache individueller Entscheidung ist. Selbst wenn die meisten Menschen sich entscheiden, dem Kategorischen Imperativ zu folgen, heißt das noch lange nicht, daß sie sich darüber einig sind, *welche* Maximen als Grundlage der allgemeinen Gesetzgebung taugen; das Prinzip läßt eben nicht nur *eine* Ethik zu, sondern deren mehrere.

Es kommt noch übler: Selbst *wenn* ein ethischer Konsens aller *anderen* unterstellt werden kann, ist es individuell immer noch vorteilhaft, die daraus resultierenden Leistungen der Gesellschaft – Sicherheit, Berechenbarkeit, Solidarität – in Anspruch zu nehmen, ohne selbst dazu beizutragen. Dies ist die Mentalität des Schwarzfahrers, der weiß, daß die U-Bahn auch fährt, wenn er sein Ticket nicht bezahlt – solange nur die *anderen* es tun.

Man muß sich klarmachen, daß das Kalkül des Schwarzfahrers mit rationalen Argumenten nicht zu widerlegen ist: Er hat die Wertentscheidung getroffen, Egoist zu sein – wie will man dem beikommen? Da es rational unangreifbar ist, kann man nur hoffen, daß es genügend Menschen gibt, die dieses Kalkül gar nicht erst anstellen, weil sie ethische Normen so verinnerlicht haben, daß sie ein schlechtes Gewissen hätten, wenn sie ihnen nicht folgten. Dies ist eine Frage der Erziehung, die ihrer Natur nach auf der nicht hinterfragten Autorität moralischer Instanzen, vor allem der Eltern, beruht. Ethik kann funktionieren, solange bestimmte Fragen nicht gestellt und bestimmte Normen als unhinterfragt gültig akzeptiert werden. Zugespitzt formuliert: Sie funktioniert in dem Maße, wie Aufklärung nicht stattfindet.

Was für den einzelnen rational ist, ist also das Gegenteil von dem, was aus der Sicht der Gesellschaft rational ist. Ideologisch gefestigte Liberale würden an dieser Stelle einwenden, daß mit der Institution des *Marktes* eine Instanz vorhanden sei, deren »unsichtbare Hand« ganz von alleine dazu führe, daß die Verfolgung der individuellen Interessen in dem größtmöglichen Glück der größtmöglichen Anzahl von Menschen münde, und daß deswegen – ungestörtes Funktionieren des Marktes immer vorausgesetzt – individuelle und kollektive Rationalität stets zu einem Ausgleich kommen müßten. Der Denkfehler an dieser Auffassung ist es – abgesehen davon, daß beileibe nicht alle sozialen Beziehungen Marktbeziehungen sind –, zu verkennen, daß dies nur so lange stimmt, wie die Spielregeln des Marktes (und die ihn ordnenden Gesetze) akzeptiert werden, daß aber die Akzeptanz dieser Regeln ihrerseits Sache individueller Entscheidung ist.

Wenn es vorteilhafter ist, eine Bank zu überfallen als zu arbeiten und damit die Spielregeln des Marktes zu akzeptieren, dann ist es eine *ethische Entscheidung*, die Verfolgung der Eigeninteressen hintanzustellen (die Bank also nicht zu überfallen) zugunsten der Akzeptanz dieser Regeln. Das grundsätzliche Problem, daß individuelle und gesellschaftliche Rationalität nicht zur Deckung zu bringen sind, verschwindet damit nicht, es wird nur auf eine andere Ebene verschoben.

Wir stehen also vor dem fundamentalen Problem, daß sich aus der offenkundigen und rational begründbaren sozialen Notwendigkeit eines ethischen Konsenses kein Argument ableiten läßt, das den *einzelnen* davon überzeugen könnte, es sei auch für *ihn* als einzelnen rational, sich ethisch zu verhalten; daß andererseits selbst die Bereitschaft zu ethischem Verhalten keinen Konsens über die *konkrete* Ethik zu stiften vermag, ja daß nicht einmal Konsens darüber besteht, welche *Allgemeinheit* dort gemeint ist, wo Kant von den allgemeinen Gesetzen spricht: das Volk, die Gesellschaft, die Menschheit?

6. Wie die Aufklärung den Totalitarismus hervorbringt

Daß ich hier nicht von abstrakten oder theoretischen Problemen spreche, sei an einem politischen Beispiel konkretisiert: Die gemäßigte Linke der Weimarer Zeit war bereit, die Versailler Friedensordnung, insbesondere den Völkerbund, mitzutragen, ungeachtet der Kritik im einzelnen. Sie verstand dies als Bereitschaft zur Befriedung Europas, berief sich also auf das Gebot europäischer Solidarität. Die extreme Linke unterstützte die Sowjetunion und unterwarf ihre Politik deren Interessen; sie verstand dies als Beitrag zur Weltrevolution, berief sich also auf das Gebot der Menschheitssolidarität, wenn auch in einer ziemlich fragwürdigen Auslegung. Die Rechte konnte dies nicht akzeptieren, weil es offenkundig spezifisch deutschen Interessen zuwiderlief; die Allgemeinheit auf die sie sich bezog, war nicht Europa und nicht die Menschheit, sondern Deutschland.

Es geht hier nicht darum, welche Position gut oder schlecht war, sondern, daß sie sich alle mit Argumenten stützen ließen und daher für einen politisch denkenden Menschen im Bereich möglicher sinnvoller Einstellungen lagen. Die Folge dieses Zustandes war eine Spaltung der Gesellschaft, die mit friedlichen, diskursiven Mitteln nicht zu kitten war. Der Bürgerkrieg, mal latent, mal offen, begleitete die Weimarer Republik von Anfang an und erreichte schließlich seinen traurigen Höhepunkt in dem Bürgerkrieg von oben, mit dem die Nationalsozialisten alles und jeden ausschalteten, den sie für einen Feind des Reiches hielten.

Die Katastrophen, die der Weimarer Republik vorangingen und sie begleiteten – der Weltkrieg, die Revolution, die Hungersnot, die ständigen französischen Militärinterventionen, die Inflation, schließlich die Weltwirtschaftskrise, die der Republik endgültig das Genick brach –, legten die latenten Schwächen einer Gesellschaft bloß, die von der Aufklärung durchdrungen ist. Was in normalen Zeiten unsichtbar bleibt, tritt im Falle krisenhafter Erschütterungen ans Tageslicht, und die Tatsache, daß die Republik unter der Wirkung externer Schocks zusammenbrach, bedeutet nicht, daß diese Erschütterungen die *Ursache* ihrer Instabilität gewesen wären; sie haben nur *sichtbar* gemacht, wie morsch das Gesellschaftsgefüge schon vorher gewesen war. Was unter der Fassade der bürgerlichen Vorkriegsordnung keimhaft schon angelegt und von sensiblen Diagnostikern wie Nietzsche früh erkannt worden war, begann plötzlich zu wachsen und zu wuchern.

Zu Beginn der dreißiger Jahre gab es in Deutschland kaum einen Beobachter des Zeitgeschehens, der der liberalen Demokratie noch eine Chance einräumte, und dies galt selbst für ihre Anhänger. Die Politik stellte sich zunehmend als Wettlauf von Kommunisten und Nationalsozialisten, also von totalitären Gegenentwürfen, um die Macht dar, und ich halte es für wahrscheinlich, daß dies den Zeitgenossen deshalb so erschien, weil es nichttotalitäre Lösungen für die tiefe Gesellschaftskrise damals in der Tat *objektiv nicht mehr geben konnte*. Von einem gewissen Grad der Gesellschaftszersetzung an gewinnen zentrifugale Kräfte derart das Übergewicht über die zentripetalen, die die Gesellschaft zusammenhalten, daß die Gesellschaft nur noch durch die Gewalt eines nicht nur autoritären, sondern totalitären Staates rekonstruiert werden kann; eines Staates also, der die Menschen nicht nur dazu zwingt, zu *tun*, sondern zu *wollen*, was sie sollen.

Niemand sollte sich einbilden, unsere eigene Gesellschaft sei vor solcher Instabilität gefeit; insbesondere sollte man sich bewußt sein, daß eine freiheitliche Ordnung auf einem äußerst fragilen Gleichgewicht von Freiheit und Bindung, Rechten und Pflichten, Dynamik und Stabilität beruht; daß die Entscheidung für Freiheit, Rechte und Dynamik in jedem Einzelfall notwendig die Entscheidung *gegen* die komplementären Bindungen, Pflichten und Stabilitätsfaktoren impliziert. Politische Kräfte, die aus ideologischem Prinzip die stabilisierenden Strukturen unter Beschuß nehmen, führen, wenn ein bestimmter *point of no return* einmal überschritten ist, genau jene totalitäre Repression herbei, der sie selbst am Ende zum Opfer fallen werden, sofern sie dann nicht auf der Siegerseite sind.

Die Geschichte der Weimarer Republik illustriert das grundlegende Problem der Erhaltung von Gesellschaft als des friedlichen Zusammenlebens von Menschen unter den Bedingungen der Aufklärung. Je weiter die Aufklärung voranschreitet, je mehr das vormals Selbstverständliche mithin unter Begründungszwang gerät, je mehr dadurch politische, religiöse und kulturelle Wertorientierungen auseinanderdriften und infolgedessen der gesellschaftliche Konsens schwindet, desto größer wird die Gefahr des Auseinanderbrechens der Gesellschaft, der Anarchie, der Gewalt, des Bürgerkriegs. Ob die Krise in Gestalt massenhafter Kriminalität oder in Gestalt gewaltsam ausgetragener politischer Konflikte oder in Gestalt anderer Formen von Verwahrlosung eintritt, ist dabei zweitrangig. Entscheidend ist der kausale Zusammenhang: Eine Gesellschaft, die Freiheitsrechte immer weiter treibt und hergebrachte Selbstverständlichkeiten unter immer höheren Begründungszwang stellt, sägt den Ast ab, auf dem sie sitzt. Sie ist dann immer weniger in der Lage, die Stabilität wechselseitiger Erwartungen sicherzustellen, die die Bereitschaft zu ethischem Handeln ebenso hervorbringt, wie sie darauf beruht. Die Aufklärung hat eine Tendenz zur Selbstzerstörung.

Die totalitären – kommunistischen, faschistischen, heutzutage zunehmend auch islamischen – Gegenentwürfe zur liberalen Moderne sind nicht zuletzt Antworten auf ein von dieser selbst erzeugtes existentielles Problem. Sie sind der Versuch, einen neuen Konsens zu stiften, wo der alte zerstört worden ist. Ein Antikommunismus, ein Antifaschismus, eine Islamfeindlichkeit, die diesen

Sachverhalt ignorieren und die totalitäre Herausforderung als etwas auffassen, was bloß *von außen* an die liberale Gesellschaft herangetragen wird und notfalls mit Gewalt zu bekämpfen ist, verkennen, wie sehr die liberale Moderne *selbst* solche Gegenentwürfe herausfordert, womöglich sogar ihre Verwirklichung unvermeidlich macht. Die in diesen Entwürfen enthaltene *Kritik* nicht ernst zu nehmen, sondern als vermeintlich »böse« zu denunzieren, ist ein Fehler, der den Sieg des Totalitären gerade *nicht* aufhält, sondern beschleunigt.

Dabei muß dieser Sieg keineswegs darin bestehen, daß einer der totalitären *Gegenentwürfe* sich durchsetzt. Wie wir in Kapitel II noch sehen werden, haben *beide* auf der Aufklärung basierenden Großideologien, also nicht nur der Sozialismus, sondern sehr wohl auch der Liberalismus, eine *immanente* Tendenz, in totalitäre Herrschaft umzuschlagen. Das kann auch nicht anders sein: Indem die Aufklärung das Fundament zerstört, auf dem die Gesellschaft basiert, und dadurch deren Grundlagen zersetzt, führt sie Probleme herbei, die anders als mit repressiven, am Ende totalitären Mitteln nicht lösbar sind.

Auch wenn ich der weiteren Argumentation damit vorgreife, möchte ich jetzt schon unterstreichen, daß die in diesem Buch geäußerte Liberalismuskritik gerade *nicht* das Ziel verfolgt, die politischen Errungenschaften der liberalen Moderne, insbesondere die Rechtsstaatlichkeit und die Garantie der individuellen Freiheit und der politischen Bürgerrechte, in Frage zu stellen, *sondern die dringende Warnung vor ihrer drohenden Selbstzerstörung darstellt!*

Was ich hier beschreibe, ist die Selbst*gefährdung* der Moderne, sind die Widersprüche, auf denen diese Gefährdung beruht. Die innere Logik, die zur Selbstzerstörung führt, muß sich *nicht zwangsläufig* auch real verwirklichen. Es ist durchaus möglich, daß das prekäre Gleichgewicht, auf dem die freiheitliche Gesellschaft beruht, aufrechterhalten werden kann und es uns erspart bleibt, zwischen Zerfall und Totalitarismus zu wählen. Dies setzt aber voraus, daß wir die Probleme und Gefahren, die mit Liberalität und Aufklärung verbunden sind, nüchtern benennen und nicht mutwillig und aus ideologischen Gründen, etwa im Namen einer angeb lichen Emanzipation, die ihre eigenen Voraussetzungen ignoriert und schließlich zerstört, Entwicklungen vorantreiben, die uns am Ende nur die Wahl zwischen Pest und Cholera lassen.

Vom Individuum und seinen Rechten her zu denken heißt, Gesellschaft als das bloß zufällige Resultat individuellen Handelns und nicht als konkrete Ordnung aufzufassen, ihr als solcher jedenfalls keinen Eigenwert zuzubilligen. Es liegt in der Natur der Sache und entspricht der Logik des Problems, daß die zentrifugalen Kräfte, die dadurch entfesselt werden, daß die Gesellschaft vom Individuum her betrachtet wird, Ideologien auf den Plan rufen, die umgekehrt den *einzelnen* aus der Perspektive der *Gesellschaft* in den Blick nehmen; die also *deren* Bestand und *deren* Interessen, und nicht die Entfaltung des Individuums, zur Basis ihrer Überlegungen machen. Dies haben sie mit traditionellen Wertorientierungen gemeinsam.

Anders als diese leben sie aber nicht von der als Selbstverständlichkeit unhinterfragten Akzeptanz des Überkommenen, sondern von der Kritik am Bestehenden, an der Moderne. Sie setzen nicht einen bestehenden Konsens voraus, sondern versuchen, durch politische Entscheidung, letztlich also mit Gewalt, einen neuen zu stiften. Die Drohung mit Gewalt wird zum Mittel der Wahl, wo Argumente *naturgemäß* ungeeignet sind, einen solchen Konsens zu begründen; also nicht unbedingt erst, weil sie schlecht, sondern bereits, weil sie Argumente sind und daher zurückgewiesen werden können und auch tatsächlich oft genug zurückgewiesen werden. Dies ist der Grund, warum grundsätzliche Gegenentwürfe zum Liberalismus regelmäßig die Form totalitärer Ideologie und Herrschaft annehmen: Wenn zu den Voraussetzungen von Gesellschaft schlechthin die Akzeptanz *unhinterfragter* Prämissen gehört, diese Prämissen aber bereits hinterfragt worden *sind*, dann genügt es nicht mehr, die Argumente der Kritiker des Traditionalismus zurückzuweisen (wodurch die Argumente als solche ja in der Welt bleiben und sogar besonders thematisiert werden), sondern dann muß das Hinterfragen *selbst* unmöglich gemacht werden.

7. Die Irreversibilität der Aufklärung

Wir stoßen hier auf das Phänomen, daß Aufklärung ein irreversibler Prozeß ist: Was durch sie einmal zerstört ist, kann nicht wiederhergestellt werden. Um dies an einem Beispiel deutlich zu machen: Der Gedanke der *Monarchie*, eines der frühesten Angriffsziele aufklärerischen politischen Denkens, enthält den des Gottesgnadentums, der Heiligkeit des monarchischen Amtes, des selbstverständlichen Glaubens an die Legitimität seiner Herrschaft, die eben nicht ein von Menschen geschaffenes System sei. Nur wenn dies allgemein akzeptiert – im Sinne von: gar nicht erst in Frage gestellt – ist, kann die Monarchie ihre Rolle als archimedischer Fixpunkt des Politischen spielen.

Aufklärung bedeutet nun, die Monarchie als etwas von Menschen Gemachtes zu analysieren, als Lösung eines gesellschaftlichen Problems, das vielleicht ebensogut anders hätte gelöst werden können. Es spielt grundsätzlich keine Rolle, ob diese Aufklärung die Monarchie kritisch-revolutionär hinterfragt oder affirmativ als etwas Notwendiges legitimiert. Auch die affirmative Aufklärung kann bestenfalls beweisen, daß es *notwendig* sei, daß die Menschen an die Heiligkeit des monarchischen Amtes *glauben*, aber nicht, daß es heilig *ist*.

Gegenaufklärung ist also etwas fundamental Anderes als *Nicht*-Aufklärung. Die bloße Tatsache, daß die Legitimität der Monarchie angefochten worden ist und Alternativen zumindest als Möglichkeiten in der Welt sind, genügt schon, das Wesen der Monarchie selbst grundlegend zu verändern. Der Monarch wird zur potentiellen Bürgerkriegspartei; ob man für oder gegen ihn Partei ergreift, wird zur Sache der individuellen Entscheidung. Die Gegenaufklärung, die den Monarchen mit Argumenten legitimiert, kann zur Stabilisierung des Staates beitragen und hat dies im 19. Jahrhundert auch getan. Sie kann einen *neuen*, wenngleich latent bedrohten, Zustand der Stabilität begründen, aber *nicht* den alten wiederherstellen. Indem eine reaktionäre Position die revolutionäre aktiv verneint – sie passiv zu verneinen, d.h. sie zu ignorieren, ist ja nicht mehr möglich, es sei denn in einem rein privaten, nicht politischen Sinne – *enthält* sie sie in sich. Es führt kein Weg hinter die Aufklärung zurück, es sei denn um den Preis des Vergessens durch Barbarisierung oder Repression.

8. Das Dilemma konservativer Politik

Damit ist zugleich gesagt, daß selbst die nominelle *Wieder*herstellung zerstörter oder doch existentiell erschütterter Strukturen substantiell eine *Neu*schöpfung ist: Die Monarchie des 19. Jahrhunderts,[8] um bei diesem Beispiel zu bleiben, war ihrer politischen Substanz nach eine andere als die des 18. Jahrhunderts, und zwar wegen ihrer Eigenschaft als gegenrevolutionäre Institution und als potentielle Bürgerkriegspartei, die demgemäß von der wenigstens passiven Zustimmung des Volkes in einer Weise abhängig war, durch die das behauptete Gottesgnadentum zunehmend zu einer immer fadenscheinigeren ideologischen Bemäntelung einer quasidemokratisch fundierten Legitimität verkam.[9]

Entsprechendes gilt für alle gewachsenen Strukturen,[10] die der aufklärerischen Kritik und der revolutionären Politik der Kritiker ausgesetzt sind. Eine im strengen Sinne »reaktionäre« Politik, d.h. der Versuch, mit politischen Mitteln einen früheren Zustand, etwa eine Institution, wiederherzustellen, ist objektiv unmöglich, weil allein die Existenz der Kritik den sozialen Kontext verändert hat, in dem diese Institution steht – von allen anderen Veränderungen des Kontexts ganz abgesehen.

Dabei war die Monarchie *die* Struktur, die man noch am ehesten mit politischen Mitteln – wenn auch in der Substanz verändert – wiederherstellen konnte. In aktuellen Zusammenhängen wesentlich bedeutender sind Strukturen wie der christliche Glaube oder die Familie, die politisch nicht geschaffen werden können: Sie erwachsen entweder spontan aus der Gesellschaft – oder sie gehen zugrunde; die Politik kann sie nicht schaffen – wir erinnern uns an das Böckenförde-Wort, daß der liberale Staat von Voraussetzungen lebt, die er nicht garantieren kann –, wohl aber kann sie sie zerstören. Konservative Politik kann Christentum und Familie schützen, indem sie zum Beispiel Kruzifixe in Klassenzimmern aufhängt und damit das Christentum als gesellschaftliche Leitreligion anerkennt, oder indem sie homosexuellen Beziehungen oder unverheirateten Paaren den Status als Familie versagt und damit das traditionelle Leitbild bekräftigt. Aufzwingen kann sie nichts. Was zerstört ist und nicht *von unten* nachwächst, wächst überhaupt nicht nach.

Konfrontiert mit einer Linken und einem Liberalismus, deren Politik, wie noch zu zeigen sein wird, auf die Zerstörung solcher Strukturen abzielt und mit jedem weiteren Schritt vorwärts irreversible Tatsachen schafft, ist politischer Konservatismus strukturell stets in der Defensive: Er kann bremsen und verzögern – verhindern kann er auf die Dauer nichts, was eine Linke durchzusetzen entschlossen ist, die die katastrophalen Folgen ihrer Politik nicht reflektiert oder solche gar anstrebt.

Unter Umständen wird er sogar zu ihrem Komplizen – dann nämlich, wenn die Probleme, die aus der Strukturzerstörung erwachsen, den Staat in seiner Eigenschaft als Reparaturbetrieb einer defekten Gesellschaft auf den Plan rufen, also etwa, wenn Familien ihren Erziehungsauftrag – aus welchen konkreten Gründen auch immer – nur noch unvollkommen erfüllen und die Schule dafür einspringen soll. In solchen Fällen wird vom Ganztagsunterricht bis zum Kindergartenzwang, von der psychologischen und sozialpädagogischen Betreuung in Schulen bis zur Umgestaltung der Lehrpläne das gesamte Arsenal der staatlichen Bildungspolitik mobilisiert, die Konten des Steuerzahlers belastet, die Freiheit von Eltern, Lehrern und Kindern beschnitten und der Staat zum Erzieher erhoben – alles Dinge, die nur bejubeln kann, wer gerne in einer verstaatlichten Gesellschaft leben möchte. Und doch bleibt auch Konservativen kaum etwas anderes übrig, als gegebenenfalls auch diesen neuen Schritt hin zum allmächtigen, die Gesellschaft vereinnahmenden Staat mitzugehen. Konservative können bestenfalls[11] *als Privatleute* konsequent nach konservativen Werten leben. Sobald sie aber als Politiker tätig werden, verstricken sie sich unvermeidlich in Sachzwänge, aufgrund derer die zunehmende Ermächtigung des Staates oft als das kleinere Übel erscheint.

Diese Anmerkungen zu den Grenzen politischer Interventionsfähigkeit waren schon deshalb erforderlich, weil der eine oder andere Leser sonst womöglich glaubt, ich würde in diesem Buch ein politisches *Programm* entwickeln und meine Krisendiagnose sei dazu da, den Staat zu diesem oder jenem Handeln aufzufordern. Wäre die Krise unserer Gesellschaft so leicht zu bewältigen – und das heißt auch: so oberflächlich und so wenig fundamental –, es würde sich kaum lohnen, dieses Buch zu schreiben.

Ich stelle also jetzt schon klar: Alles, was Sie in diesem Buch lesen, ist *Diagnose*. Sie impliziert *keinen* Therapievorschlag. Wer für die einzelnen Krankheiten der Gesellschaft politische Therapien finden möchte, hat, genau wie ein Arzt, grundsätzlich drei Möglichkeiten: Er kann die Selbstheilungskräfte unterstützen, oder, wenn dies nicht möglich ist, die einzelne Krankheit mit Medikamenten bekämpfen, oder, wenn auch dies scheitert, Medikamente verabreichen, die die Krankheit zwar nicht bekämpfen, dem Patienten aber ermöglichen, damit zu leben. Die oben behandelte Übernahme familiärer Erziehungsaufgaben durch die Schule entspräche zum Beispiel der dritten Möglichkeit.

Ich selbst muß und werde auf konkrete Therapievorschläge freilich schon deshalb verzichten, weil es sich, wie noch ausführlich gezeigt werden wird, bei der Krise unserer Gesellschaft um eine multiple Krankheit handelt, die die verschiedensten Teile des Gesellschaftsgefüges angreift. Eine nachträglich reparierende staatliche Politik wird daher meines Erachtens immer hinterherhinken.

Wenn es überhaupt noch eine Rettung geben soll, so wird sie aus der Gesellschaft selbst erwachsen müssen. Dies setzt voraus, daß sie sich ihrer eigenen Fragilität bewußt wird, den ideologischen Verblendungszusammenhang, in dem sie gefangen ist, ebenso durchschaut wie die Interessen, aufgrund derer sie gefangen gehalten *wird*. Geschieht dies, so kann die Gesellschaft vielleicht *als ganze* noch gegensteuern, wo ihr Teilsystem »Politik« überfordert sein muß. Bleibt diese Rettung von unten aus, so werden wir uns zwischen den Alternativen des völligen Verfalls und der fragwürdigen »Rettung« durch die Gewalt eines totalitären Staatswesens zu entscheiden haben.

Fahren wir nun fort mit der Diagnose der durch die Aufklärung induzierten Probleme.

9. Das Auseinanderklaffen von Wahrheit und Notwendigkeit

Ähnlich wie man zeigen konnte, daß der Glaube an die Heiligkeit des monarchischen Amtes eine Notwendigkeit war, ohne damit die Heiligkeit selbst beweisen zu können, kann man mit soziologischen Argumenten belegen, daß der Glaube an die christliche Botschaft eine soziale Notwendigkeit ist, ohne daraus schon ableiten zu können, daß diese Botschaft *wahr* ist. Der aufklärerische Diskurs läßt den Rückgriff auf unhinterfragte religiöse Axiome schlechterdings nicht zu. Unter den Vorgaben der Aufklärung ist ein Argument nur dann gültig, wenn es ohne Gott auskommt. Der Wahrheitsbegriff der Aufklärung läßt nur gelten, was sich direkt oder indirekt sinnlich fassen oder logisch ableiten läßt. Er macht damit das Auseinandertreten von Wahrheit und Notwendigkeit, das wir am Beispiel der Monarchie kennengelernt haben, erst möglich.

Der daraus resultierende Widerspruch lautet, daß man aufgrund aufklärerischen Denkens dazu kommen kann, die Notwendigkeit der sozialen Akzeptanz unhinterfragter Axiome zu bejahen, diese Axiome aber zugleich als dem aufklärerischen Wahrheitsanspruch widersprechend, d.h. letzten Endes als unwahr, zurückzuweisen.

10. Die Selbstradikalisierung der Aufklärung

Es ist nicht jedem gegeben, mit diesem Widerspruch pragmatisch umzugehen, d.h. den methodischen Atheismus der Wissenschaft als Arbeitsgrundlage zu akzeptieren, ohne ihn im religiösen Sinne zu teilen. Allein das Bedürfnis nach Widerspruchsfreiheit führt dazu, daß das aufklärerische Denken dazu tendiert, diejenigen Erkenntnisse gar nicht erst zu erlangen, die einen in solche Widersprüche treiben könnten, d.h. die *Notwendigkeit* der Akzeptanz einer transzendenten, mit den Mitteln der Aufklärung weder zu beweisenden noch zu widerlegenden Wahrheit gar nicht erst zu erkennen. Es handelt sich um eine Art von gewollter Blindheit – einer Blindheit freilich, die die dramatische Konsequenz hat, daß die Selbstgefährdung der liberalen Moderne mit ihren eigenen geistigen Werkzeugen zwar potentiell erkannt werden *kann*, faktisch aber geleugnet *wird*. Die Chancen, dieser Selbstgefährdung präventiv zu begegnen, verringern sich in dem Maße, wie die Wissenschaft, gleichsam die institutionalisierte Aufklärung, das *Definitionsmonopol* auf Wahrheit erlangt und zugleich aufhört, die Grenzen ihrer eigenen Erkenntnisfähigkeit zu reflektieren.

Mehr noch: Sie tendiert dazu, alternative Wahrheiten a priori zu Unwahrheiten zu erklären, und zwar sowohl aufgrund ihrer beschriebenen Eigenlogik als auch zur politisch motivierten Zurückweisung der totalitären Gegenentwürfe, die sich alle durch ein vom Standpunkt der Aufklärung irrationales Moment auszeichnen, indem sie auf weder beweisbaren noch widerlegbaren Axiomen beruhen. Was hier droht, ist eine Selbstradikalisierung der Aufklärung, bei der freilich weniger die gegenaufklärerischen Totalitarismen unter die Räder kommen, die ihren Erfolg ja gerade den Aporien der aufgeklärten Moderne verdanken, als vielmehr jene voraufklärerischen Werte, die es überhaupt erst ermöglicht haben, daß unsere Zivilisation sich auf das Experiment »Aufklärung« einlassen konnte, ohne sogleich zu zerfallen. Es ist absehbar, daß der Versuch, das Scheitern der liberalen Moderne durch diese Art von Radikalisierung zu verhindern, dieses Scheitern und den Sieg des Totalitären nicht verhindern, sondern beschleunigen wird.

11. Metarationalität

Es wird allgemein angenommen, daß Aufklärung zu richtiger Erkenntnis der Wirklichkeit führt, und daß menschliches Handeln, soweit es sich auf diese Art von Erkenntnis stützt, deshalb auch erfolgreich sein wird. Die Erfolge der Naturwissenschaften, die sich für jedermann sichtbar als technischer Fortschritt manifestieren, scheinen die Richtigkeit dieser Annahme glänzend zu bestätigen.

Beunruhigenderweise trifft sie im Bereich des Sozialen nicht ohne weiteres zu: Stellen wir uns, um diesen Sachverhalt zu veranschaulichen, einen Moment vor, zwei Heere stünden einander gegenüber, und zwar auf dem technischen Niveau des Mittelalters, zu einer Zeit also, wo noch Mann gegen Mann gekämpft wurde und der Kampfgeist der Truppen der ausschlaggebende Faktor war (anders als heute, wo Kriege von Marschflugkörpern und ähnlichen fernwirkenden Waffen entschieden werden können). Stellen wir uns des weiteren vor, beide Heere wären nach allen strategischen Gesichtspunkten gleich stark, mit einer Ausnahme: Die Soldaten des einen Heeres glauben, der Tod auf dem Schlachtfeld garantiere ihnen die ewige Seligkeit, die des anderen glauben dies nicht. Welches Heer wird siegen?

Dies ist nicht etwa eine hypothetische Konstruktion: In der Tat kämpften die Heere des islamischen Dschihad in genau dem Bewußtsein, mit dem Märtyrertod Anrecht auf das Paradies zu haben, während die ihnen gegenüberstehenden christlichen Streitkräfte eine solche Garantie nicht kannten, und in der Tat sah sich die Kirche damals gezwungen, eine dem islamischen Paradiesversprechen für gefallene »Märtyrer« analoge Garantie auszusprechen, um den daraus resultierenden strategischen Nachteil wettzumachen.[12] Dies in dem Bewußtsein, daß ein solches Versprechen im Zusammenhang mit militärischer Gewalt vom Standpunkt der christlichen

Theologie an sich völlig unmöglich – oder bestenfalls unter erheblichen theologischen Klimmzügen möglich – ist.

Dies bedeutet, daß es unter dem Gesichtspunkt der Erhaltung sozialer Solidarität, überhaupt unter dem Gesichtspunkt der sozialen Wirkungen einer massenhaft geteilten Annahme nicht darauf ankommt, ob sie wahr *ist*. Daß sie für wahr *gehalten* wird, darauf kommt es an. Ein Glaube, der eine rational begründbare soziale Funktion erfüllt, braucht zu diesem Zweck *in sich nicht rational* zu sein. Auch falsche oder fiktive Annahmen können *metarational* (und in diesem Sinne »richtig«) sein, wenn sie zur Aufrechterhaltung des sozialen Zusammenhangs beitragen. Als metarational bezeichne ich also Ideen, deren Bejahung – unabhängig von ihrer eigenen inneren Rationalität – eine rational nachvollziehbare soziale Funktion haben. Sie können, sogar wenn sie selbst im Einzelfall unzutreffend sind, eine rationale, aufgeklärte Gesellschaft, ja die Aufklärung selbst widerlegen, nicht indem sie mit im aufgeklärten Sinne besseren Argumenten aufwarten, sondern indem sie die Gesellschaft, die das Konzept der Metarationalität nicht akzeptiert, einfach verdrängen. In *Das Dschihadsystem* habe ich gezeigt, wie das soziale System »Islam«, indem es einige einfache Regeln und »Wahrheiten« mit der Autorität Allahs sozial verbindlich macht, moslemische Gesellschaften in die Lage versetzt, nichtmoslemische zu verdrängen und schließlich auszulöschen. Dies gilt sogar dann, wenn die nichtmoslemischen Gesellschaften über ein hohes Maß an sozialer Solidarität verfügen, wie die Marginalisierung der einst dominanten christlichen Gemeinschaften in den heutigen Kerngebieten des Islam beweist. Es gilt erst recht, wenn eine solche Solidarität gar nicht erst vorhanden ist; wenn also einer – zum Beispiel islamischen – Gemeinschaft mit ausgeprägtem Gruppenbewußtsein und -narzißmus eine Gesellschaft gegenübersteht, die es nicht nur ablehnt, sich selbst Schutzwürdigkeit oder auch nur positive Eigenschaften zuzusprechen, sondern bereits den bloßen Begriff »Volk« als Selbstbeschreibung zurückweist mit der Begründung, es handele sich bei diesem Begriff ja um eine bloße »Konstruktion«.

Selbst wenn man den Unfug durchschaut, der darin liegt, daß man einen empirischen Sachverhalt, hier also die Existenz eines

Volkes, als nichtexistent behandelt, weil der ihn beschreibende Begriff eine »Konstruktion« sei – das ist nämlich *jeder* Begriff –, und selbst wenn man für den Moment die politisch-ideologische Absicht ignoriert, die einem solchen Gebrauch des Wortes »Konstruktion« zugrunde liegt (auf beides werde ich in **Kapitel II, 7.** unter der Überschrift »Dekonstruktivismus: Die Abschaffung der Wahrheit« noch ausführlich eingehen), haben wir es hier mit genau der Sorte von Aufklärung zu tun, die darauf abzielt, vorgefundene und bisher als Selbstverständlichkeiten vorausgesetzte Quellen menschlicher Solidarität als Produkte menschlichen Denkens und Fühlens zu entlarven. Genau in dem Sinne, wie man vordem Gott und die Monarchie entzaubert hat, wird nun die Zugehörigkeit zu einem *Volk* mitsamt den daran geknüpften Solidaritätspflichten, aber auch -ansprüchen, zur Disposition gestellt.

Wieder kann die konservative Antwort nur darin bestehen, die Notwendigkeit der Existenz von Völkern zu begründen (was ich in diesem Buch tun werde), ohne letztlich verhindern zu können, daß die konstruktivistische Begriffskritik das Ihre dazu beitragen wird, dem Volk seine interne Solidarität auszutreiben und es am Ende zu vernichten. Nein – nicht *dem* Volk schlechthin, sondern den Völkern *Europas*. Andere Völker, andere Gemeinschaften, die die dekadente Mode der »Dekonstruktion« nicht mitmachen und die an ihrer eigenen Existenz schon deshalb keinen Zweifel hegen, weil sie zum Beispiel daran glauben, daß sie als Gemeinschaften von Allah selbst gestiftet wurden, werden weiterexistieren und uns mitsamt unserer Aufklärung und unseren Dekonstrukteuren auf den Müllhaufen der Geschichte befördern.

12. Transzendenz und Sinn

Der tiefste Widerspruch menschlicher Existenz liegt darin, daß der Mensch einerseits Teil der Natur und damit insbesondere dem Tod unterworfen ist, sich aber andererseits als denkendes Wesen über die bloße Natur ideell erheben kann; er ist in der Lage, ja er kommt gar nicht darum herum, sich selbst in Beziehung zu Größerem zu sehen, zur Menschheit, zum Planeten, zum Universum; er sieht sich als Teil der Welt, und in Bezug zu ihr ist er ein Nichts. Er ist sterblich, die Welt ist es nicht. Als Angehöriger eines Volkes ist er einer von Millionen, als Angehöriger der Menschheit einer von Milliarden, als Bewohner einer Stadt oder eines Landstrichs bewohnt er ein unbedeutendes Stück eines riesigen Planeten, als Bewohner des Planeten ein Staubkörnchen im Weltall. Seine Lebenszeit ist – gemessen am Universum – so absurd kurz wie für ihn selbst die einer Eintagsfliege.

Kurzum, niemand entgeht der Frage, welchen *Sinn* sein eigenes Leben habe. In traditionellen Kulturen wird die Frage bereits beantwortet, bevor sie gestellt werden kann, weil der Mensch sich eingebettet sieht in einen sozialen Zusammenhang, eine Geschlechterfolge, einen Bezug zu Gott. Der Mensch ist in solchen Kulturen nie nur er selbst, er steht zugleich in einem Bezug zu einem größeren Ganzen, das sein eigenes Ich transzendiert und von dem her dieses Ich seine Würde, dieses Leben seinen Sinn erhält. Erst diese Dimension des Transzendenten hebt die Nichtigkeit des Menschen auf, und dieses Transzendente ist etwas als Selbstverständlichkeit Vorgefundenes, das, ähnlich wie die damit verbundene Ethik, keiner Begründung bedarf. Ebenso wie jene Ethik wird auch die Sinnbasis des Lebens durch die Aufklärung der Kritik unterzogen, das vormals Unhinterfragte und Unhinterfragbare begründungsbedürftig gemacht.

Vom atheistischen und individualistischen Standpunkt der Aufklärung, und das heißt: vom Standpunkt der liberalen Moderne, lautet die nächstliegende Antwort auf die Frage, welchen Sinn das Leben hat: *überhaupt keinen.*

Es bedarf freilich einer heroischen Unerschrockenheit, diese Sinnlosigkeit zu akzeptieren; solche Unerschrockenheit ist naturgemäß nicht jedermanns Sache, sie dürfte sogar äußerst selten sein. Was nicht von vornherein ein Schaden ist: Ein als sinnlos empfundenes Leben legt eine nihilistische Ethik und Moral nahe. Eine Gesellschaft, deren Mitglieder von der Nichtigkeit ihres eigenen Lebens überzeugt wären, wäre schon deshalb schweren Belastungen ausgesetzt. Was aber sind – unter den Prämissen von Atheismus und Individualismus – die Alternativen?

Zum einen gewiß die Flucht in die Zerstreuung, in Unterhaltung und Genuß, der speziell von anspruchslosen Zeitgenossen wahrscheinlich bevorzugte Weg. Die Sensibleren und Intelligenteren, sofern sie nicht zum Glauben (zurück) finden oder Befriedigung in einer produktiven Tätigkeit suchen, die ihren Sinn in sich zu tragen scheint, weichen häufig auf das Projekt einer innerweltlichen Sinnstiftung aus.

Siegfried Kohlhammer hat in einem brillanten Essay[13] dargelegt, wie sehr gerade Intellektuelle dazu neigen, ihr Heil und den Sinn ihres Lebens in der Verwirklichung eines Gesellschaftsideals, d.h. in der Utopie zu suchen. Der Bezugsrahmen der Sinnstiftung ist auch hier insofern transzendent, als es sich stets um einen Zustand handelt, der noch nicht verwirklicht ist: »Solange die Säkularisierung der Welt und die Moderne noch welthistorisches *Projekt* waren, strahlende Zukunft, unbefleckt von den Realitäten des Lebens, waren sie sinngebend – ihre Verwirklichung erst machte sie zum Problem. Der Sinn einer Sache, einer Handlung, ist immer ein anderes als sie selbst. Der Sinn der westlichen Gesellschaft kann nicht sie selbst sein; ist sie also erst einmal Lebensrealität geworden, vermag sie die fortdauernde Suche nach Sinn nicht länger zu befriedigen. Sie muß im Namen eines anderen negiert werden. Die heutige westliche Gesellschaft ist mit Instandsetzungsarbeiten und Verbesserungen im Rahmen des Bestehenden (›systemimmanent‹, ›Reformismus‹) beschäftigt, nicht mit Transzendentem. So sind wohl auch alle Versuche, der modernen westlichen Gesellschaft den sexy Status eines Projekts, einer Utopie zu bewahren, zum Scheitern verurteilt.«[14]

Alle westlichen Gesellschaften bringen den Typus des Intellektuellen hervor, dessen Lebensaufgabe »eine bessere Welt«, und das heißt: die Zerstörung der bestehenden ist. Es liegt in der Natur der Sache, daß in praktisch allen Berufen, deren Tätigkeit darin besteht, Aussagen über die Gesellschaft zu treffen, gerade dieser Typ Mensch überrepräsentiert ist. Kohlhammer hält dies für nicht weiter beunruhigend, da die Intellektuellen ja keine Macht hätten, im Unterschied etwa zu Politikern und Wirtschaftskapitänen.

Nun ja: Wer in der Lage ist, nicht nur Zeitungslesern und Fernsehzuschauern seine Ideologie nahezubringen, sondern auch Schüler und Studenten zu indoktrinieren, wer also unter anderem darüber entscheidet, durch welche Brille die künftigen Eliten auch in Politik und Wirtschaft die Welt sehen, von welchen Vorannahmen sie ausgehen, wie sie Probleme definieren und welche Sachverhalte in ihrem Weltbild vorkommen – und vor allem: *nicht* vorkommen –, dem wird man »Macht« nicht absprechen können. Keine moderne Gesellschaft kommt ohne Lehrer, Professoren, Journalisten, kurz: ohne Ideologieproduzenten aus. Zwar entsprechen sie nicht zwangsläufig alle dem Typus des Weltverbesserers (der sich oft genug als Welt*verschlechterer* entpuppt). In dem Maße aber, wie letzterer zur dominanten Figur des Medien-, Bildungs- und Wissenschaftsbetriebes wird, wird seine Ideologie zur Grundlage von Entscheidungen in allen Lebensbereichen, von der Privatsphäre bis in die hohe Politik. Daß dies tatsächlich der Fall ist und welche Konsequenzen das hat, werde ich in den **Kapiteln II** und **III** darlegen; Kohlhammers Optimismus vermag ich jedenfalls nicht zu teilen. An dieser Stelle genügt die Feststellung, daß die moderne Gesellschaft aufgrund ihres immanenten Sinndefizits unvermeidlich auch einen ganz bestimmten Typ destruktiver Denker hervorbringt, und daß darin eine erstrangige Gefahrenquelle liegt.

13. Unfruchtbarkeit

Was einmal von der Aufklärung berührt worden ist, so viel haben wir gesehen, kann nicht mehr zum ursprünglichen Zustand zurückkehren. Oswald Spengler hat in *Der Untergang des Abendlandes* auf eine weitere und für dieses Buch besonders wichtige Konsequenz dieses Sachverhalts hingewiesen, die deshalb in aller Ausführlichkeit zitiert sei:

»Je weniger ein Gefühl für das Notwendige und Selbstverständliche des Daseins besteht, je mehr die Gewohnheit um sich greift, sich alles ›klar zu machen‹, desto mehr wird die Angst des Wachseins kausal gestillt. Daher die Gleichsetzung von Wissen und Beweisbarkeit und der Ersatz des religiösen Mythos durch den kausalen: die wissenschaftliche Theorie. (...)

Und nun geht aus der Tatsache, daß das Dasein immer wur-
zelloser, das Wachsein immer angespannter wird, endlich jene Erscheinung hervor, die im stillen längst vorbereitet war und jetzt
plötzlich in das helle Licht der Geschichte rückt, um dem ganzen
Schauspiel ein Ende zu bereiten: *die Unfruchtbarkeit des zivilisier-*
ten Menschen. Es handelt sich nicht um etwas, das sich mit alltäglicher Kausalität (...) begreifen ließe, wie es die moderne Wissenschaft selbstverständlich versucht hat. Hier liegt eine durchaus
metaphysische Wendung zum Tode vor. Der letzte Mensch der Welt-
städte *will* nicht mehr leben, wohl als einzelner, aber nicht als Typus, als Menge; in diesem *Gesamtwesen* erlischt die Furcht vor dem
Tode. Das, was den echten Bauern mit einer tiefen und unerklär-
lichen Angst befällt, der Gedanke an das Aussterben der Familie
und des Namens, hat seinen Sinn verloren. Die Fortdauer des ver-
wandten Blutes innerhalb der sichtbaren Welt wird nicht mehr als
Pflicht dieses Blutes, das Los, der Letzte zu sein, nicht mehr als
Verhängnis empfunden. Nicht nur weil Kinder unmöglich geworden sind, sondern vor allem weil die bis zum äußersten gesteigerte
Intelligenz keine Gründe für ihr Vorhandensein findet, bleiben sie
aus. (...) Was der Verstandesmensch mit einem äußerst bezeichnen-
den Ausdruck Naturtrieb nennt, wird von ihm nicht nur ›kausal‹ erkannt, sondern auch gewertet und findet im Kreise seiner übrigen
Bedürfnisse den angemessenen Platz. Die große Wendung tritt ein,
sobald es im alltäglichen Denken einer hochkultivierten Bevölkerung für das Vorhandensein von Kindern ›Gründe‹ gibt. Die Natur
kennt keine Gründe. Überall, wo es wirkliches Leben gibt, herrscht
eine innere organische Logik, ein ›es‹, ein Trieb. (...) Wo Gründe
für Lebensfragen überhaupt ins Bewußtsein treten, da ist das Leben schon fragwürdig geworden. Da beginnt eine weise Beschrän-
kung der Geburtenzahl – die bereits Polybios als das Verhängnis
von Griechenland beklagt, die aber schon lange vor ihm in den großen Städten üblich war und in römischer Zeit einen erschreckenden
Umfang angenommen hat –, die zuerst mit der materiellen Not und
sehr bald überhaupt nicht mehr begründet wird. Da beginnt denn
auch, und zwar im buddhistischen Indien so gut wie in Babylon, in
Rom wie in den Städten der Gegenwart, die Wahl der ›Lebensge-

fährtin‹ – der Bauer und der ursprüngliche Mensch wählt *die Mutter seiner Kinder* – ein geistiges Problem zu werden. Die Ibsenehe, die ›höhere geistige Gemeinschaft‹ erscheint, in welcher beide Teile ›frei‹ sind, frei nämlich als Intelligenzen, und zwar vom pflanzenhaften Drange des Blutes, das sich fortpflanzen will; und Shaw darf den Satz aussprechen, ›daß die Frau sich nicht emanzipieren kann, wenn sie nicht ihre Weiblichkeit, ihre Pflicht gegen ihren Mann, gegen ihre Kinder, gegen die Gesellschaft, gegen das Gesetz und gegen jeden, außer sich selbst, von sich wirft‹. Das Urweib, das Bauernweib ist *Mutter*. Jetzt aber taucht das Ibsenweib auf, die Kameradin, die Heldin einer ganzen weltstädtischen Literatur vom nordischen Drama bis zum Pariser Roman. Statt der Kinder haben sie seelische Konflikte, die Ehe ist eine kunstgewerbliche Aufgabe und es kommt darauf an, ›sich gegenseitig zu verstehen‹. Es ist ganz gleichgültig, ob eine amerikanische Dame für ihre Kinder keinen zureichenden Grund findet, weil sie keine *season* versäumen will, eine Pariserin, weil sie fürchtet, daß ihr Liebhaber davongeht, oder eine Ibsenheldin, weil sie ›sich selbst gehört‹. Sie gehören alle sich selbst und sie sind alle unfruchtbar.

(...)

Auf dieser Stufe beginnt in allen Zivilisationen das mehrhundertjährige Stadium einer entsetzlichen Entvölkerung. Die ganze Pyramide des kulturfähigen Menschentums verschwindet. Sie wird von der Spitze herab abgebaut. (...) Nur das primitive Blut bleibt zuletzt übrig, aber seiner starken und zukunftsreichen Elemente beraubt.«[15]

Wenn es nicht mehr die natürliche Bestimmung des Menschen ist, Kinder zu haben, ja wenn es so etwas wie eine *natürliche* Bestimmung gar nicht mehr geben *darf*, weil eine solche keine *Selbst*bestimmung, sondern eine Fremdbestimmung wäre – und wäre Gott selbst der »Fremde«, der hier bestimmt –, wenn Lebens*entwürfe* verwirklicht werden, der Mensch sich also gleichsam selbst zum Kunstwerk wird, und zwar zu einem unvollendeten, wenn die Entscheidung, Kinder zu bekommen, davon abhängt, ob sie zu einem solchen *Entwurf* paßt – in dem Sinne, wie die Krawatte zum Hemd paßt oder eben nicht –, dann *kann* diese Entscheidung im

Einzelfall immer noch »Ja« lauten, oft genug aber wird es ein »Nein« sein; häufig genug jedenfalls, um das Überleben der Gesellschaft als Ganzes in Frage zu stellen.

Wieder stoßen wir, wie zuvor schon im Zusammenhang mit Ethik und Gemeinschaftsbildung, auf das Problem, daß es auf jede Frage, die man stellt, mehrere Antworten gibt (unter Umständen sogar so viele, wie es Menschen gibt, die sich die Frage stellen), und daß dies in einem Zusammenhang, in dem es für die Erhaltung der Gesellschaft auf die Einmütigkeit der Antwort ankommt, fatale Folgen haben kann. Wieder stoßen wir auf das Problem, daß durch Aufklärung jene schützende Ignoranz beseitigt wird, auf der die Metarationalität des Gesellschaftsgefüges beruht. Wenn jemand keine Kinder bekommen will – aus welchen Gründen auch immer –, dann ist dem mit Argumenten so wenig beizukommen wie der Amoralität des oben erwähnten Schwarzfahrers. Gegenaufklärung, wenn Sie so wollen: Aufklärung über die Folgen der Aufklärung, wie sie hier versucht wird, kann ein Mittel sein, den Verfall zu bremsen. Daß sie ihn letztlich verhindern wird, darf man bezweifeln.

14. Die Verleugnung der menschlichen Natur

Spengler spricht davon, daß der moderne Mensch als Gesamtwesen nicht mehr leben *will*, sondern nur an seinem eigenen, individuellen Leben hängt, und daß eine dadurch geprägte Kultur auf den Selbstmord zusteuert. Der Gedanke, daß man in den eigenen Nachkommen fortlebe, ist vom aufklärerischen Standpunkt irrational, weil die Aufklärung nur das denkende, das seiner selbst bewußte Ich als Essenz des Menschen anerkennt. Dabei ist an demselben Gedanken, wenn man ihn vom Standpunkt der Biologie betrachtet, gar nichts irrational. Es ist sogar offenkundig, daß das Leben sich fortzeugt, und daß der sich fortpflanzende Mensch, so gesehen, tatsächlich unsterblich ist.

Was der aufklärerische Individualismus praktisch ausblendet, ist die Doppelnatur des Menschen als eines zugleich natürlichen wie die Natur transzendierenden Wesens, also das, was Spengler die Pflanzenhaftigkeit und Tierhaftigkeit des Menschen nennt. Der Mensch ist ebensosehr Naturwesen wie Verstandeswesen. Er ist nicht nur Schöpfer, sondern auch Geschöpf. Da er nicht wie ein Eisbär einsam auf der Eisscholle lebt, sondern von Natur aus für das Leben in sozialen Zusammenhängen bestimmt und auf deren Existenz angewiesen ist, stellt sich die Frage, wie realitätsadäquat ein Menschenbild ist, das die Stabilität dieser Zusammenhänge untergräbt.

Wir haben jetzt in verschiedenen Zusammenhängen gesehen, daß das rational denkende Individuum zu einem Verhalten tendieren wird, das in der Summe den Fortbestand des sozialen Zusammenhangs gefährdet. Wir haben gesehen, daß dieser Fortbestand wesentlich von der Autorität des Transzendenten, des Nichthinterfragten abhängt, und daß das, was rational legitimiert werden muß, bereits deswegen keine oder nur eine gebrochene Autorität von verringerter Bindekraft darstellen kann. Dies gilt für die Autorität Gottes und der Kirche wie für die der Vorfahren und ihrer Tradition. Es gilt erst recht für die Natur des Menschen, für seine pflanzenhafte Seite, um mit Spengler zu sprechen.

Von einer *Natur* des Menschen zu sprechen, wird heutzutage bereits zum Skandalon erklärt. Wo die Natur beginnt, endet die Macht des Willens; wo Triebe herrschen, kann der Verstand ihnen bestenfalls rationalisierend hinterherhecheln. Nichts soll der Herrschaft des bewußten Ichs entzogen sein (»Wo Es war, soll Ich werden«, schrieb Sigmund Freud), und wo es Triebe gibt, an denen man beim besten Willen nicht vorbeikommt, wie am Sexualtrieb, sollen sie wenigstens Spiel und Vergnügen sein und sonst nichts. Es geht nicht darum, sie zu bändigen, zu sublimieren und zu zivilisieren, wodurch sie immer noch Teil des Menschen bleiben; sie sollen *Objekt* werden, Spielzeug.

Die christliche Sexualmoral, die darauf beharrt, daß Sexualität und Fortpflanzung naturgemäß zusammengehören, kann unter solchen Vorgaben nicht einmal verstanden, geschweige denn akzeptiert werden. Der vorherrschend gewordene Menschentyp kann aus dieser Moral nur die »Lustfeindlichkeit« heraushören, und schlimmstenfalls wirft er der Kirche vor, Sexualität auf Fortpflanzung *redu-*

zieren zu wollen. In Wahrheit kann davon nicht die Rede sein: Es geht vielmehr darum, ein *ganzheitliches* Menschenbild zu bewahren, das die naturhafte Seite des Menschen, sein Geschöpfsein, *einbezieht*, statt es zugunsten der trügerischen Utopie menschlicher Selbsterschaffung zu ignorieren. Es geht darum, daß der Mensch sein wirkliches *Wesen* erkennt und annimmt, gerade in der notwendigen Spannung zwischen seiner Geschöpf- und seiner Subjektseite. Ein Menschenbild, das diese Spannung ausblendet, entfremdet den Menschen von sich selbst, läßt ihn nicht sein, was er ist, zwingt ihn, die Hälfte seines Wesens zu verleugnen und führt damit den eigenen emanzipatorischen Anspruch ad absurdum.

Erst recht gilt dies für den Bereich der sozialen Beziehungen: *Wenn* man der Sozialität des Menschen schon nicht entgehen kann; *wenn* man schon damit leben muß, daß der eigene Wille, die eigene Freiheit am Widerstand des Sozialen abgeschliffen werden, dann sollen – der aufklärerischen Ideologie zufolge – diese sozialen Beziehungen wenigstens so vernünftig wie möglich geordnet werden.[16]

Die Vorstellung, daß die Gesamtheit der sozialen Beziehungen Gegenstand politischer Planung sein könne, daß es also Aufgabe der Politik sei, die Gesellschaft zu gestalten, ist historisch neu und hätte kaum jemandem in den Sinn kommen können, wenn die Aufklärung nicht diese Beziehungen und deren Struktur auf ihr Warum und Wozu befragt hätte und weiterhin befragte. Wenn die soziale Ordnung nicht etwas schlechthin Gegebenes, sondern etwas von Menschen *Gemachtes* ist, ist in der Tat auf den ersten Blick nicht erkennbar, warum dieses Gemachte nicht auch von Menschen *geändert* werden sollte und könnte. Auf den zweiten Blick freilich erweist sich diese Idee als naiv: Soziale Ordnungen sind nämlich normalerweise nicht in dem Sinne »gemacht«, daß sie einem bewußt konzipierten Masterplan folgen würden. Sie entstehen und entwickeln sich durch unzählige soziale Wechselwirkungen über lange Zeiträume hinweg, und sie bleiben bestehen, solange sie sich bewähren und ihre Integrität bewahren, wobei sie sich durchaus an veränderte Bedingungen anpassen können. Den großen Strippenzieher und Gesellschaftsingenieur gab es nie, und wer sich in dieser Funktion versuchte, wie etwa die kommunistischen Revolutionäre, mußte stets feststellen, daß sich unerwartete, weil in der Theorie nicht vorgesehene Rückwirkungen einstellten, die dazu führten, daß die Gesellschaft ganz anders funktionierte, als der vermeintliche Ingenieur vorausgesehen hatte, und die seine Theorien ad absurdum führten.

Der Irrtum solcher selbsternannter Gesellschaftsingenieure lag darin, daß sie sich mit Gott verwechselten, an den sie meistens nicht glaubten, dessen Stelle sie aber eben deshalb für sich beanspruchen zu dürfen meinten. Die Gesellschaft funktioniert nicht mechanisch, sondern organisch, weswegen es wohl möglich ist, Krankheiten zu diagnostizieren, nicht aber, eine Gesellschaft neu zu erfinden. Die Gesellschaft auf dem Reißbrett zu entwerfen gleicht dem Versuch, durch künstliche Synthese eines DNS-Strangs einen lebensfähigen Organismus zu erzeugen; und auch der nur scheinbar umgekehrte Weg, Teile der vorhandenen kulturellen DNS willkürlich herauszuschneiden, weil ihre Funktion latent und nicht auf den ersten Blick erkennbar ist, und weil sie der Verwirklichung eines abstrakten Gesellschaftsideals hemmend im Wege stehen, basiert bestenfalls auf einer drastischen Überschätzung soziologischer Erkenntnisfähigkeit, häufiger freilich auf dem bloßen Ignorieren der Tatsache, daß es hier überhaupt etwas zu erkennen gibt.

15. Aufklärung und christliches Menschenbild

Was die Aufklärung im tiefsten anstrebt, ist die *Selbsterlösung des Menschen.* Er soll nicht mehr angewiesen sein auf Gott und den Glauben, nicht mehr eingeengt durch vorgefundene Traditionen, nicht einmal durch sich selbst und sein eigenes Wesen. Er soll sich buchstäblich selbst erschaffen, und dies sowohl als Individuum wie auch kollektiv als Gesellschaft.

Der hier sich auftuende Widerspruch, daß eine politisch geplante und organisierte Gesellschaft die Autonomie des Einzelnen empfindlich beschneiden muß, die Selbstschaffung des Menschen also nicht gleichzeitig individuell und kollektiv stattfinden kann, ist traditionell ein Streitpunkt zwischen Liberalen und Sozialisten; erstere wollen den Widerspruch nach der Seite *individueller* Selbstschöpfung und Selbsterlösung auflösen, letztere nach der Seite des Kollektivs.

Die Liberalen nehmen in Kauf, daß die auf die Spitze getriebene Autonomie des Einzelnen in der Summe aller freien individuellen Handlungen zu einem Zustand der Gesellschaft führt, den niemand angestrebt hätte, wenn er gefragt worden wäre, zu dem er sich aber gleichwohl verhalten muß (der ihn also einem Zwang aussetzt). Die Sozialisten umgehen diesen Widerspruch zwar, geraten dabei aber vom Regen in die Traufe, indem sie die Autonomie des Kollektivs zu verwirklichen versuchen, also die gezielte und geplante Selbstschaffung der Gesellschaft mit politischen Mitteln. Dieser Vorgang greift indes nach aller Erfahrung wesentlich tiefer in die individuelle Autonomie ein, als die Tradition es jemals vermocht hätte, allein schon, weil der Versuch, die Gesellschaft von oben zu regulieren, zwangsläufig Folgeprobleme hervorruft, die anders als durch immer mehr und immer drastischere politische Eingriffe nicht zu kontrollieren sind.

Das folgerichtige Ergebnis einer auf diesem Ansatz beruhenden Politik ist die totalitäre Diktatur, also die Vernichtung nicht nur der individuellen, sondern auch der kollektiven Autonomie: Die Gesellschaft *kann* sich schlicht nicht selbst erschaffen, und jeder Versuch, sie dazu zu bringen, muß zur Diktatur einer Elite führen, die bloß – und fälschlicherweise – für sich *beansprucht*, die Gesellschaft und deren kollektive Vernunft in sich zu verkörpern.[17]

Im Hinblick auf den Sozialismus dürfte als experimentell erwiesen gelten, daß der Versuch der Selbstschaffung des Menschen notwendig scheitern muß. Daß dieses Scheitern auch dem Liberalismus vorhergesagt werden kann, wird in **Kapitel II** noch ausführlicher begründet werden.

Was wir heute mit den Mitteln der Ideologiekritik und der soziologischen Analyse, gestützt auf mittlerweile überreichlich vorliegende schlechte Erfahrungen mit utopiegeleiteter Politik auch ohne Rückgriff auf theologische Denkfiguren begründen können, wird freilich von der Kirche[18] in theologischer Sprache schon seit knapp zweitausend Jahren als Wahrheit behauptet, und dies nicht gestützt auf empirisch-soziologische Analysen oder auf säkulare Philosophie, sondern auf den Glauben an die Wahrheit der Selbstoffenbarung Gottes in Christus.

Da ich auch Nichtchristen überzeugen möchte, werde ich mich in diesem Buch auch weiterhin an die Grundregel des wissenschaftlichen Diskurses halten, stets so zu argumentieren, als ob Gott nicht existierte. Dieser methodische Atheismus ist, zumindest in wissenschaftlichen Zusammenhängen, aber auch allgemein dort, wo ein rationaler Diskurs zwischen Anhängern unterschiedlicher religiöser Überzeugungen zu Ergebnissen führen soll, eine Notwendigkeit, weil nur er verbürgt, daß die Gültigkeit eines Arguments vom religiösen Standpunkt des Diskutanten unabhängig ist.

Dennoch erlaube ich mir den Hinweis, daß uns wahrscheinlich manche historische Katastrophe erspart geblieben wäre, wenn die europäischen Gesellschaften nicht erst gewartet hätten, bis in Gestalt von Gulags und Konzentrationslagern der Beweis für die Unmöglichkeit der Selbsterlösung des Menschen unabweisbar vor aller Augen lag, und daß uns manch andere Katastrophe wahrscheinlich erspart bleiben wird, wenn wir aus dem Scheitern der sozialistischen Utopie *nicht* den Schluß ziehen, unsere Zukunft den nicht minder utopischen Verheißungen des Liberalismus anzuvertrauen.

Daß Utopien der menschlichen Selbsterlösung scheitern müssen, kann man auch mit säkularen Argumenten begründen – und genau dies ist das Thema dieses Buches –, aber eben erst im Nachhinein oder wenn die Probleme mindestens ein solches Ausmaß angenommen haben, daß man die aus ihnen resultierenden Katastrophen schon deshalb vorhersagen kann, weil sie bereits in Sichtweite sind.

Gestützt auf den christlichen *Glauben* konnte man dieses Scheitern aber *von Anfang an* vorhersagen – und es wurde ja auch vorhergesagt. Wenn wir die Prognosekraft einer Theorie in guter wissenschaftlicher Tradition als Gradmesser für ihre Richtigkeit ansehen, werden wir der christlichen Theologie, insbesondere der Erbsündenlehre, bescheinigen müssen, eine hervorragende Theorie zu sein – auch wenn die Glaubenswahrheiten, auf die sie sich stützt, als Offenbarungswahrheiten empirisch nicht überprüfbar sind und somit außerhalb der Reichweite wissenschaftlicher Begriffsbildung liegen.

Die Kirche hat mit etlichen Jahrhunderten Vorsprung, gestützt allein auf den christlichen Glauben, Erkenntnisse als Wahrheiten behauptet, deren Richtigkeit sich erst in der jüngeren Vergangenheit überprüfen läßt. Man muß nicht unbedingt so weit gehen, aus diesem Sachverhalt zu folgern, der christliche Glaube müsse deshalb in *allen* Punkten wahr sein, auch in jenen, deren Richtigkeit sich nicht oder noch nicht überprüfen läßt. Wohl aber folgt daraus, daß es – selbst für Atheisten und Agnostiker – nicht irrational ist, die Warnungen des Christentums vor den Folgen einer auf die Spitze getriebenen Aufklärung ernst zu nehmen und demzufolge auch vom christlichen Menschenbild auszugehen, und sei es nur im pragmatischen Sinne einer erkenntnisleitenden Vermutung.

Da es sich um ein theologisches Konzept handelt, sei es im Folgenden in theologischer Sprache dargelegt: Prägend für die diesseitige menschliche Existenz ist der Riß zwischen Gott und dem Menschen: Die ursprüngliche paradiesische Gemeinschaft des Menschen mit Gott im Garten Eden ist durch die Ursünde der Stammeltern Adam und Eva zerstört worden, und bezeichnenderweise bestand diese Ursünde darin, vom Baum der *Erkenntnis* gegessen zu haben, um zu »sein wie Gott«.[19]

Gott verstößt daraufhin den Menschen aus dem Paradies, hinein in eine irdische Existenz, in die Sterblichkeit und in das Getrenntsein von Gott. Dieses *Getrenntsein von Gott* ist die Definition der Sünde. Aus der irdischen Perspektive, die der Mensch von nun an einnimmt, ist Gott der Jenseitige, der nicht Sichtbare, zu dem der Mensch nur durch aktive Hinwendung, also durch den Glauben, in Beziehung treten kann; während das Materielle, das Sicht- und Faßbare, das Fleisch, die Sünde sich ihm sozusagen aufdrängt.

In dem Moment, wo der Mensch vom Baum der Erkenntnis ißt und damit fähig wird, zwischen Gut und Böse zu unterscheiden, erfordert die Hinwendung zum Guten eine moralische Anstrengung, und dies um so mehr, als diese Hinwendung zum Guten, also zu Gott, zugleich die Hinwendung zum Transzendenten ist: Das Irdische kann man *sehen*, an Gott muß man *glauben*.

Die natürliche Religiosität, die zum Wesen des Menschen gehört, speist sich aus dessen Wissen um die Unvollkommenheit und

Gebrochenheit einer bloß diesseitigen Existenz, die nicht heil und daher buchstäblich unheilträchtig ist. Diese Religiosität ist das Verlangen nach der verlorenen Gemeinschaft mit Gott.

Während der Mensch also einerseits zur Gemeinschaft mit Gott berufen ist und dies mehr oder weniger deutlich auch weiß, ist Gott zugleich der scheinbar Abwesende und Schweigende. Die im Menschen aufgrund des Sündenfalls ohnehin angelegte Versuchung, nur das Diesseitige gelten zu lassen, bringt wie von selbst das aufklärerische Denken hervor, das die Welt vom Menschen statt von Gott her interpretiert: Da Religiosität dem Menschen offenkundig eigen ist, sein Objekt aber, also Gott, nicht sichtbar – und das heißt für ein dem Diesseits verhaftetes Denken: nicht existent – ist, muß, so lautet die Schlußfolgerung der Aufklärung, Gott eine Erfindung des Menschen sein.

Da das tatsächliche Verhältnis damit auf den Kopf gestellt wird, gerät die Gesellschaft, in der diese Idee immer mehr um sich greift, in die Situation eines Wanderers in der Wüste, der auf der Suche nach der rettenden Oase verhängnisvollerweise eine Karte benutzt, auf der die Himmelsrichtungen vertauscht sind. Wie weit diese Idee tatsächlich schon dominant geworden ist, läßt sich nicht zuletzt an kirchlichen Würdenträgern beider Großkonfessionen beobachten, also an denen, die eigentlich berufen wären, solche Ideen zurückzuweisen: Wenn Gott keine objektive Wahrheit ist, sondern nur im subjektiven Bewußtsein des Menschen existiert, dann muß dasselbe zwangsläufig auch für die auf ihn bezogenen Glaubenswahrheiten gelten. Wenn solche Wahrheiten ohnehin etwas Ausgedachtes sind, dann spricht nichts dagegen, daß jeder sich das ausdenkt, womit er am besten leben zu können glaubt. Dann kann die Kirche keinen Anspruch auf objektive Wahrheit erheben, sie kann bestenfalls unverbindliche theologische Vorschläge machen, und je unverbindlicher sie sind, je weniger sie den Einzelnen in seiner Freiheit beschränken, sich seinen Gott auszudenken, desto besser ist es, denn desto größer ist die Zahl der Menschen, die eine solche Religion nicht als anstößig empfinden und vielleicht bereit sind, unter dem Dach einer solchen Kirche ihren pseudoreligiösen Sentimentalitäten zu frönen.

Am tatsächlichen Verhalten von Bischöfen, nicht zuletzt an ihrer wachsenden Neigung, das Christentum von seiner weltlichen Nützlichkeit statt von seiner transzendenten Wahrheit her zu legitimieren und die Sprache des Christentums zur sentimentalen Phrase zwecks moralischer Parfümierung politischer Programme zu degradieren, an diesem Verhalten also kann man ablesen, wie weit die Glaubenslosigkeit schon in die Kirchen eingedrungen ist und wie sehr sie – erst recht – die umgebende Gesellschaft beherrscht.

Die Religiosität des Menschen wird damit nicht aus der Welt geschafft, aber sie richtet sich zunehmend auf selbstgeschnitzte Götzen. Der dem Diesseits verhaftete Mensch verstößt unablässig und zwanghaft gegen das Erste Gebot, sich von Gott kein Bild zu machen. Der Riß zwischen Gott und dem Menschen, von dem oben die Rede war, ist nicht einfach nur da, er entfaltet eine Eigenlogik, aufgrund derer er sich immer mehr vertieft und vergrößert. Der Mensch verliert das Bewußtsein dafür, daß das Jenseitige, nach dem er sich sehnt, Gott ist.

Demzufolge versucht er, sich dieses Jenseitige selbst zu schaffen und in seinen eigenen Artefakten, letztlich also in sich selbst, Gott zu suchen. Die Ursünde begann mit dem Versprechen der Schlange: »Ihr werdet sein wie Gott«; und der Mensch, der sich einmal auf diese Bahn begeben hat, kann gar nicht anders, als sich immer weiter von Gott zu entfernen, in dem Glauben, ihm immer ähnlicher zu werden, immer mehr wie Gott zu werden, sein Geschöpfsein zu vergessen und von der eigenen »Identität« (die dann keine mehr ist) über die gesellschaftliche Ordnung bis hin zu seinen Erbanlagen alles zum Gegenstand seines planenden Willens zu machen. Die Ursünde hört auf, ein fernes mythisches Ereignis zu sein, sie wird zwanghaft stets aufs Neue wiederholt, der Mensch wird süchtig nach den Früchten vom Baum der Erkenntnis.

Da Gott, an dessen Existenz man nicht mehr glaubt, unerreichbar zu sein scheint, die Sehnsucht des Menschen nach dem Transzendenten aber erhalten bleibt, sucht man die Transzendenz statt im unerreichbaren Jenseitigen in der – vermeintlich erreichbaren – Zukunft, in der Utopie, die als eine Art *diesseitiges Jenseits* die Quadratur des Kreises darstellt, die Sehnsucht nach Gott ohne Gott zu stillen. Wie der besagte Wanderer, der forsch in die falsche Richtung marschiert, entfernt der Mensch sich vom Ziel seiner Sehnsucht in dem Maße, wie er ihm näher zu kommen glaubt.

Der schreiende Selbstwiderspruch, der in dem Projekt liegt, die Religiosität des Menschen ohne Religion zu befriedigen und die Erlösung des Menschen als *Selbsterlösung* zu betreiben, das heißt: die Gemeinschaft mit Gott in größtmöglicher Gottesferne zu suchen, resultiert daraus, daß die Prämissen, die ihm zugrunde liegen, *unwahr* sind. Für Gott gibt es keinen Ersatz, schon gar nicht den Menschen und seine Werke, zumal wenn diese Werke auf der Verleugnung der menschlichen Natur, mithin auf einem fiktiven Menschenbild, sprich einer Unwahrheit aufbauen.

Wir stellen also fest, daß man im Hinblick auf die Überlebensfähigkeit von Gesellschaften, die die Aufklärung immer weiter treiben, vom Standpunkt des christlichen Menschenbildes zu just denselben pessimistischen Ergebnissen gelangt, die wir uns vom Standpunkt der soziologischen Theorie erarbeitet haben – nur daß das Christentum um diese Wahrheiten schon lange wußte, bevor es so etwas wie Soziologie gab.

Wissenschaft und Glaube sind zwei *alternative* Erkenntniswege: Ein Glaube, der sich im Diesseits einzurichten und seine Nützlichkeit für und Vereinbarkeit mit einer säkularen, im Kern atheistischen Ideologie zu beweisen sucht, ist keiner. Er ist bestenfalls dekorativ und schlimmstenfalls überflüssig und sogar schädlich. Umgekehrt kann es nicht Sache der Wissenschaft sein, sich den ihr vom Ansatz her völlig fremden Wahrheitsbegriff der Theologie zu eigen zu machen und ihn ihrer eigenen Arbeit als methodische Prämisse zugrunde zu legen.

Dies ist also keineswegs ein Plädoyer für Wissenschaftsfeindlichkeit, wohl aber ein Appell an die Wissenschaft, sich bewußt zu werden, daß ihr eigener methodischer Atheismus nicht mehr ist als eine *Diskursregel*, die als solche eine Notwendigkeit ist, aber in sich keine Wahrheit trägt; daß die Erkenntnisfähigkeit der Wissenschaft vielmehr durch diese Methode *begrenzt* ist; und daß eine Wissenschaft, die diesen ihren systembedingten Mangel nicht als solchen erkennt und reflektiert, geradewegs in den Irrtum und die Unwahrheit marschieren muß.

Die Wahrheit des christlichen Menschenbildes ist eine Glaubenswahrheit: Man kann nicht wissenschaftlich beweisen, daß es so ist. Wohl aber kann man beweisen, daß eine Gesellschaft, die so tut, als sei es *nicht* so, sich den Ast absägt, auf dem sie sitzt.

16. Die Dummheit der Intelligenz

Daß eine umfassend rational geordnete und zugleich nachhaltig lebensfähige Gesellschaft ein Widerspruch in sich ist, dürfte inzwischen klargeworden sein. Aber auch ohne die Argumente, die bisher angeführt wurden, sollte eine einfache Frage ausreichen, die ganze Überspanntheit eines solchen Anspruchs bloßzulegen: Wenn es zur (Über-)Lebensfähigkeit einer Gesellschaft erforderlich ist, daß sie rational geordnet sei, wie hat die Menschheit dann all die Jahrtausende überstanden, in denen dergleichen nicht einmal versucht wurde?

Offensichtlich kann menschliche Gesellschaft von den primitivsten Anfängen an funktionieren, ohne auf Ideologen angewiesen zu sein, die ihr sagen, *wie* sie zu funktionieren hat. Muß man es da nicht als *wahrscheinlich* ansehen, daß es in der natürlichen Ausstattung des Menschen etwas gibt, was es ihm erlaubt, stabile Gemeinschaften zu bilden, und zwar *ohne* in ideologischen Kategorien darüber nachzudenken?

Und wenn dies so ist: Muß es dann nicht als hochgradig *unwahrscheinlich* gelten, daß eine Ideologie, die das empirisch regelmäßig beobachtbare menschliche Verhalten nicht etwa erklärt, sondern Maßstäbe für »richtiges« menschliches Verhalten aus einer abstrakten Theorie ableitet, zum nachhaltigen Gedeihen der Gesellschaft beiträgt? Insbesondere wenn sie das, was Menschen tatsächlich normalerweise glauben und tun, und das, woran sie sich orientieren, kritisiert und zum Teil sogar kriminalisiert, ohne der Frage nachzugehen, welche Funktion die kritisierten Einstellungen möglicherweise bei der Aufrechterhaltung der Gesellschaft erfüllen?

Bruce G. Charlton, Professor für Evolutionspsychologie und theoretische Medizin, hat 2009 in einem Aufsatz für die Fachzeitschrift *Medical Hypotheses* [20] diese Fragen von einem evolutionspsychologischen Standpunkt bejaht. Ihm zufolge ist abstrakte analytische Intelligenz das geeignete Mittel zur Bewältigung evolutionär *neuer* Probleme, während der gesunde Menschenverstand *(common sense)*, der mehr oder minder allen Menschen, auch den Dummen, eigen ist, die bewährten Lösungen für jene Probleme menschlichen Zusammenlebens repräsentiert, die die Menschheit *schon immer* gehabt hat und lösen mußte. Menschen mit hohem IQ, also hoher abstrakt-analytischer Intelligenz, tendieren aber dazu, diese Art von Intelligenz auch auf Fragen anzuwenden, die der gesunde Menschenverstand zuverlässiger bearbeitet, und ihre eigene intuitiv bessere Einsicht zu verdrängen:

»Wenn die intelligentesten Menschen Systeme der sozialen Intelligenz beiseite schieben und auf allgemeines, abstraktes und systematisches Argumentieren jener Art zurückgreifen, das unter Menschen mit höherem IQ bevorzugt wird, dann ignorieren sie ein ›Expertensystem‹ zugunsten eines Nichtexpertensystems.« [21]

Da diese realitätsblinde Art zu denken bei Menschen mit höherem IQ besonders ausgeprägt ist, kommt es an der Spitze der Gesellschaftspyramide, und speziell dort, wo die sozial verbindliche Wirklichkeitsbeschreibung entsteht, also speziell in den gesellschaftsbezogenen Wissenschaften und den Medien, zu einer Konzentration von Anhängern inadäquater Realitätsbeschreibungen, man könnte auch sagen: verschrobener Ideologien. Im Laufe der Zeit – und insbesondere, wenn das beschriebene Sinndefizit zur Flucht in utopische Sozialexperimente verführt und obendrein durch entsprechende Personalpolitik nachgeholfen wird – können solche Ideologien geradezu ein Monopol in ihren jeweiligen Bereichen erlangen.

Spätestens dann wird die Bejahung dieser (absurden) Ideologien zu dem Merkmal, das die Elite von der Plebs unterscheidet, und wird es möglich, alternative Wirklichkeitsbeschreibungen (die zwangsläufig früher oder später formuliert werden, weil die Wirklichkeit sich nicht ewig ideologisch ausblenden läßt) ohne weitere

Begründung als »dumm«, »verrückt« oder »böse« abzutun. Man nennt dies auch Political Correctness:

»Die Motivation, die dem moralisierenden Gift der Political Correctness (PC) zugrunde liegt, liegt in der Tatsache, daß spontane menschliche Instinkte universeller verbreitet sind und mächtiger empfunden werden als die absurden Abstraktionen der PC; plus die Tatsache, daß der gesunde Menschenverstand normalerweise richtig, die PC dagegen in perverser Weise falsch liegt. Daher muß eine faire Debatte um jeden Preis verhindert werden, wenn der politisch korrekte Konsens aufrechterhalten werden soll. Dies erfordert die Stigmatisierung des gesunden Menschenverstandes zum Zwecke seiner Neutralisierung.«[22]

Systeme wie die Wissenschaft und die Medien, die an sich dazu da sind, Wahrheiten hervorzubringen, entwickeln unter solchen Bedingungen systematisch falsche Weltbilder. Die Gesellschaft, die an diesen Systemen ja nicht vorbeikommt, ist dann gezwungen, ihre Probleme auf der Basis einer systematisch und teils grotesk verzerrten Problemanalyse zu lösen, mit dem folgerichtigen Ergebnis, daß die Probleme sich potenzieren, statt einer Lösung näherzukommen.

Der gesunde Menschenverstand ist Teil der natürlichen psychischen Ausstattung des Menschen. Seine Verleugnung ist demgemäß Teil, und zwar ein besonders wichtiger Teil, des ideologischen Paradigmas, das die Natur des Menschen aus Prinzip als nichtexistent behandelt.

Konkrete Beispiele für die fatalen Fehleinschätzungen, die aus dieser geistigen Disposition resultieren, gibt es zuhauf:

Da gibt es zum Beispiel Sozialwissenschaftler, die das Konzept der »gruppenbezogenen Menschenfeindlichkeit« entwickelt haben – damit ist praktisch jede distanzierte, kritische oder ablehnende Haltung gegenüber gesellschaftlichen Minderheiten und Randgruppen gemeint –, wobei allein schon das pejorative Vokabular (»Menschenfeindlichkeit«) erkennen läßt, daß es nicht darum geht, vorgefundene Einstellungen zu *erklären,* sondern nach rein normativen Maßgaben moralisch zu diskreditieren und ganz nebenbei suggerieren, wer solche Einstellungen hege, sei, da ein »Menschenfeind«, kein Mensch.

Zu diesem Syndrom der »gruppenbezogenen Menschenfeind-lichkeit« wird unter anderem das Beharren auf »Etabliertenvorrech-ten« gezählt, also zum Beispiel die Forderung, Einwanderer hätten sich an die Normen der einheimischen Gesellschaft anzupassen.

Merkwürdigerweise aber ist dieses Beharren auf »Etablierten-vorrechten« in jeder nur erdenklichen Art von menschlicher Ge-meinschaft universell beobachtbar. Das fängt bei Schulklassen an, in denen der »Neue«, wenn er das große Wort zu führen versucht, sich schnell unbeliebt macht, reicht bis hin zu ganzen Völkern, und ist selbst in linken Organisationen eine alltägliche Erscheinung, also genau dort, wo man sich nicht genug darüber aufregen kann, daß der »Stammtisch« auf »Etabliertenvorrechten« beharrt.

Es ist auch leicht zu zeigen, warum das so ist: Wir haben ge-sehen, daß menschliche Gesellschaft einen Konsens über die Wir-Gruppe und die in ihr geltenden Spielregeln voraussetzt. Wer diese Regeln nicht akzeptiert, gefährdet diesen Konsens und letztlich auch die Wir-Gruppe in ihrer Existenz. Um ihre Stabilität aufrechtzuerhal-ten, ist die Gruppe gezwungen, den Außenseiter so lange auszugren-zen, also als Nicht-Dazugehörigen zu behandeln und ihm ihre Solida-rität zu verweigern, bis er sich anpaßt und eingliedert.

Diese Diskriminierung[23] geschieht nicht deshalb, weil Sozial-wissenschaftler es gutheißen, oder weil Wer-auch-immer es vor-schreibt, und es geschieht selbst dann, wenn Sozialwissenschaft-ler es kritisieren. Es geschieht, weil es ein in Jahrtausenden (wahr-scheinlich genetisch) verinnerlichtes menschliches Verhaltenspro-gramm ist. Es handelt sich um eine evolutionär bewährte Lösung des Problems, wie man soziale Regeln, wie man Gesellschaft auf-rechterhält. Wäre dem *nicht* so, dann *müßte* es mit überwältigender Wahrscheinlichkeit irgendwo auf der Welt eine Gesellschaft geben, die so etwas »Etabliertenvorrechte« nicht kennt. Eine solche Gesell-schaft gibt es nicht.

Dies bedeutet unter anderem, daß die anfängliche Diskrimi-nierung des Nichtetablierten die Voraussetzung für dessen Integra-tion ist. Daß es auch Fälle geben kann, in denen Diskriminierung nicht nur unmoralisch, sondern auch objektiv sozial schädlich ist, steht auf einem anderen Blatt. An dieser Stelle kommt es lediglich darauf an, daß die Leugnung einer natürlichen menschlichen Disposition zugleich bedeutet, ein von der menschlichen Natur bereits gelöstes Problem künstlich wieder auf die Tagesordnung zu setzen und die vorhandene Lösung zu problematisieren, ohne eine bessere anbieten zu können. Die grotesken Widersprüche, in die sich eine Gesellschaft verstrickt, die Fremde zugleich *integrieren* und *nicht diskriminieren* will, sind täglich in der Zeitung nachzulesen und sprechen für sich.

Entsprechendes gilt für die Arbeitsteilung von Mann und Frau, der bei weitem *ältesten* Arbeitsteilung, die die Menschheit kennt; sie äußert sich traditionell darin, daß Nahrungszubereitung und Kleidungsherstellung typischerweise Sache der Frauen, Krieg und Jagd (oder deren Äquivalent »Berufstätigkeit«) in erster Linie Sache der Männer gewesen sind, zumindest als gesellschaftliche Norm und als erwünschter Normalzustand. Und daß das Gebären von Kindern Sache der Frauen ist, ist selbst heute noch eine Selbstverständlichkeit.

Daß diese Arbeitsteilung sich in geschlechtsspezifisch unterschiedlichen genetischen Verhaltensdispositionen, Denkstilen und Lebenseinstellungen niedergeschlagen hat, daß Männer und Frauen also von Natur aus wesensverschieden sind, muß vor diesem Hintergrund nicht nur als hochgradig wahrscheinlich gelten, sondern ist auch empirisch mehr als hinreichend belegt.

Daß dies eine statistische Aussage ist, und daß jeder einzelne Mensch in der einen oder anderen Richtung vom statistischen Mittel abweicht, versteht sich von selbst. Daß es Frauen gibt, die sich gerne mit Physik beschäftigen, und Männer, die gerne Hausarbeit verrichten, widerlegt die These von der Wesensverschiedenheit ebensowenig, wie die Existenz kleinwüchsiger Männer und großgewachsener Frauen ein Argument gegen die These ist, daß Männer von Natur aus größer gewachsen sind als Frauen.

Im Grunde weiß auch jeder, daß es so ist; die Ideologie des »Gender Mainstreaming«, wonach die Verschiedenheit der Geschlechter nicht naturgegeben, sondern ausschließlich durch kulturelle Rollenzwänge oktroyiert sei, ist so grotesk, daß sie keiner Diskussion würdig ist. Um so interessanter ist es, daß sie überhaupt vertreten wird, und dies nicht etwa von ein paar Außenseitern, sondern von sogenannten Wissenschaftlern. Wieder haben wir es hier zum einen mit der oben beschriebenen Dummheit der Intelligenz, zum anderen mit der Tendenz aufklärerischen Denkens zu tun, die Natur des Menschen zu ignorieren:

Es soll, ja *darf* einfach nichts geben, was der Mensch als natürliche *Gegebenheit* vorfindet, und was sich deshalb dem rationalen Gestaltungswillen entzieht. Die Neigung, jedes beobachtbare menschliche Verhalten durch soziale und kulturelle Bedingungen zu »erklären«, entspringt erkennbar dem Wunsch, im Menschen unter keinen Umständen etwas anderes zu sehen als *sein eigenes* Geschöpf.

Wer freilich mit einer solchen Ideologie im Kopf die Arbeitsteilung von Mann und Frau aufheben will, verkennt eines: Es gehört zu den selbstverständlichen Grundannahmen der Soziologie, übrigens auch der Ökonomie, daß *Differenzierung* (und das bedeutet zum Beispiel Arbeitsteilung) die *Leistungsfähigkeit* sozialer Systeme erhöht. Man macht das, worauf man spezialisiert ist, einfach besser. Gewiß kann es den Fall geben, daß der Mann die Kinder großzieht und die Frau Karriere macht. Wenn beide damit zufrieden sind: ausgezeichnet, die Arbeitsteilung *als solche* bleibt jedenfalls gewahrt.

Und gewiß gibt es Familien, in denen *beide* Elternteile berufstätig sind *und* die Kinder großziehen; das kann im Einzelfall durchaus funktionieren, wenn sich alle Beteiligten entsprechend anstrengen. Wird aber die Aufhebung dieser Arbeitsteilung zum *Leitbild der ganzen Gesellschaft* und entsprechend massenhaft praktiziert, dann ist für die Gesellschaft *als Ganzes* (also nicht unbedingt für jede einzelne Familie) die zwangsläufige Folge, daß Kinder entweder zu kurz oder gar nicht erst auf die Welt kommen. Wiederum etwas, das wir empirisch beobachten können, und wiederum etwas, was direkt aus dem Versuch folgt, die evolutionär bewährte Lösung eines sozialen Problems zu verwerfen, ohne etwas Besseres an ihre Stelle zu setzen.

Auch »Homophobie« – man beachte auch hier die bereits im Vokabular steckende Verunglimpfung des Andersdenkenden –

71

wird zum Syndrom der »gruppenbezogenen Menschenfeindlichkeit« gerechnet. Dabei ist »Homophobie« in den meisten menschlichen Gesellschaften speziell unter Männern weit verbreitet; sie
wäre es nicht, wenn sie nicht eine *soziale Funktion* erfüllen würde,
und diese Funktion besteht ganz offenkundig darin, eine bei vielen Menschen vorhandene *latente* Tendenz zur Bisexualität an der
Entfaltung zu hindern, Heterosexualität also als sozial erwünschte
Norm festzuschreiben, Homosexualität dagegen zu zurückzudrän-
gen. Welchen *Sinn* dies hat, brauche ich wohl nicht zu erläutern.
Eine Gesellschaft, die sich ungeachtet ihres demographischen Nie-
derganges, also ihrer Selbstauslöschung, den Luxus leistet, »Homophobie« für eines ihrer Hauptprobleme zu halten, beweist schon dadurch, daß sie nicht mehr existieren will.

Das heißt selbstverständlich nicht, daß Diskriminierung per se
etwas Gutes sei. Im Ernst wünscht sich doch niemand, daß Homosexuelle (womöglich noch strafrechtlich) verfolgt werden, oder daß
man Frauen, die für Männerberufe talentiert sind, den Zugang zu
diesen Berufen nur deswegen verweigert, weil sie Frauen sind, oder
daß man Einwanderern das Gefühl vermittelt, sie hätten sowieso
keine Chance, jemals zur einheimischen Nation gerechnet zu werden. Im Ernst kann aber auch längst niemand mehr behaupten, daß
diese Gefahren drohten, auch wenn es Kreise gibt, die dies nach
wie vor tun. Wer diese Kreise sind, und warum sie es behaupten,
wird uns in **Kapitel III., 2.5.** (»Die Rolle von Minderheiten«) noch
beschäftigen.

Hier geht es um etwas anderes: Es geht darum, daß der Mensch
von Natur aus an das Leben in Gesellschaft angepaßt ist, und daß
er daher von Natur aus Verhaltensdispositionen mitbringt, die vom
Standpunkt der sozialen Stabilität metarational im oben beschriebenen Sinne sind. Das, was ich oben den »gesunden Menschenverstand« genannt habe, ist die Grundlage eben dieser Art von Rationalität. Ihn zu diskreditieren und der Gesellschaft austreiben zu wollen, gefährdet die Grundlagen des zivilisierten Zusammenlebens.

17. Regel und Ausnahme: Die Dialektik der Toleranz

Es hat seine Logik und seine Notwendigkeit, daß Soldaten in der Regel Männer und nur im Ausnahmefall Frauen sind, daß Familien in der Regel aus einem Ehepaar mit dessen leiblichen Kindern bestehen und nur im Ausnahmefall unvollständige oder Patchwork-Familien sind, daß Menschen in der Regel heterosexuell und nur im Ausnahmefall homosexuell sind, daß die Angehörigen eines Volkes in der Regel die Nachkommen derer sind, die schon vor hundert Jahren dazugehörten und nur im Ausnahmefall Einwanderer, daß Europäer in der Regel Weiße und nur im Ausnahmefall Schwarze sind, daß Menschen sich in der Regel von eigener Arbeit ernähren und nur im Ausnahmefall den Sozialstaat in Anspruch nehmen, daß Bürger europäischer Demokratien sich in der Regel am Christentum (und wäre es ein verwässertes) und nur im Ausnahmefall am Islam orientieren, daß Recht in der Regel vor Gnade und nur im Ausnahmefall Gnade vor Recht ergeht.

Toleranz besteht darin, die Ausnahmen zu akzeptieren, nicht aber darin, die Regeln abzuschaffen! Konkretisieren wir dies an einigen Beispielen:

Eine Patchwork-Familie *kann* im *Einzelfall* ebenso gut funktionieren wie eine Regelfamilie, aber sie hat von vornherein die schlechteren Chancen: Erstens, weil genetische Verwandtschaft die Wahrscheinlichkeit erhöht, daß Eltern und Kinder einander wesensähnlich sind, was das gegenseitige Verständnis unter Umständen erheblich erleichtert und zweitens, weil Patchwork-Familien durch einen *Willensakt* zustande gekommen sind und daher nicht als naturwüchsige Selbstverständlichkeiten wahrgenommen werden können: Die Gefahr des Scheiterns wird latent immer gesehen, und dieses Bewußtsein ist gerade für Kinder eine seelische Belastung, der sie in einer Normalfamilie nicht ausgesetzt sind. Gewiß können auch Normalfamilien scheitern, aber man *rechnet* eben nicht damit. Eine Patchwork-Familie ist für Kinder selbstverständlich besser als gar keine, aber sie ist naturgemäß eine Notlösung, und sie ist stärker gefährdet. Wer daher behauptet, es komme nicht darauf an, ob Kinder von ihren miteinander verheirateten leiblichen Eltern großgezogen würden oder nicht, weiß nicht, wovon er redet. Wer die Patchwork-Familie gar zum Normalfall erklärt, wer also die *Regel* aufhebt, propagiert den Zerfall der sozialen Institution »Familie«.

Ähnliches gilt für die Einbürgerung von Ausländern: Wer in ein Volk *hineingeboren* wird, empfindet dieses Volk ganz natürlich als sein eigenes, was nicht unbedingt bedeutet, daß er es schätzt: Gerade unter Stammdeutschen ist ein staunenerregender nationaler Selbsthaß verbreitet; speziell die Geschichte des Dritten Reiches ist für viele unserer Landsleute Grund genug, ein Leben lang in Sack und Asche zu gehen. Sie täten dies aber *nicht*, wenn sie dieses Volk nicht als ihr *eigenes*, die Verbrechen Hitlers nicht als die ihres eigenen Volkes ansehen würden. Unter eingebürgerten Ausländern, gleich welcher Herkunft, findet man diese Einstellung nie. Die Einbürgerung ist ein Willensakt, die Identifikation mit der neuen Nation ist es ebenfalls; sie mag im Einzelfall sehr intensiv und sehr ernsthaft *gewünscht* sein; daß sie aber überhaupt gewünscht werden muß, impliziert, daß sie keine Selbstverständlichkeit ist.[24] Daß eine Nation, die überwiegend aus Eingebürgerten besteht, *nicht* dieselbe politische Bindekraft erzeugen kann wie eine, in der die Einbürgerung die Ausnahme ist und das Hineingeborenwerden die Regel, liegt auf der Hand. Sie ist sozusagen das politische Äquivalent einer Patchwork-Familie, nur *noch* gefährdeter.

Des weiteren ist in der Tat nicht einzusehen, warum es einem Schwarzen nicht möglich sein sollte, Deutscher (oder Franzose, Pole, Norweger etc.) zu werden; die Deutschen sind schließlich ein Volk, keine Rasse. Nur ist Rasse einer der Hauptkristallisationspunkte spontaner menschlicher Gruppenbildung, und dies nicht deshalb, weil rassistische Ideologen dies fordern. Es handelt sich vielmehr um ein Verhaltensmuster, das sich immer wieder von alleine herausbildet, und es gibt starke Indizien dafür, daß es zumindest als Potential angeboren ist. Haben sich aber erst einmal Wir-Gruppen auf der Basis rassischer Gemeinsamkeiten herausgebildet, dann verstärken sich die jeweiligen Wahrnehmungen als Sie-Gruppen wechselseitig. Die Erfahrungen in Ländern wie den USA, wo auch bald hundertfünfzig Jahre nach der Abschaffung der Sklaverei Weiße und Schwarze einander als Fremdgruppen wahrnehmen und behandeln, lehren, daß die soziale Rassentrennung allen Versuchen einer Integration trotzt. Gewiß kann man versuchen, ein übergreifendes »Wir« ideologisch zu konstruieren, und dies wird in den USA auch versucht, hat aber einen paradoxen Effekt: Gerade *wenn* man unaufhörlich davon redet, daß »Rasse« keine Rolle spiele, redet man eben dadurch ständig von »Rasse«.

Wer Rassismus geradezu züchten will, kann zu diesem Zweck nichts Besseres tun als eine vielrassige Gesellschaft zu schaffen, in der die fremde Hautfarbe nicht mehr als individuelle Äußerlichkeit abgetan wird (die als solche nicht bedeutender wäre als die Haar- oder Augenfarbe), sondern – eben weil nicht einzelne Fremde, sondern ganze Fremdgruppen einwandern – die Zugehörigkeit zu einer fremden, ethnisch definierten sozialen *Gruppe* markiert.

Der langen Rede kurzer Sinn: So richtig es ist, daß ein Schwarzer Deutscher sein kann, oder daß vielleicht auch hunderttausend es werden können: Dies impliziert *nicht*, daß *unbegrenzt viele* es werden könnten, weil dadurch das Regel-Ausnahme-Verhältnis suspendiert würde und dies von einem gewissen Schwellwert an – von dem ich empirisch freilich nicht konkret sagen könnte, wie hoch er liegt – schwerwiegende Konsequenzen hat: Dann setzen nämlich entlang rassischer Grenzen Gruppenbildungsprozesse mit dem Ergebnis ein, daß die Angehörigen unterschiedlicher Gruppen einander eben nicht als Angehörige desselben Volkes sehen, die einander als solche zur politischen Solidarität verpflichtet sind, sondern als Angehörige konkurrierender Stämme, auch wenn sie den Paß desselben Staates in der Tasche haben. Demokratie, sofern man sie dann noch so nennen will und solange sie ein solches Experiment übersteht, schrumpft unter solchen Voraussetzungen zu einem Modus des Managements von Stammesgegensätzen.

Patchwork-Familien zu akzeptieren, zwischen Eingebürgerten und Einheimischen nicht zu unterscheiden und Einwanderung nicht a priori von der Hautfarbe abhängig zu machen, ist im Einzelfall legitim, wie es auch die übrigen oben geschilderten Ausnahmen von der Regel sind. Solche Ausnahmen aber zur Regel zu machen oder gar jeden Begriff von Normalität über Bord zu werfen, weil das sonst »diskriminierend« sei, ist Ausdruck einer Denkweise, die grundsätzlich ideologischen Kopfgeburten den Vorrang vor der Erfahrung von Jahrtausenden einräumt; die aufgrund einer abstrakten Idee, wie Gesellschaft funktionieren *soll*, ignorieren zu dürfen glaubt, wie sie tatsächlich *funktioniert*.

Das, was der gesunde Menschenverstand immer noch als *normal* ansieht, hätte nie zur Norm werden können, wenn diese Norm nicht jeweils eine soziale Funktion erfüllen würde, indem sie bestehende Solidaritätsstrukturen stärkt und das Verhalten von Menschen in eine sozial erwünschte Richtung drängt.

Regeln, Normen und Begriffe von Normalität sind die Grundlage geordneten und friedlichen menschlichen Zusammenlebens. Sie schließen das Abweichende nicht etwa aus, sondern stellen überhaupt erst den Rahmen bereit, innerhalb dessen Toleranz möglich ist. Eine stabile Gesellschaft kann sich Toleranz für das Abweichende leisten, eine gefährdete nicht.

Weil dies so ist, wird zum Beispiel Mangel an Patriotismus in Friedenszeiten eher toleriert als in Kriegszeiten, wird der Ruf nach strengeren Gesetzen um so lauter, je häufiger und intensiver die vorhandenen übertreten werden, nimmt Islamfeindlichkeit in Europa in dem Maße zu, wie die Islamisierung voranschreitet, ist Rassismus um so verbreiteter, je heterogener die Gesellschaft ist, ist die Abneigung gegenüber Sozialhilfebeziehern um so größer, je mehr es davon gibt und je teurer sie den Steuerzahler kommen. Umgekehrt formuliert wird Toleranz um so bereitwilliger geübt, je weniger sie strapaziert wird, und je weniger Anlaß es gibt, zu vermuten, daß man mit der eigenen Toleranz sich selbst, sein soziales Umfeld und sein eigenes Wohlergehen gefährdet. Toleranz ist kein absoluter Wert; sie ist etwas, was man sich leisten können muß.

Eine Toleranz, um derentwillen ihre Verfechter auch offensichtliche Gefährdungen des gesellschaftlichen Friedens in Kauf zu nehmen bereit sind; die ohne erkennbare Grenze immer weiter und weiter getrieben wird; die um so penetranter eingefordert wird, je mehr sie ohnehin schon strapaziert ist; die irgendwann nur noch mit den Mitteln von Meinungsterror und Zensur durchgesetzt werden kann, weil es zu viele Menschen gibt, die am eigenen Leibe die Konsequen-

zen einer ideologisch verordneten Regellosigkeit zu spüren bekommen; die bestimmte Gruppen von der Pflicht zur Rücksichtnahme
entbindet und zu jeder erdenklichen Unverfrorenheit auf Kosten der
Gesellschaft ermutigt (weil es ja »intolerant« wäre, solche Unverfro-
renheiten zurückzuweisen), eine solche Toleranz zerstört mit der
Stabilität der Gesellschaft zugleich ihre eigenen Voraussetzungen.

18. Fazit

Fassen wir nun kurz das bisher Gesagte zusammen: Die Möglichkeit des friedlichen und geordneten Zusammenlebens von Menschen, mit anderen Worten die Möglichkeit von Gesellschaft, beruht auf der Bereitschaft ihrer Mitglieder, ihren Egoismus einzuschränken und eigene Nachteile zugunsten der Gesellschaft in Kauf
zu nehmen. Sie beruht auf der Akzeptanz des Kategorischen Imperativs, so zu handeln, daß die Maxime des eigenen Handelns jederzeit als Grundlage der allgemeinen Gesetzgebung dienen könnte.
Da der Kategorische Imperativ in dieser abstrakten Fassung allzu
viele Fragen offenläßt, insbesondere die, wodurch sich eine gute
Gesetzgebung auszeichnen sollte und wer die »Allgemeinheit« ist,
also wer zu der Gesellschaft gehört, auf die er sich bezieht, bringt
er keinen Konsens über die gebotene Ethik hervor, sondern setzt
vielmehr einen solchen voraus. Alle Kulturen haben einen solchen
Konsens aufrechterhalten, solange sie bestanden. Diese Konsense
sind jeweils kulturspezifisch; einen Menschheitskonsens gibt es
nicht. Zu einem solchen Konsens gehört unabdingbar ein Konsens
über die »Wir/Sie«-Unterscheidung, das heißt: über seinen eigenen
Geltungsbereich.

Traditionell ist dieser Konsens etwas vom einzelnen Vorgefundenes, etwas von Gott oder den Göttern oder der Tradition, in jedem
Fall aber von transzendenten Instanzen schlechterdings *Gegebenes*.
Das Problem des Auseinanderklaffens von individueller und gesellschaftlicher Rationalität stellt sich in solchen Gesellschaften nicht –
oder jedenfalls nicht in der Schärfe, mit der es sich in der aufgeklärten Moderne stellt.

Indem die Aufklärung alles Transzendente, alles Vorgefundene, einschließlich der Natur des Menschen selbst, als *Menschenwerk* deutet und damit seiner selbstverständlichen Autorität entkleidet, indem sie Ethik zu einer Frage *individueller* Erkenntnis macht, stellt sie bestehende Konsense grundsätzlich in Frage. Diese Konsense bleiben dann sozusagen nur noch aus Gewohnheit erhalten und verlieren an bindender Kraft in dem Maße, wie sie der Kritik ausgesetzt sind. Das daraus resultierende Problem der Entsolidarisierung und Entstrukturierung der Gesellschaft fordert »Lösungen« heraus, die bei aller Unterschiedlichkeit dies gemeinsam haben, einen neuen Konsens durch politische Entscheidung, letztlich durch Gewalt, zu oktroyieren und Kritik daran unmöglich zu machen – »Lösungen« also, die totalitär sind.

Da die Aufklärung die Gesellschaft vom Individuum und seiner Autonomie her deutet statt umgekehrt, findet sie keinen Weg, ein Verhalten wenigstens überzeugend zu postulieren, das die Metarationalität des Gesamtsystems gewährleistet. Eine Gesellschaft aus rational sich verhaltenden autonomen Individuen, die alle ihre Pflichten hinterfragen und deren einziger Konsens der über die Fortführung der Aufklärung, über die Erweiterung der Freiheit und über die universelle Pflicht zur Toleranz ist, hat schlechte Überlebenschancen.

Die *gute* Nachricht lautet, daß die innere Logik, die zu dieser Selbstzerstörung führt, sich nicht entfalten *muß;* daß sie sich insbesondere dann und so lange nicht entfaltet, wie die Reste voraufklärerischer Konsense, insbesondere religiöser Natur, noch genug Bindekraft haben, die durch die Aufklärung entfesselten Zentrifugalkräfte zu bändigen. Bis jetzt haben wir nur Gefahren*quellen,* also *potentielle* Gefahren, identifiziert. Selbstzerstörung als *reale* Gefahr droht erst, wenn das aufgeklärte Denken sich in Ideologien konkretisiert, die von der Gesellschaft als Selbstverständlichkeiten verinnerlicht werden und deshalb kaum noch mit Aussicht auf gesellschaftliche Wirkung kritisiert werden können.

Die *schlechte* Nachricht lautet, daß genau dies der Fall ist.

II. Ideologien der Destruktion

Selbst wenn Sie das erste Kapitel dieses Buches zustimmend gelesen haben, ist Ihnen möglicherweise nicht klar, wie sehr dadurch auch solche Gedanken in Frage gestellt werden, die für die meisten Menschen in unserer Gesellschaft, also wahrscheinlich auch für Sie, ganz selbstverständlich die Grundlage des politischen Denkens bilden.

Das hängt damit zusammen, daß der Mensch ein soziales Wesen ist und dazu neigt, den Konsens mit der ihn umgebenden Gesellschaft zu suchen. Insbesondere kommt er kaum umhin, die *Sprache* dieser Gesellschaft zu sprechen. Sprache basiert aber auf Worten und Begriffen, und diese sind, gerade wenn sie von einem gewissen Abstraktionsniveau aufwärts politische und soziale Wirklichkeit beschreiben sollen, in hohem Maße ideologisch aufgeladen: In ihnen sind teils hochkomplexe Gedankengänge verdichtet, ohne daß man es ihnen ohne weiteres ansieht. Worte wie »Demokratie«, »Menschenrechte«, »Diskriminierung«, »Rassismus«, »Integration«, »Links«, »Rechts«, »Emanzipation« etc. verwenden wir mit einer Selbstverständlichkeit, als würde ihr Sinn ein für allemal feststehen, und als wüßten wir kraft eigener Überlegung, was sie zu bedeuten haben und wie sie zu bewerten sind: daß »Demokratie« (was immer das sein mag) etwas Gutes ist, »Diskriminierung« (was immer das sein mag) dagegen etwas Schlechtes – das kann doch gar nicht ernsthaft zur Debatte stehen?

Fatalerweise öffnet gerade die Selbstverständlichkeit, mit der wir solche Worte verwenden, findigen Demagogen Tür und Tor:

Wenn zum Beispiel »Fortschritt« per se etwas Gutes ist, dann muß man niemanden mehr davon überzeugen, daß die eigenen Ansichten *richtig* sind; es genügt, der Öffentlichkeit zu suggerieren, sie seien »fortschrittlich«.

Wenn »Toleranz« etwas unhinterfragbar Gutes ist, dann kann es nicht verwerflich sein, solche Toleranz aktiv einzufordern und seinen Mitbürgern allerhand zuzumuten, ohne auf ihre Bedürfnisse und Interessen Rücksicht zu nehmen; wohl aber ist es unter einer solchen Prämisse verwerflich, diese Toleranz zu verweigern, sich solchen Zumutungen also zu widersetzen.

Wenn die »Menschenrechte« über jede Relativierung erhaben sind und im Zweifel jeden anderen Wert verdrängen, dann ist jeder Krieg, der im Namen dieser Menschenrechte geführt wird, *per definitionem* ein gerechter Krieg: Die möglicherweise schmutzigen Interessen, aufgrund deren er tatsächlich geführt wird, die Propagandalügen, die ihn vorbereiten und begleiten, selbst die Toten, die er hinterläßt, erscheinen folgerichtig in einem milden Licht, und wenn die Lage der Menschenrechte auch hinterher nicht besser ist als vorher, dann wird man die verantwortlichen Politiker noch immer nicht als Verbrecher brandmarken und ihre Motive und Methoden hinterfragen, sondern ihnen in den nächsten Krieg folgen, weil man nicht in den Verdacht geraten möchte, gegen die Menschenrechte zu sein.

Wie sehr die Begriffe, die in der öffentlichen Sphäre verwendet werden, ideologisch aufgeladen sind, und von *welcher* Ideologie sie geprägt sein könnten, davon kann man sich eine Ahnung verschaffen, wenn man sich bewußt macht, welche traditionell hochgeschätzten Begriffe heutzutage *nicht* (mehr) verwendet werden: Warum sprechen Politiker und Journalisten so oft von der *internationalen Gemeinschaft*, aber so selten (nämlich praktisch nie) vom *Vaterland?* Warum gerne von den Menschen*rechten*, aber so gut wie nie von *Pflichten?* Warum von *Europa*, aber nicht von den *Völkern Europas?* Warum von *Toleranz*, aber nicht von *Ordnung?* Warum von der *Bevölkerung* und nicht vom *Volk?* Warum von *Freiheit*, aber nicht von *Sittlichkeit?*

Eine naheliegende Antwort lautet, daß sie auf eine solche Idee gar nicht kommen, weil sie in einer Ideologie befangen sind, in der Vaterland, Pflicht, Ordnung und Sittlichkeit nicht vorgesehen sind. Und *Völker* schon überhaupt nicht.

Vertreten sie womöglich alle *dieselbe* Ideologie?

1. Das Erbe des Kalten Krieges

Wenn auch der Untergang der Sowjetunion nunmehr schon zwanzig Jahre zurückliegt und der Kommunismus nur noch in Ländern wie Kuba und Nordkorea ein kümmerliches Nischendasein fristet, so hat der jahrzehntelang andauernde Ost-West-Konflikt das politische Bewußtsein der meisten Europäer zutiefst geprägt. Die Kategoriensysteme, mit denen man sich damals die Welt erklärte, sind mit dem Ende des Kommunismus keineswegs verschwunden, sondern bestimmen unser Denken bis heute.

Mehr als vierzig Jahre lang wurden praktisch alle politischen Themen, durchaus nicht nur die außenpolitischen, unter dem Gesichtspunkt des Systemgegensatzes Ost-West, Kapitalismus-Kommunismus, Liberalismus-Sozialismus diskutiert. In den meisten westeuropäischen Ländern verlief die ideologische Hauptfront zwischen Kräften, die sozialstaatliche Interventionen in Wirtschaft und Gesellschaft bis hin zu Wirtschaftslenkung und Planwirtschaft befürworteten, und den Verteidigern der Marktwirtschaft, die allenfalls durch begrenzte soziale Korrekturen das Gesamtsystem attraktiver machen wollten, das in Deutschland »Soziale Marktwirtschaft« hieß. Die griffige Formel »Freiheit oder Sozialismus«, mit dem die deutsche CDU den Bundestagswahlkampf 1976 bestritt, brachte diese dualistische Sicht der Politik prägnant zum Ausdruck.

Wie dominant dieser Antagonismus war, und wie sehr er imstande war, alle nur erdenklichen politischen Positionen in sein Begriffsraster zu pressen, läßt sich zum Beispiel daran ablesen, daß Anhänger der katholischen Soziallehre als »Herz-Jesu-Marxisten« (!) veralbert wurden, daß Konservative die deutsch-amerikanische Freundschaft priesen – als ob Amerikafreundlichkeit jemals zu den Traditionen des deutschen Konservatismus gehört hätte –, oder daß ein konservativer Patriot wie Alfred Mechtersheimer sich im Zuge der Nachrüstungsdebatte zu Beginn der achtziger Jahre unversehens in einem Bündnis mit der linken Abrüstungsbewegung wiederfand. Genuin konservative Positionen spielten im politischen Diskurs von einem gewissen Zeitpunkt an praktisch keine selbständige Rolle mehr, sie existierten spätestens in der Endphase des Kalten Krieges fast nur noch als Anhängsel liberaler, im Ausnahmefall auch sozialistischer Strömungen.

Was sind denn eigentlich »konservative Positionen«? Sagen wir es zunächst ganz platt: Ein Konservativer ist einer, der für Kirche und Vaterland, für Recht und Ordnung ist.

Also einer, der Autoritäten gelten läßt, statt sie unablässig zu kritisieren und zu hinterfragen; der an Gott und an die Existenz einer transzendenten Wahrheit glaubt; der die Natur des Menschen als unhintergehbare Konstante einkalkuliert; der Utopien abhold ist; der Ordnung schätzt, weil er sich ihrer latenten Gefährdung und der Tatsache bewußt ist, daß sie die Voraussetzung für eine humane Gesellschaft ist; der weiß, daß solche Ordnung etwas historisch Gewachsenes, nicht etwas am Reißbrett von Ideologen Entworfenes ist; der hinter immer weiter getriebenen Emanzipations- und Gleichheitsansprüchen die Tendenz zur Selbstzerstörung der Gesellschaft wittert. In diesem Sinne gibt es noch Konservative, aber es gibt keinen nennenswerten Konservatismus als bedeutende politische Kraft mehr.

Gewiß vollzog sich sein Verschwinden nicht von heute auf morgen. Es handelte sich um einen schleichenden Prozeß, der aber der inneren Logik einer Situation folgte, in der die äußere und innere Bedrohung durch den Sozialismus keine andere Option ließ, als das innen- und außenpolitische Bündnis mit dem Liberalismus zu suchen. Man mußte die liberalen Institutionen und Werte verteidigen, nicht weil sie in sich etwas »Konservatives« hätten, sondern weil ihre Zerstörung den Sieg des Sozialismus bedeutet hätte. Das Bewußtsein, damit lediglich der Not zu gehorchen, schwand mit fortschreitender Gewöhnung an die Existenz eines »bürgerlichen Lagers«, und spätestens in den achtziger Jahren existierte politischer Konservatismus allenfalls noch in Gestalt sentimentaler Phrasen.

Vergleichbare Prozesse wie in Deutschland fanden überall in der westlichen Welt statt: Unter Margaret Thatchers Radikalliberalismus war »konservativ« bloß der Name ihrer Partei. Die US-Republikaner verfolgten spätestens mit George W. Bush unter dem Einfluß der »Neokonservativen« eine Politik der liberalen Weltrevolu-

tion, während die als Wähler hofierten konservativen Christen sich betrogen fühlten, und was an der Politik Chiracs oder Sarkozys »konservativ« sein soll, wird man auch bei schärfstem Nachdenken nicht herausfinden können.

Dabei beteiligten sich die nominell »konservativen« Kräfte nicht *selbst* – jedenfalls nicht offen – an der Aushöhlung und Zerstörung traditioneller Werte und Institutionen – das war das »konservative« Element dieser Politik –, nahmen aber hin, daß andere sie zerstörten, und fanden, dies sei eben der Zeitgeist, gegen den man nichts machen könne. In dem Maße, wie auf der Basis liberaler Ideologie Fakten geschaffen wurden – man denke allein an den Themenkomplex »Ehe und Familie« – bedeutete die Anerkennung dieser Fakten, auch die ihnen zugrunde liegende liberale Ideologie anzuerkennen und zu übernehmen.

2. Liberalismus und Marxismus

Mit der Dominanz des Gegensatzes von Liberalismus und Sozialismus wurden alle Prämissen, über die zwischen diesen Strömungen *kein* Dissens bestand, zu *Selbstverständlichkeiten*. Geistesgeschichtlich betrachtet, sind Liberalismus und Sozialismus bzw. Marxismus keineswegs die unversöhnlichen Gegenspieler, als die sie während des Kalten Krieges aufgetreten sind. Marx hat den Liberalismus und das von diesem favorisierte kapitalistische System ja nicht etwa von einem konservativen (in seiner Terminologie: reaktionären) Standpunkt kritisiert, sondern von einem *revolutionären*. Er sah durchaus, daß das Bürgertum selbst eine revolutionäre Klasse, sein Liberalismus eine revolutionäre Ideologie, sein Kapitalismus ein revolutionäres System war, das die Menschen aus ihren vertrauten Bindungen riß, hergebrachte Gemeinschaften zerstörte, die Religion in die Krise stürzte, traditionelle Autoritäten vernichtete, die Gesellschaft atomisierte, und all dies im Weltmaßstab. Was wir heute »Globalisierung« nennen, ist von Marx bereits vor hundertsechzig Jahren gedanklich vorweggenommen und bis zur letzten Konsequenz durchdacht worden.

Das ungeheure Leid, das mit der Zerstörung hergebrachter Strukturen verbunden war, hat er durchaus kritisiert; seine Begeisterung für den Kapitalismus als den großen Umwälzer und seine Kritik an ihm als dem großen Zerstörer waren zwei Seiten derselben Medaille. Sein dialektischer Ansatz ließ ihm gar keine andere Wahl, als die Überwindung des Kapitalismus als dessen »Aufhebung« zu denken, womit nicht einfach die bloße Negation gemeint ist, also kein »Zurück« zu den Zuständen, die zerstört worden waren, sondern seine Transformation auf eine höhere Stufe, eine höher entwickelte Gesellschaftsformation, die für ihn der Sozialismus, schließlich der Kommunismus sein sollte.

Vereinfacht ausgedrückt, lautete die historische Dialektik, die für ihn zum Kommunismus führen sollte, folgendermaßen: Die traditionellen Bindungen (These), die er im Begriff »Feudalismus« verdichtete, wurden durch den Kapitalismus zerstört (Antithese), der Mensch dem Menschen entfremdet, die Gesellschaft atomisiert; dabei aber, so Marx, bringt der Kapitalismus selbst eine neue Form der Vergesellschaftung hervor: Er erzeugt damit selbst die Voraussetzungen, die es ermöglichen, das zerstörte Gesellschaftsgefüge auf einer höheren, nämlich sozialistischen Ebene zu reorganisieren (Synthese), gleichsam zu heilen, ohne dabei auf die Errungenschaften des Kapitalismus zu verzichten.

Marx hat durchaus die Gefahr erkannt, daß der Kapitalismus (allgemeiner gesprochen: die westliche Zivilisation) unter der Wirkung der ihm innewohnenden Zentrifugalkräfte sich selbst zerstören und damit die Zivilisation überhaupt vernichten, daß er also die Gesellschaft in die Barbarei zurückstoßen könnte – also ungefähr das, was ich im vorliegenden Buch behaupte. Man kann sein Werk ohne weiteres unter, wenn man so will, »reaktionären« Gesichtspunkten lesen. Freilich machte es ihm bereits sein dialektischer Ansatz unmöglich, eine andere als eine »fortschrittliche«, revolutionäre Lösung ins Auge zu fassen; erst recht sein idealistischer Utopismus.

Marx war ja nicht einfach ein Empiriker, der gestützt auf seine Theorie eine wissenschaftliche Prognose abgab. Das ganze Marxsche Gedankengebäude bliebe unverstanden, wenn man es nicht von seinem »kategorischen Imperativ« her interpretierte, »alle Verhältnisse umzuwerfen, in denen der Mensch ein erniedrigtes, ein geknechtetes, ein verlassenes, ein verächtliches Wesen sei«.[25] Dieser Imperativ ist Prämisse, nicht Konsequenz der Marxschen Analyse. Und diese Prämisse konnte und kann bis heute auch von jedem Liberalen unterschrieben werden.

Für den Liberalen allerdings ist die Emanzipation des Menschen bereits dann verwirklicht, wenn er frei von Zwang, speziell von staatlichem Zwang ist. Vom Marxismus, aber eben *nicht* vom Liberalismus her, ist es dagegen möglich zu denken, daß die sozialen Beziehungen, die die Menschen »freiwillig« miteinander eingehen, sich – als Kapitalismus – verselbständigen und zu einer Struktur verdichten könnten, die die Menschen genauso effektiv, womöglich sogar noch gnadenloser unterjocht, als ein absolutistischer Herrscher es je könnte.

Marx zog daraus die Konsequenz, daß es nicht genüge, den *einzelnen* von vorgefundenen Bindungen zu befreien und ihm zu einem auf der Grundlage rationaler Einsicht selbstbestimmten Leben zu verhelfen, wie es dem liberalen Ansatz entspricht, sondern daß die Menschheit auch *kollektiv* die von ihr selbst geschaffenen Fesseln abschütteln und auf der Basis kollektiver wissenschaftlicher Einsicht ihr Leben planmäßig gestalten müsse. Indem er die Grundidee des liberalen Denkens von der individuellen auf die kollektive Ebene hob, hat er diese Idee radikalisiert und das aufklärerische Paradigma der Selbsterschaffung des Menschen gemäß dessen eigener Logik weiterentwickelt. Daß diese Logik theoretisch wie praktisch in die totale Herrschaft einer aufgeklärten Elite münden mußte, die stellvertretend für die Gesellschaft handelt und ihr die eigenen »wissenschaftlichen« Einsichten mit diktatorischer Gewalt aufzwingt, war bereits für die Zeitgenossen erkennbar[26] und ist es für uns heute erst recht.

Daß die Selbstbefreiung des Menschen in ihr Gegenteil umschlägt, ist aber nicht allein für den Marxismus charakteristisch, der die aufklärerischen Prämissen nur zu ihrer logischen Konsequenz getrieben hat. Sie ist bereits in dem Projekt Aufklärung als solchem angelegt, und wer da glauben sollte, diesen Konsequenzen dadurch entgehen zu können, daß er die Marxsche Kritik des Libe-

85

ralismus (und damit auch den von Marx analysierten Ausschnitt der sozialen Wirklichkeit) ignoriert und in einer Art gewollter Blindheit einfach beim Liberalismus bleibt, wird in diesem Buch noch manche Überraschung erleben.

Die wirklichkeitsfremde Mißachtung des sozialen Kontexts, in dem individuelle Handlungen stehen und von dem sie abhängig sind, ist eine Schwäche, die das liberale Denken mit seinem individualistischen Ansatz bis heute nicht überwunden hat.[27] Diese Schwäche wird uns weiter unten noch beschäftigen; vorerst aber genügt die Feststellung, daß liberales und marxistisches Denken sich grundsätzlich lediglich *in diesem einen Punkt* unterscheiden: daß der Liberalismus die Selbstbefreiung des Menschen auf der individuellen, der Marxismus auf der gesellschaftlichen Ebene sucht.

Marx hat nicht etwa die emanzipatorischen Wertprämissen des Liberalismus abgelehnt, sondern ihm lediglich angekreidet, daß diese Werte auf der Basis einer liberalen Ideologie und eines kapitalistischen Systems nicht zu verwirklichen seien. Er beansprucht für sich, das emanzipatorische Potential, das im Liberalismus ideell, im Kapitalismus materiell angelegt ist, im Kommunismus zur Entfaltung und Vollendung zu führen. Marxismus und Liberalismus sind Geistesverwandte:

- Beide Ideologien kritisieren hergebrachte, nicht freiwillig eingegangene soziale Bindungen, etwa an Volk, Familie und Kirche, wegen des ihnen innewohnenden Moments von Herrschaft und Unfreiheit und betrachten sie insofern als zerstörenswert.
- Beide Ideologien sind universalistisch, d.h. beanspruchen Gültigkeit für alle Menschen und Völker; wobei der Liberalismus diesen universellen und globalen Geltungsanspruch unmittelbar aus den Menschenrechten ableitet, während der Marxismus ihn als Ergebnis eines materiellen Globalisierungsprozesses antizipiert, der die gesamte Menschheit einbeziehen soll.
- Beide beurteilen die jeweils gegebene Gesellschaft – mindestens implizit – vom Standpunkt der Utopie: Fluchtpunkt ihrer Kritik ist der gedachte Idealzustand einer völlig herrschafts-

freien Gesellschaft der Freien und Gleichen; eines Zustandes, den es noch nie und nirgendwo gegeben hat und dessen Realisierbarkeit bestenfalls unbewiesen ist.

3. Die Metaideologie und ihre Implikationen

Diese Punkte sind durch die jahrzehntelange Dominanz liberaler und marxistischer Diskurse zu selbstverständlichen Voraussetzungen politischen Denkens schlechthin geworden, zu Voraussetzungen, die eben ihrer Selbstverständlichkeit wegen nicht hinterfragt werden. Zusammen ergeben sie eine *Metaideologie*. Sie definieren, was überhaupt ideologiefähig ist: worüber in westlichen Gesellschaften sinnvoll gestritten werden kann und worüber nicht; was als normal und vernünftig gelten kann und was als exzentrisch oder verwerflich aus dem als seriös geltenden öffentlichen Diskurs ausgeschlossen ist; für welche Ideen man demgemäß mit Aussicht auf Erfolg werben kann und für welche nicht.

Dies bedeutet *nicht,* daß Marxismus und Liberalismus einfach *dieselbe* Ideologie seien, wohl aber, daß sie *das politische Spektrum definieren:* Positionen, die mit dem Paradigma der gemeinsamen Metaideologie unvereinbar sind, sind von vornherein gesellschaftlich marginal. Was zwischen Marxismus und Liberalismus nicht umstritten sein kann, ist Konsens.

Machen wir uns nun klar, was diese Metaideologie impliziert und welchen Vorentscheidungen daher der politische Diskurs unterliegt, quasi bevor er begonnen hat.

3.1. Die Beweislastumkehr

Erstens enthält sie eine in der Menschheitsgeschichte nie dagewesene Beweislastumkehr. Während traditionell die *hergebrachten* Werte, Normen, Strukturen und Glaubenssätze die Vermutung auf ihrer Seite haben, wahr, gerecht und praktisch angemessen zu sein, geraten sie unter dem Druck der neuen Metaideologie in eine permanente Defensive. Daß etwas sich *bewährt* hat – traditionell das stärkste Argument dafür, es auch beizubehalten –, ist plötzlich kein Argument mehr, weil das Bewährte nicht mehr, wie früher, am stets drohenden Absturz in Chaos und Barbarei, sondern am Glanz der Utopie gemessen wird.

Die Utopie selbst ist des Rechtfertigungszwangs enthoben; insbesondere muß sie sich nicht an ihrer Realisierbarkeit messen lassen, weil sie – spätestens seit dem Ende des real existierenden Sozialismus – nicht als zu verwirklichendes Projekt und nicht einmal als konkret ausformuliertes Ideal daherkommt, sondern lediglich ein Normensystem darstellt, das den *Referenzrahmen* bildet, auf den hin die gesellschaftliche Wirklichkeit interpretiert und kritisiert wird; die *Utopie* ist in diesem Normensystem *implizit*, aber eben nicht *explizit* enthalten. Da dieser Referenzrahmen als solcher eine Selbstverständlichkeit darstellt und daher meist unbewußt bleibt, entzieht er sich jedem Legitimationszwang.

Der Gedanke, daß das Hergebrachte eine – jeweils kultur- und gesellschaftsspezifische und daher nicht verallgemeinerbare – evolutionär bewährte Lösung des existentiellen Problems darstellen könnte, wie ein friedliches und geordnetes Zusammenleben von Menschen zu gewährleisten ist, kann vor dem Hintergrund einer Utopie kaum noch gedacht werden. Wer sich an einer Utopie orientiert, setzt vielmehr bereits *voraus*, daß dieses Problem *nicht existiert*; daß Zivilisation *schlechthin* mithin eine Selbstverständlichkeit ist und die maßgebliche Alternative daher nicht »Zivilisation oder Barbarei« lautet, sondern »Zivilisation oder Paradies«. Daran gemessen, muß jegliche Zivilisation schlecht aussehen. Unter der Herrschaft der Metaideologie wird die Frage »Warum denn nicht?« zum Totschlagargument gegen jeden Zweifel, ob es weise sei, nach und nach alle Strukturen aufzulösen, die die Gesellschaft zusammenhalten – einfach, weil die Frage, welche Strukturen das sind und was sie leisten, gar nicht erst gestellt werden kann.

3.2. Entstrukturierung

Von der Utopie einer Gesellschaft der völlig Freien und Gleichen her betrachtet sind daher – zweitens – Strukturen etwas, das es zu beseitigen gilt, weil sie naturgemäß Machtungleichgewichte mit sich bringen und diese sowohl die Freiheit als auch die Gleichheit beeinträchtigen.

Es spielt dabei keine wesentliche Rolle, ob man als Liberaler den Fokus auf die Freiheit oder als Sozialist auf die Gleichheit legt. Gewiß, der Gegensatz zwischen Arm und Reich wird Liberale nicht sonderlich beunruhigen, eine Struktur wie der Sozialstaat wiederum wird Sozialisten genehm sein. Der Gegensatz zwischen Sozialisten und Liberalen ist also im wirtschaftlich-sozialen Bereich durchaus vorhanden, aber eben nur dort.

Die Kernstrukturen der Gesellschaft, speziell Familie, Volk und Religion, sind dagegen gemeinsames Angriffsziel, und wir werden noch sehen, daß von dort her auch Staat, Recht und Demokratie unter Beschuß genommen werden. Unter der Herrschaft der Metaideologie gleicht Politik zunehmend einem Mikadospiel experimentierfreudiger Gesellschaftsarchitekten, die ausprobieren, wie viele tragende Säulen und Wände (Strukturen) man entfernen kann, ohne daß das Gebäude einstürzt, und die sich jedesmal, wenn es – bei Windstille und seismischer Ruhe – *nicht* eingestürzt ist, dazu beglückwünschen, alle Warnungen ignoriert zu haben und sich darin bestärkt sehen, das nächste Experiment in Angriff zu nehmen.

Daß die Metaideologie Machtungleichgewichte a priori als bekämpfenswertes Unrecht betrachtet, ihre eventuelle funktionale Notwendigkeit aber nicht wahrnehmen kann, impliziert des Weiteren, daß den Interessen jeder Gruppe, die sich als »unterdrückt« darzustellen versteht, automatisch Vorrang vor den Interessen (und sogar den verbrieften Rechten) ihrer vermeintlichen »Unterdrücker« und sogar vor den Interessen der Gesellschaft als Ganzes, insbesondere dem Interesse an ihrer Selbsterhaltung, zukommt – ein Gesichtspunkt, der uns weiter unten im Zusammenhang mit der Rolle von Minderheiten noch beschäftigen wird.[28]

3.3. Universalitätsanspruch

Drittens: Der utopische Universalismus beider Ideologien entzieht allen Ordnungsvorstellungen den Boden, die bloß für *bestimmte* Gesellschaften und Kulturen Gültigkeit beanspruchen können. Wenn aber Zivilisation *schlechthin* das *Unwahrscheinliche* ist, das nur auf dem Boden eines jeweils historisch gewachsenen, äußerst komplexen Systems von Normen, Werten und Strukturen existieren kann, die als kulturelle Selbstverständlichkeiten verinnerlicht sind, so impliziert dies, daß man solche Systeme nicht ohne weiteres verpflanzen oder global verallgemeinern kann.

Politische Ideen, die diesen Sachverhalt berücksichtigen und auf *bestimmte* Völker und Kulturen zugeschnitten sind, kollidieren zwangsläufig mit der meist unausgesprochenen Prämisse der gesellschaftlich vorherrschenden Metaideologie, der zufolge ein Ideensystem entweder *universell* gültig ist oder überhaupt nicht.

So gibt es zum Beispiel liberale Islamkritiker, die dem Islam wegen seiner offenkundigen Unvereinbarkeit mit liberalen Werten geradezu die Existenzberechtigung absprechen. Daß der Islam ein Dschihadsystem ist, das dem Westen den Garaus machen wird, wenn man es nicht verhindert, das habe ich selbst ausführlich begründet.[29] Zu sagen, daß er *unsere* Ordnung untergräbt, bedeutet jedoch per se keineswegs, seine Legitimität als Grundlage der gesellschaftlichen Ordnung in seinen eigenen Stammländern zu bestreiten. Der Islam ist, wenn man so will, ein großes Unternehmen, das seit 1400 Jahren nicht pleite geht. Irgend etwas muß er wohl richtig gemacht haben.

Er ist ein Dschihadsystem, ja; aber er *kann* das nur sein, weil er die moslemische Gesellschaft konsolidiert, einen Konsens über Normen und Werte stiftet und die Welt aus der Sicht seiner Anhänger als ein sinnvolles Ganzes deutet. Der Versuch, islamischen Ländern liberale oder marxistische Gesellschaftsmodelle von außen und womöglich mit Gewalt zu implantieren, wird scheitern. Wenn er überhaupt irgend etwas erreicht, dann die Zerstörung der Gesellschaft, wie uns die Vereinigten Staaten im Irak und zuvor die Sowjets in Afghanistan vor Augen geführt haben.

(Die meisten Moslems würden es freilich ablehnen, eine solch partikulare Legitimation des Islam zu akzeptieren. Seinem eigenen Anspruch nach ist der Islam nicht weniger universalistisch als der Westen.)

3.4. Die Herrschaft der Abstraktion

Viertens impliziert die Metaideologie ein bestimmtes Verständnis des Wesens von Politik: Politik ist demnach der Versuch, eine *abstrakte Ordnung* zu verwirklichen; abstrakt in dem Sinne, daß sie nicht an ein bestimmtes Volk, einen bestimmten Staat oder überhaupt an eine bestimmte politische Einheit gebunden ist.

Politische Ideen, die nicht beanspruchen, eine *schlechthin gute* Ordnung zu verwirklichen, sondern die Interessen etwa eines ganz bestimmten Volkes (im Zweifel die des eigenen) zu verwirklichen und eine ganz *konkrete* politische und soziokulturelle Ordnung zu verteidigen (im Zweifel die des eigenen Landes), werden nicht nur *deshalb* als »nationalistisch« oder »faschistisch« diffamiert, weil Demagogie nun einmal zu den schmutzigen Mitteln von Politik gehört. Vielmehr ist es vom Standpunkt der Metaideologie einfach unbegreiflich, daß der Andersdenkende *nicht* in den Begriffen einer abstrakten Ordnung denken könnte. Ein partikularer Interessenstandpunkt gilt aus dieser Sicht nicht nur als – eben wegen seiner Partikularität – unmoralisch oder bestenfalls provinziell, sondern wird als *getarnter Universalismus* interpretiert:

Der Gedanke, daß aus der rein subjektiven Bevorzugung des eigenen Volkes *keineswegs* der Versuch resultiert, eine globales System auf der Basis einer Rangordnung von höheren und minderen Völkern zu errichten, kann von der Metaideologie her nicht *verstanden* werden, weil er kein abstraktes Ordnungsideal mit Anspruch auf universelle Gültigkeit enthält, auch kein faschistisches.

Das Denken in abstrakten Ordnungen, verbunden mit dem Universalismus, läßt unterhalb der Ebene der Menschheit keine partikularen Gruppenloyalitäten zu, es sei denn, diese wären ihrerseits durch die Bezugnahme auf ein abstraktes Ordnungsideal definiert, wie etwa die »westliche Wertegemeinschaft«. Patriotismus gilt unter diesen Vorgaben nicht als Wert an sich, er ist nur dann und nur so weit eine Tugend, wie er sich durch die Bezugnahme auf ein solches Ideal legitimiert, also etwa als »Verfassungspatriotismus«. Er ist im wahrsten Sinne des Wortes eine *Sekundärtugend,* weil die Nation ihrerseits sekundär, nämlich bloß eine Teilmenge der »Wertegemeinschaft« ist.

In dieser Hinsicht tun sich Parallelen sowohl zum Kommunismus als auch zum Islam auf: Beide Ideensysteme lassen Patriotismus zu, aber nur so weit, wie die Nation, der er gilt, Teilmenge des »sozialistischen Lagers« bzw. der islamischen *Umma* ist.

Kurz gesagt, lässt die Metaideologie keine Unterscheidung von *Wir* und *Sie* zu, es sei denn nach ideologischen Kriterien.

Und wieder sind es liberale Islamkritiker, an deren Denken sich diese Haltung besonders gut veranschaulichen läßt, gerade *weil* sie in ihrem Liberalismus konsequenter sind als die Mainstream-Liberalen, die auch eine gänzlich illiberale Ideologie wie den Islam fördern: Liberale Islamkritiker finden Massenmigration auch von Moslems nach Europa durchaus akzeptabel, sofern diese Moslems sich an die Spielregeln der liberalen Gesellschaft halten, d.h. ihre Frauen nicht verprügeln, keine Bomben legen, Homosexuelle respektieren und so weiter. Masseneinwanderung ist also nicht zu beanstanden, sofern die liberale *Ordnung* nicht tangiert wird. Da stört es auch nicht, wenn diese Ordnung in hundert Jahren nicht mehr die des eigenen Volkes sein wird, weil dieses Volk aufgehört haben wird zu existieren. Dein Volk ist nichts, der Liberalismus ist alles.

3.5. Die Politisierung aller sozialen Beziehungen

Fünftens gilt der Universalismus nicht nur räumlich – also für den gesamten Planeten –, sondern auch sachlich, also für alle Gesellschaftsbereiche: Wenn Bindungen, die der einzelne vorfindet, d.h. nicht in einem bewußten Willensakt selbst eingeht, das schlechthin

Böse oder doch zumindest permanent zu Kritisierende sind, von dem man den Menschen »befreien« muß, dann kennt eine Ideologie, die solches postuliert, kein Kriterium, anhand dessen man Bereiche definieren könnte, in denen dieses Prinzip *nicht* gilt.

Daß es eine Offene Gesellschaft nur dort geben kann, wo verschiedene Bereiche des gesellschaftlichen Lebens füreinander, und in jedem Fall gegenüber der Politik, autonom sind und demzufolge die ihnen jeweils zugrunde liegenden *unterschiedlichen* Prinzipien in einem Spannungsverhältnis zueinander stehen, ist auf der Basis einer Ideologie, die lediglich ein einziges Prinzip gelten läßt – nämlich das der Freiheit *von* vorgefundenen Bindungen – nicht begründbar, ja kaum tolerierbar. Die Metaideologie folgt einer binären Logik, wonach alle sozialen Beziehungen emanzipatorischen Idealen zu genügen und anderenfalls zu verschwinden haben. Da diese Logik eine verinnerlichte Selbstverständlichkeit darstellt und daher ihren Anhängern nicht bewußt ist, unterstellen sie mit der nämlichen Selbstverständlichkeit auch den Kritikern dieser Ideologie, einer analogen binären Logik zu folgen:

Der oben erwähnten umstandslosen Gleichsetzung von Patriotismus und Faschismus entspricht eine gleichartig manichäische Denkweise auf allen Gebieten: Da kann nur einen »Gottesstaat« wollen, wer auf der theologischen Integrität des Christentums beharrt, da kann nur Frauen unterdrücken wollen, wer die traditionelle Kleinfamilie hochschätzt, da kann nur gegen die Demokratie sein, wer ihre dysfunktionalen Züge thematisiert, nur die uniformierte Gesellschaft wollen, wer den Multikulturalismus kritisiert, nur »homophob« sein und Homosexuelle ins KZ sperren wollen, wer darauf hinweist, das Homosexualität naturgemäß keine sozial, d.h. vom Standpunkt des Interesses der Gesellschaft an ihrer Selbsterhaltung, gleichwertige Lebensform sein kann und so weiter.

In dem Maße, wie die Metaideologie ihr Monopol festigt, sind ihre Anhänger schlechterdings außerstande, sich vorzustellen, daß es politische Ideologien geben könnte, die *nicht* auf die Verwirklichung eines utopischen Projektes abzielen, das die gesamte Gesellschaft einem einzigen Leitgedanken unterwirft.

Es bedarf übrigens keiner Prophetengaben, um vorherzusehen, daß ideologisch gefestigte Linke (und dazu können durchaus auch nominell Konservative gehören, die sich in keiner Weise bewußt sind, wie sehr ihr Denken von linker Ideologie imprägniert ist), sofern sie dieses Buch lesen, dem Verfasser just die oben skizzierten Vorwürfe machen werden – daß er also einen Gottesstaat errichten, Frauen unterdrücken, die Demokratie abschaffen, die Gesellschaft uniformieren und Homosexuelle einsperren wolle –, und dies einzig und allein deshalb, weil er die herrschende Metaideologie hinterfragt. Denn wer diese Ideologie kritisiert, kann aus Sicht der in ihr Befangenen nur das Gegenteil der von ihr propagierten allseitigen Befreiung und Emanzipation im Sinn haben. Es ist unter diesem Gesichtspunkt also gar nicht möglich, daß ein Kritiker *keiner* Utopie folgt, er muß einer *negativen* Utopie folgen:

Wenn ich als Kritiker zeige, daß es schlicht nicht möglich ist, einen bestimmten Gesellschaftszustand X mit politischen Mitteln herbeizuführen, und daß demzufolge auch die Rückkehr zu einem bestimmten vergangenen Zustand Y nicht möglich ist; wenn ich deshalb mit meinem Buch ausschließlich eine *Diagnose* stelle, weil eine *Therapie* nur von unten her – aus der Gesellschaft heraus – wachsen kann und ich mich in groteske Selbstwidersprüche verstricken würde, wenn ich einen programmatischen Masterplan vorlegen würde: Dann wird das alles gar nicht erst wahrgenommen oder, wenn wahrgenommen, dann nicht geglaubt und als abgefeimte Taktik interpretiert werden. Die Eindimensionalität utopischen Denkens kennt keinen Punkt außerhalb der geraden Linie, die von der finsteren Vergangenheit in die strahlende Zukunft führt, und wer den »Fortschritt« nicht will, muß wohl den Rückschritt wollen, und bestünde der »Rückschritt« bloß darin, die Autonomie nichtpolitischer Lebensbereiche zu verteidigen.

Auf die Dauer wird unter der Herrschaft der Metaideologie und ihrer binären Logik die gesamte Gesellschaft in allen ihren Lebensbereichen einem einzigen Prinzip, einem einzigen Gedanken untergeordnet. Es gibt, zumindest der Idee nach, keine ideologiefreie Zone, keine politikfreie Nische, keinen Ort, an dem die Dinge so bleiben können, wie sie immer waren, keine Insel, die von der Revolution verschont bliebe. Schon auf dieser abstrakten Ebene macht sich das eigentümlich totalitäre Aroma bemerkbar, das diese Meta-ideologie auch dann verströmt, wenn sie sich nicht in ihrer marxistischen, sondern in ihrer liberalen Spielart konkretisiert.

3.6. Wahrheitsmonopol

Sechstens impliziert die Vorherrschaft der Metaideologie eine a priori gesetzte *Wahrheitsdefinition:* Wenn die unhinterfragte Prämisse politischen Denkens die normative Bejahung einer *Utopie* ist, dann muß diese Utopie zumindest theoretisch auch realisierbar sein. Religiöse oder philosophische Positionen, die die Unvollkommenheit des Menschen betonen – etwa die christliche Erbsündenlehre –, ja sogar naturwissenschaftliche Erkenntnisse, die die Realisierbarkeit liberaler oder sozialistischer Utopien *prinzipiell* bestreiten (indem sie zum Beispiel die Wesensverschiedenheit von Mann und Frau empirisch untermauern), geraten nicht nur unter Rechtfertigungsdruck. Sie werden in dem Maße, wie die Metaideologie sich durchsetzt, aus dem Bereich des *Diskutablen* ausgegrenzt.

Man stempelt sie zu »Unwahrheiten«, nicht weil sie in einem empirischen Sinne unwahr wären, sondern weil Utopien, also Vorstellungen, wie die Welt sein *soll,* wenn sie zu Dogmen erhoben werden, a priori keine Tatsachenbehauptungen als wahr akzeptieren können, die sie ad absurdum führen. Ein Weltbild, das nicht *empirisch,* sondern *normativ* fundiert ist, kann höchstens zufällig und im Einzelfall mit empirischen Tatsachen korrespondieren. Je dominanter dieses Weltbild gesellschaftlich wird, desto effektiver fungiert es als Filter, der unpassende Tatsachen aus der gesellschaftlich gültigen Wirklichkeitsbeschreibung ausblendet; desto mehr werden Wahrheitsansprüche nicht aus empirischer Beobachtung, sondern direkt aus der Ideologie abgeleitet; und desto mehr gilt das Prinzip, daß nicht sein kann, was nicht sein darf.

Die Verwechslung von Normen und Tatsachen, die ich an anderer Stelle als Wesensmerkmal linker Ideologie herausgearbeitet habe[30], ist nicht einfach ein logischer Fehlschluß. Sie ist die zwingende Konsequenz aus einem Weltbild, das die jeweils gegebene Wirklichkeit nur als Durchgangsstation zum irdischen Paradies auffassen kann.

3.7. Feinddefinition

Siebtens folgt aus dieser Wahrheitsdefinition eine Feinddefinition: Bereits das Wort »Fortschritt«, das im politischen Bereich ja nicht auf *irgendwelche* Veränderungen, sondern ausschließlich auf Egalisierungs-, Liberalisierungs- und Demokratisierungsprozesse angewendet wird, impliziert die Idee, daß die Geschichte eine immanente Richtung und ein Ziel kennt, d.h. es impliziert eine teleologische, wenn nicht gar deterministische Geschichtsauffassung. Wer dieser Geschichtsauffassung nicht folgt, ist, durch die Brille der Metaideologie betrachtet, ein »Reaktionär«, der »das Rad der Geschichte zurückdrehen« will und die »Zeichen der Zeit nicht erkannt« hat. Allein das bloße »zurück zu« (einem früheren Zustand) steht im Verdacht des Unmoralischen, weil das Vergangene – allein schon, weil es eben vergangen ist – aus der Sicht dieser Ideologie das »historisch Widerlegte«, das durch den »Fortschritt« (Egalisierung, Liberalisierung, Demokratisierung) überwundene *Schlechte* ist.

Wenn nun jemand zu diesem »Schlechten« zurückkehren will, muß er ein schlechter Mensch sein, dem man nicht einmal gute Absichten zuzugestehen braucht: Wenn er die »Wahrheit«, daß die Utopie realisierbar sei, »leugnet«, dann braucht man ihm vom Standpunkt der Metaideologie nicht einmal zuzugestehen, daß er sich einfach irren könnte; erst recht braucht man nicht der Vermutung nachzugehen, daß man womöglich *selber* im Irrtum sein könnte: Der Andersdenkende, der sich der gesellschaftlich akzeptierten Wahrheitsdefinition nicht beugt, ist einfach ein Lügner oder Geisteskranker, den man ohne Gewissensbisse unschädlich machen kann. Und dies auch – wohlgemerkt! – vom *liberalen* Standpunkt!

Wenn wir das wissen, wissen wir auch, warum die meinungsbildenden Eliten sich weigern, Linksextremismus mit derselben Elle zu messen wie Rechtsextremismus, warum man konservative Patrioten schon gewohnheitsmäßig in die Nähe des Rechtsextremismus rückt, und warum der Begriff »Fundamentalismus«, der in aller Regel polemisch auf jegliches konservative Christentum bezogen wird, fast schon so pejorativ verwendet wird wie der des »Faschismus«: Linksextreme Positionen stehen auf dem Boden der Metaideologie, konservative nicht. Letztere sind daher aus der Sicht der Metaideologie per se »extremistisch«, selbst wenn sie ohne weiteres verfassungskonform sind. Nicht die demokratische Verfassung ist hier der Maßstab, sondern die Bejahung einer utopiegeleiteten Politik- und Weltauffassung.

3.8. Utopisches Menschenbild

Achtens impliziert dieser Utopismus ein Menschenbild, wonach nur solche menschlichen Eigenschaften als gesund und normal zu gelten haben, die mit der jeweiligen Utopie kompatibel sind.

Dieses Menschenbild bedeutet im Umkehrschluß, daß Menschen, mit denen die Utopie *nicht* zu verwirklichen ist, weil sie an ihren vertrauten Bindungen, Werten und Lebenswelten festhalten und sich gegen deren politisch induzierte Veränderung wehren, nicht nur im Irrtum befangen, reaktionär und böse sind, sondern obendrein geisteskrank. Es spricht Bände, welch erstaunliche Karriere das Wort »Phobie« gemacht hat, das in früheren Zeiten nur auf krankhafte Angstzustände angewendet wurde, heute aber auf so merkwürdige »Krankheiten« wie Homophobie, Xenophobie und Islamophobie.

»An sich handelt es sich [bei dem Wort »Phobie«] um einen psychiatrischen Fachbegriff, dessen Verwendung in sozialwissenschaftlichen Zusammenhängen sich schon deshalb verbietet, weil Sozialwissenschaftler gar nicht kompetent sind, zu beurteilen, ob die Abneigung gegen eine Personengruppe auf einer Phobie beruht oder nicht. Wenn Soziologen[31] diesen Ausdruck trotzdem benutzen können, ohne sich zumindest fachintern Kritik einzuhandeln, so ist bereits dieser Umstand ein starkes Indiz für die Wirksamkeit ideologisch motivierter Vor-Urteile bis ins wissenschaftliche Vokabular hinein.«[32]

Im Lichte der bisherigen Überlegungen müssen wir diesen Befund noch verschärfen: Wir haben es nicht einfach mit menschlicher Unzulänglichkeit zu tun, die es auch unter Wissenschaftlern gibt und aufgrund derer unhinterfragte ideologische Vorurteile sich verfälschend in einen Forschungsprozeß einschleichen, der ansonsten durchaus integer ist. Vielmehr geht das Menschenbild der Metaideologie bereits als Prämisse in die sozialwissenschaftliche Arbeit ein. Es bedarf dann gar keiner psychiatrischen Expertise mehr, um zu entscheiden, ob eine »Phobie« vorliegt: Die Metaideologie selbst liefert den »psychiatrischen« Befund. Die Logik, aufgrund derer ideologisch nonkonforme Menschen zu Geisteskranken erklärt werden, die unter einer »Phobie« leiden, ist dieselbe, aufgrund derer in der Sowjetunion Dissidenten in psychiatrische Anstalten eingewiesen wurden.

Dies impliziert auch, daß nicht die Bedürfnisse der tatsächlich lebenden Menschen Anspruch auf soziale Berücksichtigung erheben können, sondern lediglich die Bedürfnisse eines gedachten »neuen Menschen«,[33] der sich dadurch auszeichnet, utopiekompatibel zu sein. »Humanität« besteht unter diesen Prämissen darin, den empirischen Menschen zum utopischen umzuerziehen.

Wie aber nennt man eine Ideologie, die darauf hinausläuft, gestützt auf ein utopisches Ideal und mit dem Anspruch auf das Monopol absoluter Wahrheit alle Lebensbereiche zu durchdringen und gegebenenfalls umzuwälzen, und dies weltweit? Die den Gang der Geschichte zu durchschauen beansprucht, ihre Kritiker als böse im moralischen und krank im medizinischen Sinne diffamiert und die Umerziehung der Menschheit propagiert?

Man nennt eine solche Ideologie: totalitär.

Da sie ihr Deutungsmonopol durchgesetzt hat und kaum noch angefochten wird, jedenfalls nicht im »seriösen« Diskurs, bleibt uns der beunruhigende Befund nicht erspart, daß die meisten Menschen in unserer Gesellschaft (also wahrscheinlich auch Sie), ohne es zu wollen und zu wissen, einfach per Implikation, Anhänger einer totalitären Ideologie sind.

4. Wie sich die Logik der Metaideologie in soziale Wirklichkeit übersetzt

Ziehe ich hier aber nicht allzu schwungvoll theoretische Konsequenzen, die praktisch ganz irrelevant sind? Eine Ideologie ist schließlich weder ein denkendes Subjekt, noch ist sie eine Maschine, die, einmal in Bewegung gesetzt, unbeirrbar ihr Programm abspult. Der objektive Gehalt einer Ideologie ist schließlich nur dann und nur so weit praxisrelevant, wie sich Menschen finden, die diese Ideologie artikulieren und die theoretisch postulierten Konsequenzen auch tatsächlich ziehen, und wo steht geschrieben, daß dies tatsächlich geschehen muß?

Was den Marxismus angeht, stellt sich diese Frage nicht: Alles, was hier beschrieben worden ist, hat er bis zur letzten mörderischen und totalitären Konsequenz auf die Spitze getrieben, was freilich viele Marxisten bis heute nicht daran hindert zu behaupten, der reale Sozialismus sei nicht an seiner eigenen Logik gescheitert, sondern bloß an irgendwelchen »Fehlern«, die man beim nächsten Mal selbstverständlich vermeiden werde – sofern sie es nicht vorziehen, das ganze Thema zu beschweigen und, statt explizit einer Utopie zu folgen, lieber schrittweise die Gesellschaft umzugestalten. Freilich nach derselben Logik, denselben Prinzipien und mit erwartbar demselben Ergebnis wie beim ersten Anlauf. Die Utopie verschwindet aus den Programmschriften, aber nicht aus den Köpfen; sie bleibt als Bezugsrahmen politischen Handelns erhalten. Sie hat sich nur unsichtbar und damit unkritisierbar gemacht.

Ganz anders scheint der Fall beim Liberalismus zu liegen, und ich vermute, daß mancher Liberale sich leidenschaftlich dagegen verwahren wird, mit den Marxisten in einen Topf geworfen zu werden: Der Marxismus, ja, *der* sei totalitär, aber als Liberaler propagiere man doch gar nicht die Auflösung aller sozialen Bindungen, und wenn, vertraue man darauf, daß die Menschen freiwillig neue Bindungen eingingen, die nicht schlechter sein müßten als die alten, eher besser, weil sie eben freiwillig eingegangen worden seien.

Wie wenig freiwillig und aus rationaler Einsicht eingegangene Bindungen imstande sind, frühere Selbstverständlichkeiten zu ersetzen, und daß sie insbesondere dort versagen, wo es auf einen gesellschaftlichen Konsens ankommt, habe ich schon ausgeführt. Lassen wir unseren Liberalen nun fortfahren:

Vor allem aber sei die von mir unterstellte Intoleranz mit liberalem Denken ganz unvereinbar und könne schon deshalb nicht seine Konsequenz sein; Liberalität und Toleranz seien praktisch dasselbe; ein Liberaler werde niemals intolerant sein – außer gegen die Intoleranz selbst – und werde sich niemals für die Umerziehung seiner Mitmenschen einsetzen, schon gar nicht auf der Basis einer deterministischen Geschichtsauffassung. Die von mir entwikkelten Konsequenzen liberalen Denkens seien doch rein hypothetischer Natur, solange sich niemand finde, der diese Konsequenzen tatsächlich ziehe, und dies werde ein echter Liberaler niemals tun. Nicht zuletzt sei ein wahrer Liberaler doch ein bürgerlicher Pragmatiker, der sich gerade nicht an utopischen Ideen orientiere, sondern allenfalls schrittweise überlebte und überflüssige soziale Verhältnisse modernisiere, weswegen meine Argumentation, soweit sie den Liberalismus als utopisches Projekt darstelle, schon deshalb ins Leere laufen müsse.

Ich bin aufgrund langer Erfahrung ziemlich sicher, die zentralen Einwände von liberaler Seite damit fair zusammengefaßt zu haben. Sie beruhen auf einer Reihe von Denkfehlern:

Sie basieren zum einen auf dem individualistisch verkürzten Verständnis sozialer Prozesse, das für liberales Denken so charakteristisch ist. Wenn eine Gruppe von Menschen, also zum Beispiel die Liberalen, sich über bestimmte Prämissen einig ist, dann entwickelt die Ideologie, die auf diesen Prämissen aufbaut, ein Eigenleben nach der Logik »Wer A sagt, muß auch B sagen«. Gewiß kann jeder Einzelne für *sich* an einem bestimmten Punkt entscheiden, die logische Kette der Konsequenzen zu unterbrechen, eine gewisse gesunde Inkonsequenz einzufordern und zum Beispiel – aus diesen oder jenen guten pragmatischen Gründen – die Autonomie der Kirche und damit überkommene Autoritätsverhältnisse unangetastet zu lassen.

Da er damit aber eine Ausnahme von der Regel propagiert, ist *er* es, der unter Beweiszwang steht, nicht diejenigen, die auf dem Weg von A über B nach Z weiter voranschreiten wollen. Letztere können sich auf einen gruppenintern geltenden Konsens berufen, während der Dissident diesen Konsens in Frage stellt. Eine denkbar schwache Position, die sich bestenfalls im günstigen Ausnahmefall durchsetzen wird. Realiter wird sich die *innere* Logik einer Ideologie über gruppendynamische Prozesse in *äußeres* Handeln ihrer Anhänger übersetzen. Ein »wahrer Liberaler«, der bestimmte Konsequenzen – etwa der Intoleranz gegenüber nonkonformen Meinungen – nicht ziehen will, kann sich selbst durchaus treu bleiben; nur gilt er für die Liberalen *als ideologische Gemeinschaft* irgendwann nicht mehr als Liberaler, sondern als Reaktionär.

Liberalismus – oder welche Ideologie auch immer – ist eben nicht einfach ein theoretisches Ideensystem, das als solches statisch wäre, sondern ein in einer sozialen Bewegung *objektiviertes* Ideensystem. Was »Liberalismus« *konkret politisch* zu irgendeinem gegebenen Zeitpunkt bedeutet, entscheiden die, die sich auf den Liberalismus berufen, und ändert sich in dem Maße, wie sich deren Meinung ändert. Diese Meinungsänderung geschieht aber nicht willkürlich, wie das vielleicht bei einer Einzelperson der Fall wäre. Sie unterliegt einer bestimmten Logik, die daraus resultiert, daß die Bejahung bestimmter Prämissen für die jeweilige Ideologiegemeinschaft identitätsstiftend ist. Wenn also Liberalismus im Jahre 2013 in concreto nicht *das Gleiche* ist wie 1960 oder 1925 oder 1850, dann ist er trotzdem *dasselbe,* und zwar in dem Sinne, wie ein Mensch mit 40 nicht mehr der Gleiche, wohl aber derselbe ist wie mit 20. Es handelt sich um die Kontinuität und Identität eines sozialen, politischen und ideengeschichtlichen Zusammenhangs.

Was nun das Argument angeht, als Liberaler wende man sich nicht gegen soziale Bindungen schlechthin, sondern nur gegen solche, die anachronistisch und überflüssig geworden seien, so setzt dies die vollständige Durchschaubarkeit sozialer Zusammenhänge voraus; nur unter dieser Prämisse läßt sich nämlich entscheiden, was anachronistisch und überflüssig ist. Was bestimmte soziale Strukturen geleistet oder nicht geleistet haben, erfährt man zuverlässig frühestens dann, wenn sie zerstört sind, also wenn es zu spät ist. Übrigens ist eine liberale Ideologie, sofern sie als Prämisse in wissenschaftliches Denken eingeht, wegen ihres methodischen Individualismus gerade ungeeignet zur Analyse sozialer Beziehungen.

Ferner habe ich zwar behauptet, daß Liberalismus und Marxismus bzw. die ihnen beiden zugrundeliegende Metaideologie potentiell totalitär sind. Ich habe aber *zugleich* behauptet, daß dieses totalitäre Potential sich erst in *dem* Maße entfaltet, wie diese Ideologien eine gesellschaftliche *Monopolstellung* gewinnen. Der Marxismus des 19. Jahrhunderts war potentiell so totalitär wie der des zwanzigsten; damit es aber so etwas wie einen Gulag geben konnte, mußten die Kommunisten erst an die Macht kommen. Totalitär wird die Metaideologie erst in dem Moment, wo sie faktisch nicht mehr mit Aussicht auf gesellschaftliche Wirksamkeit angefochten werden kann.

Es liegt eine gewisse innere Logik darin, daß gerade herrschafts*kritische* Ideologien dazu neigen, in Totalitarismus umzuschlagen: Herrschaft, die auf der Basis einer herrschaftskritischen Ideologie ausgeübt wird, ist mit den Begriffen dieser ihrer eigenen Ideologie nicht als Herrschaft analysierbar.[34] An die Macht gelangt, verwechseln Herrschafts*kritiker* daher ihre *eigene* Herrschaft mit deren *Abwesenheit*. Wo Herrschaft als solche aber nicht erkennbar ist, scheinen alle Sicherungen gegen deren Mißbrauch sich zu erübrigen. Für die Marxisten ist dies offenkundig, es gilt aber auch für die Liberalen. Wie unser hypothetischer Liberaler sagte: Liberale *können* gar nicht intolerant sein, außer gegen die Intoleranz. Wer sich gegen die Herrschaft des Liberalismus (aus dessen Sicht also der Toleranz) auflehnt, beweist schon dadurch, daß er intolerant ist und daher selbst nicht toleriert zu werden braucht. Diese Dialektik des Liberalismus – das Umschlagen von Liberalismus in Totalitarismus – wird uns weiter unten noch beschäftigen, und dort nicht als logischer Zusammenhang, sondern als empirisch zu beobachtender Prozeß.

Schließlich stimmt es nicht, daß eine Ideologie, die Veränderungen schrittweise herbeizuführen sucht, ihren Ausgangspunkt bereits deswegen nicht in der Utopie haben könne. Wenn die Utopie nicht als *Programm* formuliert, sondern in bestimmten *Prämissen* enthalten ist, camoufliert sie sich zwar ähnlich wie die auf ihr beruhende Herrschaft. Dies bedeutet aber lediglich, daß die Utopie *sich der Kritik entzieht,* nicht jedoch, daß sie nicht vorhanden oder nicht politisch wirksam wäre.

Die innere Logik der Metaideologie entfaltet sich nach und nach. Da ihre Verfechter nicht bewußt einen utopischen Zustand X anstreben, sondern ihrem politischen Handeln eine utopische Norm als Prämisse zugrundelegen, die sie auf immer weitere Bereiche der sozialen Wirklichkeit anwenden, setzt die gesellschaftliche Akzeptanz dieser Ideologie einen *Prozeß* der Zerstörung hergebrachter sozialer Strukturen in Gang: einen Prozeß, der seiner Logik nach nie zu einem Abschluß gelangt – oder erst dann, wenn entweder die Utopie verwirklicht oder die Gesellschaft zerstört ist.

So kommt es, daß das, was gestern noch selbstverständlich als richtig und vernünftig galt, heute von der Metaideologie in Frage gestellt und morgen von der Gesellschaft abgelehnt werden wird; und ebenso wird man morgen und übermorgen mit vielem verfahren, was wir heute noch für richtig und vernünftig halten.

Wer hätte sich etwa vor fünfzig Jahren vorstellen können, daß man irgendwann – und zwar mit Aussicht auf öffentliche Zustimmung! – Abtreibungen als etwas moralisch Unbedenkliches würde propagieren können, und daß die Gesellschaft sich an Abtreibungsziffern im sechsstelligen Bereich gewöhnen würde? Der Konsens, daß dies Kindstötung ist, wurde zunächst unter Berufung auf emanzipatorische Normen angefochten (»Mein Bauch gehört mir«), dann die Neuregelung politisch durchgesetzt. Heute ist es so weit gekommen, daß der, der die Legitimität von Abtreibungen verneint, sich damit als »Fundamentalist« praktisch aus der seriösen Gesellschaft ausgrenzt, obwohl seine Position noch vor gar nicht allzu langer Zeit selbstverständlicher Konsens der gesamten Gesellschaft war.

Wer hätte sich vor dreißig Jahren vorstellen können, daß die Auflösung des deutschen Volkes von irgendeinem vernünftigen Menschen als politisches Ziel verfolgt werden könnte? In den achtziger und neunziger Jahren wurde die multikulturelle Ideologie entwickelt, wonach der Zuzug von Fremden per se eine Bereicherung sei, die man klugerweise anstreben sollte; heute gilt er in Teilen der meinungsbildenden Eliten bereits als ein »Recht« von Menschen aus aller Herren Länder, die man nicht zurückweisen dürfe, egal ob es dem eigenen Volk nützt oder nicht, weil das sonst »ausgrenzend« und »diskriminierend« sei. Außerdem sei bereits der Begriff »Volk« ein bloßes »Konstrukt« (im vulgärkonstruktivistischen Sinne von »Illusion«), weswegen es auf die Erhaltung eines bestimmten Volkes nicht ankomme; und die ersten Anzeichen sind sichtbar, daß das Ziel, das eigene Volk zu erhalten, in absehbarer Zeit als »menschenrechtswidrig« oder gar »menschenfeindlich« hinter dem Horizont des Unsagbaren verschwinden wird.[35]

Wer hätte sich vor zehn Jahren vorstellen können, daß man einmal ernsthaft versuchen würde, das Wort »Mutter« als frauendiskriminierendes Rollenstereotyp aus der öffentlichen Sprache zu verbannen, wie es jetzt in der Schweiz geschieht, und daß der Europarat einmal über eine Beschlußvorlage beraten würde, wonach die Medien aufgefordert werden sollten, Frauen nicht mehr als – und dies ist wörtlich zitiert, auch wenn man es nicht glauben möchte! – »minderwertige Wesen, Mütter und Sexualobjekte« darzustellen?[36]

Da wir die Dynamik solcher Prozesse jetzt kennen, können wir als nächsten logischen Schritt vorhersagen, daß man versuchen wird, Mutterschaft überhaupt abzuschaffen – selbstredend nur im Namen der Emanzipation im Sinne der Befreiung von Rollenzuweisungen. Und wer da glauben sollte, unsere Gesellschaft werde es ablehnen, ihren Nachwuchs, sofern der überhaupt noch gewünscht wird, von Profi-Leihmüttern oder auch von Maschinen austragen und in staatlichen Erziehungsheimen großziehen zu lassen, sollte sich bewußt machen, was alles man noch vor fünfzig Jahren für undenkbar gehalten hätte.

5. Die Dialektik des Liberalismus

Die Entwicklung des Liberalismus als einer politischen Kraft unterliegt freilich nicht nur einer *inneren,* sondern auch einer *äußeren* Logik. Sie wird nicht nur vorangetrieben von immanenten Kräften, die seine eigenen Prämissen zu immer weiteren Konsequenzen treiben, sondern ebenso von dem Parallelogramm der ihn umgebenden Kräfte: Es wird unter den Bedingungen der Moderne nie eine Gesellschaft geben, in der es nur Liberale oder nur Sozialisten oder nur Konservative, oder überhaupt Anhänger nur einer politischen Doktrin gibt. Diese Strömungen beeinflussen einander und stellen füreinander den politischen Rahmen dar. Es ist ein erheblicher und sogar entscheidender Unterschied, ob der Liberalismus sein notwendiges Widerlager im *Konservatismus* findet, der das liberale Freiheits- und Fortschrittspathos einer skeptischen Kritik unterzieht und dadurch dafür sorgt, daß sein potentiell destruktives Moment gebändigt bleibt, oder im *Sozialismus*, der dieses destruktive Moment mit seinem eigenen verbindet.

So notwendig und legitim die marxistische Kritik an der liberalen Ideologie auch war: Wenn gerade *diese* Kritik die einzige ist, mit der der Liberalismus sich überhaupt noch ernsthaft auseinandersetzen muß, wenn er die notwendigen Kompromisse nur noch mit der *Linken* zu schließen braucht, dann gewinnt das liberale Projekt eine Dynamik, durch die es sich selbst zerstört, weil es seine eigenen Voraussetzungen in ideologieeigener Sprache nicht benennen und auch auf dem Umweg über die Auseinandersetzung mit Kritik nicht erfassen, die zum Teil von ihm selbst ausgehende Zerstörung dieser Voraussetzungen daher nicht wahrnehmen kann.

Freilich ist es, um auch dies zu erwähnen, ebenso ein grundlegender Unterschied, ob der *Konservatismus* allein die Leitideologie von Staat und Gesellschaft ist, etwa im Rahmen eines autoritären Staates, oder ob er sich mit konkurrierenden politischen Kräften auseinanderzusetzen hat. Wäre dies nicht der Fall, so liefe er Gefahr, in Selbstzufriedenheit und Reformunfähigkeit zu erstarren, so wie die linken Strömungen Gefahr laufen, in ihrem Veränderungswillen die Grundlagen der Gesellschaft zu zerstören, sofern sie das ideologische Monopol innehaben, wie es momentan der Fall ist. Die heute von Linken und Liberalen ausgehende geistige Öde und ihre fanatische Intoleranz sind zwar in den Prämissen ihrer Ideologien angelegt, könnten sich aber schwerlich entfalten, wenn sie sich gegen prinzipielle und gesellschaftlich mächtige Kritik zu behaupten hätten.

Die typisch liberale Idee, daß Konkurrenz das Geschäft (und die Gesellschaft) belebt, ist eine gute Idee: Eine hypothetische Gesellschaft, in der *nur* noch konservative Ideen politisch artikuliert werden könnten, wäre zwar stabil, aber wenig kreativ; die real existierende westliche Gesellschaft dagegen, in der genuin konservative Ideen nicht einmal *verstanden* werden, ist zwar dynamisch, wird aber eben deshalb an der selbsterzeugten Instabilität zugrunde gehen, sofern die gegenwärtigen politischen Kräfteverhältnisse andauern.[37]

Die hier vorgetragene Kritik an linker und liberaler Ideologie zielt also keineswegs darauf ab, linken und liberalen Positionen die Existenzberechtigung abzusprechen; bei dem hierzulande herrschenden Klima der Verdächtigung muß man solche Selbstverständlichkeiten ja explizit aussprechen. Ich hielte es bereits aus erkenntnistheoretischen Gründen für absurd, einer *einzigen* politischen Theorie das Monopol auf zutreffende Wirklichkeitsbeschreibungen zuzuschreiben und allen anderen dieses Potential abzusprechen. Linke und liberale Ideologie wirkt wie eine Brille, durch die sich insbesondere Herrschaftsverhältnisse angemessen kritisieren lassen, und speziell darin liegt ihr Wert.

Unglücklicherweise gibt es genau eine Art von Herrschaft, die sie analytisch *nicht* erfassen können, nämlich ihre eigene. Gewinnen sie als Metaideologie ein *Monopol* auf die gesellschaftliche Wirklichkeitsdeutung, dann wittern sie Herrschaft überall, insbesondere in allen erdenklichen Strukturen, die demgemäß zu zerstören sind, nur nicht dort, wo sie tatsächlich ist – nämlich in der Hand ihrer eigenen Anhänger. Unter diesen Umständen, das heißt in Abwesenheit und bei Unterdrückung alternativer Wirklichkeitsbeschreibungen, verliert das herrschaftskritische Potential jedes konstruktive Moment und verkommt zu amoklaufender Destruktivität.

Zurück zum Liberalismus: Liberales Denken geht, und dies ist konstitutive Prämisse, von den Rechten des Individuums aus, speziell vom Recht auf Freiheit. Diese Freiheit findet ihre Schranken lediglich in der Freiheit des anderen. Der Liberalismus redet also nicht etwa der Anarchie das Wort, sondern postuliert eine Ordnung, die sicherstellt, daß die Freiheit des einen nicht auf Kosten des anderen geht. Auf politisch-rechtlichem Gebiet ist dies der freiheitliche Rechtsstaat, auf wirtschaftlichem die freie Marktwirtschaft, wobei ersterer sich idealerweise darauf beschränkt, die Spielregeln der letzteren zu konkretisieren und ihre Einhaltung zu überwachen. Der *Sozialstaat* wird von Liberalen traditionell kritisch gesehen, bestenfalls als ein notwendiges Übel, das es möglichst klein zu halten gilt, schlimmstenfalls als ein System des organisierten Diebstahls, das den einen Bürgern, und zwar gerade den verdientermaßen erfolgreichen, Geld aus der Tasche zieht, um die anderen damit zu alimentieren.

Für eine solche Sicht der Dinge lassen sich fürwahr starke Argumente ins Feld führen. Problematisch ist sie allerdings, insofern sie die *Rechte* des Einzelnen an den Beginn ihrer Überlegungen stellt und ihre weitestgehende Verwirklichung fordert, also implizit von einer Utopie ausgeht. Liberale haben, mehr noch als Sozialisten, durchaus Überlegungen angestellt, wie diese Utopie zu verwirklichen wäre. Eine wirtschaftwissenschaftliche Arbeitshypothese, nämlich daß jedes Individuum nach Maximierung seines individuellen Nutzens strebt, wurde auf praktisch alle Lebensbereiche angewendet, und führte zu Gedankenmodellen, die als solche, nämlich als *Gedankenmodelle,* hervorragend funktionieren – und das ist immerhin mehr, als die Marxisten erreicht haben.

Freilich basieren diese Modelle auf einigen unausgesprochenen Voraussetzungen: Ich habe schon darauf hingewiesen,[38] daß die Bereitschaft, die Spielregeln der Marktwirtschaft zu akzeptieren, und zwar auch dann zu akzeptieren, wenn man selbst beim freien Spiel der Marktkräfte zu den Verlierern gehört, auf einem Ethos der Gesetzestreue basiert.

Gesetzestreue setzt voraus, daß Gesetze als *legitim* empfunden werden, was in einer Demokratie bedeutet, daß man die Entscheidungen der Mehrheit als legitim akzeptiert. Was aber, wenn der Demos nicht aus *einem* Volk, sondern aus *mehreren* besteht, die Gesellschaft also in ethnische Gruppen gespalten ist und die Gesamtheit der Staatsbürger daher keine *Nation* darstellt, die die Loyalität des Einzelnen einfordern könnte? Was, wenn unter dem »Gemeinwohl« das Wohl der jeweils eigenen Gruppe verstanden wird? Kann man dann noch die Bereitschaft der Minderheit, Mehrheitsentscheidungen zu akzeptieren, als Selbstverständlichkeit voraussetzen?

Politische Meinungsverschiedenheiten gehören notwendig zum liberalen Pluralismus. Wenn diese Meinungsverschiedenheiten nicht zum Bürgerkrieg ausarten, so deshalb, weil bestimmte Spielregeln akzeptiert sind, und hierzu gehört nicht nur das Verbot gewaltsamer Konfliktaustragung, sondern auch die gesetzlich kaum durchsetzbare, gewissermaßen *weiche* Norm demokratischer politischer Kultur, daß Meinungsverschiedenheiten im rationalen Diskurs ausgetragen werden; wodurch im Prinzip jede politische Strömung die Chance hat, sich auf demokratischem Wege durchzusetzen. Was aber, wenn Meinungsverschiedenheiten sich nicht erst auf bestimmte politische *Inhalte* beziehen, sondern bereits auf die Frage, was ein rationaler Diskurs überhaupt *ist?*

Die Bereitschaft, Spielregeln zu befolgen, hängt nicht nur davon ab, daß man *selbst* sie verinnerlicht hat, sondern auch davon, daß man vernünftigerweise davon ausgehen kann, daß alle *anderen* sie verinnerlicht haben und – im Normalfall – befolgen. Was geschieht, wenn diese Erwartung sich als unrealistisch herausstellt?

Die liberalen Gedankenmodelle basieren des weiteren auf der Voraussetzung, daß Menschen alle Beziehungen, die sie miteinander eingehen, freiwillig und auf individueller Basis eingehen. Eine heroische Annahme: Menschen treten nämlich bereits dadurch miteinander in Beziehung, daß sie in derselben Straße, derselben Stadt, demselben Land, derselben Gesellschaft leben, und sie haben sich ihre Mitbürger keineswegs individuell ausgesucht. Individualisierbar sind die Beziehungen zwischen ihnen auch nicht: *Alle zusammen* erzeugen die Umgebung, in der *jeder einzelne* lebt – bzw. leben muß.

Wie steht es um die Freiheit, wie um die Rechte derer, die die so erzeugte Umgebung *unerträglich* finden, aber nicht die Mittel haben, sich eine andere zu suchen? Zählen deren Interessen nicht? Die Freiheit, die der Liberalismus fordert, findet ihre Kehrseite in der Forderung an jeden einzelnen, *tolerant* zu sein, insbesondere mit der *Erwartungsunsicherheit* fertigzuwerden, die sich notwendig in einer Gesellschaft einstellt, in der nicht nur jeder tun *kann*, sondern auch tatsächlich *tut,* was er will, und sei es auch im Rahmen der Gesetze.

Das schmutzige kleine Geheimnis des Liberalismus lautet, daß eine von ihm geprägte Gesellschaft keineswegs *allen* die gleiche Freiheit zur Verfolgung ihrer Interessen, zur *pursuit of happiness* läßt, sondern daß *diejenigen,* die bereit sind, die Zumutungen anderer in Kauf zu nehmen, um selber Zumutungen austeilen zu können, die Interessen *derer* delegitimieren, die bereit wären, sich selbst zurückzunehmen, um im Gegenzug von den Zumutungen anderer verschont zu bleiben: Man fordert *Toleranz* von allen; auch von denen, für die das ein schlechtes Geschäft ist, weil sie selber die Toleranz anderer gar nicht strapazieren wollen.

Das alles fällt freilich gar nicht so sehr ins Gewicht, solange ein gewisser Konsens vorausgesetzt werden kann, was als akzeptabel und tolerabel zu gelten hat; solange Gesetzestreue eine weitgehend geteilte kulturell verinnerlichte Norm darstellt, d.h. nicht nur dann geübt wird, wenn gerade ein Polizist danebensteht; solange demokratische Verfahren als fair empfunden werden; solange das Minimum an gesellschaftlicher Solidarität gewahrt bleibt, weil die Bereitschaft, die Verfolgung der Eigeninteressen zugunsten der Gesellschaft zurückzustellen, in bestimmten Grenzen als allgemein gegeben unterstellt werden kann und der Ehrliche daher nicht den Eindruck haben muß, der Dumme zu sein.

Solange all dies gegeben ist, bleibt Regelverletzung die Ausnahme und Kriminalität die vergleichsweise winzige Spitze eines nur kleinen Eisbergs. Der Kriminalität *einzelner* kann der Rechtsstaat dann mit Hilfe der Justiz Herr werden.

Auch der beste Rechtsstaat ist aber überfordert, wenn Kriminalität zum Massenphänomen wird, und er ist um so schneller überfordert, je liberaler er ist, d.h. je mehr er die Bürgerrechte achtet. Je weiter Kriminalität sich quantitativ ausbreitet und je gefährlicher ihre Erscheinungsformen sind, desto weniger Liberalität kann der Rechtsstaat sich leisten. Organisierte Kriminalität, Terrorismus, internetgestützte Kriminalität aller Art und, besonders gefährlich, da den Rechtsstaat im Kern angreifend, *Korruption,* stellen den Rechtsstaat vor Probleme, die er regelmäßig mit mehr Überwachung und mehr Reglementierung löst, d.h. er tendiert in dem Maße zur Illiberalität, wie die Kriminalität voranschreitet.

Nun breitet dergleichen sich aber nicht zufällig aus. Gewiß ist Organisierte Kriminalität, um mit diesem Beispiel zu beginnen, keine italienische, russische oder chinesische Spezialität in dem Sinne, daß es sie anderswo nicht geben könnte. Trotzdem ist es bezeichnend, daß es eine sizilianische Mafia gibt, aber keine friesische; eine russische, aber keine dänische; eine chinesische, aber keine schweizerische. Bezeichnend ist auch, daß das Phänomen der Korruption in den klassischen Herkunftsländern des Organisierten Verbrechens deutlich verbreiteter ist als in Mittel-, Nord- und Westeuropa. Offenbar gibt es Kulturen, in denen eine abstrakte und als Norm verinnerlichte Gesetzesloyalität nur schwach ausgeprägt ist, der Staat nicht als Verkörperung des Allgemeinwohls gesehen wird, eher als feindliche Macht, und wo private Gewaltstrukturen daher besondere Entfaltungschancen haben. Wandern Menschen aus solchen Kulturen in Massen ein, so wandern diese Strukturen *mit* ein, und sie stellen den Staat vor Probleme, die er ohne Masseneinwanderung nicht hätte. Das heißt durchaus nicht, daß alle oder auch nur die Mehrzahl der Einwanderer aus den genannten Ländern an solchen Organisationen beteiligt wäre, wohl aber, daß ihre massenhafte Anwesenheit gewissermaßen den Resonanzboden mafiöser Strukturen darstellt. Die Masseneinwanderung *als solche* schafft das entsprechende Umfeld.

Entsprechendes gilt für Terrorismus. Terrorismus entsteht, wo die liberale Demokratie bestimmte politische Strömungen nicht integrieren kann, weil deren Gestaltungswille sich gegen diese liberale Demokratie selbst richtet. Dabei kann solcher Terrorismus durchaus hausgemacht sein wie etwa der linke Terrorismus der siebziger und achtziger Jahre. Daß solcher Terrorismus, wie auch weniger spektakuläre Formen linksextremer Gewalt, sich zu einem erheblichen politischen Problem auswachsen konnte, ist ein deutliches Anzeichen für die schwindende Integrationskraft liberaler Systeme und für die Zunahme jener Zentrifugalkräfte, die diese Systeme bereits aus sich heraus hervorbringen. Werden sie freilich zusätzlich strapaziert, indem Millionen von Menschen einwandern, denen die Prinzipien der liberalen Demokratie fremd sind und aufgrund ihrer tiefverwurzelten Ideale einer gerechten und gottgewollten – islamischen – Ordnung sogar als unsittlich erscheinen müssen, dann werden diese Einwanderergruppen erwartbar ein hohes Maß an systemoppositionellem Verhalten hervorbringen. Die Skala solchen Verhaltens reicht sehr weit, von passiver Resistenz über Haßpredigten bis hin zum Terrorismus, und nur eine kleine Minderheit wird bis zu dieser extremen Option vorstoßen; diese ist nur die Spitze des Eisbergs. Aber diese Spitze ist da, weil der Eisberg da ist.

Korruption ist ein in vielen Ländern nicht nur der Dritten Welt verbreitetes Problem, das dort hartnäckig allen Versuchen trotzt, seiner Herr zu werden. Es ist kulturell verwurzelt, und zwar aus ähnlichen Gründen wie die Organisierte Kriminalität. Was geschieht nun, wenn man den einheimischen Staatsapparat für Menschen öffnet, die solche kulturellen Orientierungen mitbringen? Sie werden selbstverständlich nicht alle korrupt sein, aber die Korruption wird mit Sicherheit ansteigen.

Es ist bezeichnend für die Oberflächlichkeit der veröffentlichten Meinung, daß solche Warnungen regelmäßig mit dem Hinweis auf den »Generalverdacht« abgetan werden, unter den man diese oder jene Einwanderergruppe (oder welche Art von Minderheit auch immer) keinesfalls stellen dürfe. Dabei liegt es in der Natur statistischer Aussagen, daß sie keine Rückschlüsse auf den Einzelfall zulassen, wohl aber Rückschlüsse auf das Ergebnis, das sich einstellt, wenn man solche statistischen Befunde ignoriert. Es gibt kein Recht auf Einwanderung; es gibt lediglich das Recht jedes Menschen, sich auf dem Gebiet desjenigen Staates aufzuhalten, *dessen Bürger er ist*. Komplementär dazu gibt es das Recht jedes Staates zu entscheiden, wen er einwandern läßt und wen nicht. Dies ist ein *souveränes* Recht, d.h. der Staat ist niemandem (außer seinen eigenen Bürgern, sofern er sich als demokratisch versteht) Rechenschaft darüber schuldig, wen er warum einwandern läßt. Er kann, darf und soll sich bei dieser Entscheidung an den Interessen seiner Bürger orientieren, und wenn er zu diesem Zweck einen »Generalverdacht« hegen muß, dann muß er es eben.

Eine solche These freilich ist vom Liberalismus her nicht begründbar – was nicht ausschließt, daß es Menschen gibt, die sich als liberal verstehen und ihr trotzdem anhängen; diese sind dann (in gesunder Weise) inkonsequent. Wenn nämlich Freiheit per se ein Menschenrecht ist und diese Freiheit notwendigerweise auch die Bewegungs- und Niederlassungsfreiheit beinhaltet, und wenn man darüber hinaus die Menschen*rechte* zum Ausgangspunkt der eigenen Ideologie macht, dann ist nicht begründbar, warum die Bewegungsfreiheit an Staatsgrenzen haltmachen sollte, es sei denn, der *einzelne* wäre erwiesenermaßen kriminell. Die *Beweispflicht* ist dann dem Staat aufgebürdet, der eine bestimmte Person *nicht* einwandern lassen will; damit hört er auf, *souverän*, d.h. *nicht* rechenschaftspflichtig zu sein. Die Entscheidung, die Angehörigen ganzer Völker von der Einwanderung auszuschließen, muß vor dem Hintergrund einer solchen Ideologie »diskriminierend«, »menschenrechtswidrig«, »rassistisch« und so weiter erscheinen, nicht weil sie dies tatsächlich wäre, sondern weil sie aus Gründen einer *kollektiven* Rationalität vorgenommen wird, die aus der *individualisierenden* liberalen Perspektive von vornherein illegitim ist.

Wer darüber hinaus die Marktwirtschaft als *die* Ordnung ansieht, die die Spannung zwischen individueller und gesellschaftlicher Rationalität stets zum Ausgleich bringt, sofern sie ungestört walten kann und nicht durch Staatseingriffe behindert wird, der muß *Migrationshemmnisse* als eben solche Eingriffe ansehen und im Normalfall verurteilen. Die Marktwirtschaft kann die optimale Allokation von Ressourcen nur unter der Voraussetzung *vollständiger Mobilität aller Produktionsfaktoren* gewährleisten – auch und gerade des Faktors »Arbeitskraft«. Im Klartext heißt dies: Masseneinwanderung drückt die Löhne, und deshalb ist sie gut. Die liberale Ideologie dient hier als Waffe im Klassenkampf von oben.

Daß es *Völker* geben könnte, die Anspruch auf *ihr* Land haben, ist vom Liberalismus her buchstäblich nicht denkbar, weil die Kategorien, mit denen er die Welt beschreibt, es nicht hergeben. Wer vom Individuum her denkt, kann unter einem *Volk* nichts anderes verstehen als eine bloß additive Gesamtheit von Staatsbürgern. Wechselseitige Solidaritätserwartungen, die aus der gemeinsamen

Bezugnahme auf die Zugehörigkeit zu einem Volk resultieren, sind in der Sprache dieser Ideologie nicht beschreibbar; für den Liberalismus existieren sie praktisch nicht, und sie gehören schon gar nicht zu den konstitutiven Merkmalen des Begriffs »Volk«.

Solche einander bestätigenden Erwartungen stellen aber den unsichtbaren, vielfach sogar unbewußten Rahmen dar, der so etwas wie Demokratie, also auch die Akzeptanz von Mehrheitsentscheidungen (die ihrerseits auf der wechselseitigen Unterstellung dieser Akzeptanz beruht), erst ermöglicht.

Wo es aber kein Volk gibt, es sei denn als bloße Summe von Individuen, kann dieses auch keinen Anspruch auf »sein« Land haben. Es gibt dann nämlich keinen benennbaren Grund, irgend jemandem, der tatsächlich *in* einem Land lebt, die Staatsangehörigkeit, d. h. die Zugehörigkeit zum Staatsvolk, zu verweigern, egal ob er die kulturellen Voraussetzungen dafür mitbringt, und egal ob er bereit ist, sich in die vorgefundene Solidargemeinschaft einzugliedern. Für den Liberalismus gibt es strenggenommen nicht nur kein *Volk,* sondern auch kein *Land.* Was es gibt, ist ein *Territorium:* das Territorium eines *Staates,* der als eine Art Firma gedacht wird, mit den Bürgern als Anteilseignern.

Es spricht Bände, daß der ehrwürdige politische Begriff »nationalliberal«, der in den rund hundert Jahren zwischen Bismarck und Adenauer eine mächtige politische Strömung bezeichnete, aus der politischen Sprache unseres Landes heute praktisch verschwunden ist und daß kaum noch jemand etwas mit ihm anfangen kann. Der Wegfall des konservativen Elements der deutschen Politik und des deutschen Geisteslebens hat dazu geführt, daß der im Liberalismus angelegte utopische Universalismus sich ungehemmt, nämlich nicht gehemmt von konservativer Kritik, entwickeln konnte, und es heute geradezu als Widerspruch in sich erscheint, die Begriffe »national« und »liberal« zusammenzuspannen.

Das liberale Gedankenmodell würde ganz hervorragend in einer Welt funktionieren, die nur aus Liberalen bestünde – aber eben nur in einer solchen. Das weltfremde Ignorieren tatsächlich vorhandener Erwartungsstrukturen und tatsächlicher sozialer Voraussetzungen für eine liberale Ordnung hat desaströse Folgen nicht nur für die Völker, die einer liberalen Ideologie folgen, sondern auch für den Liberalismus selbst:

Wenn man nämlich nicht wahrnehmen und nicht wahrhaben kann, daß die liberale Ordnung alles andere als natürlich ist, vielmehr nur unter bestimmten kulturellen Voraussetzungen entstehen konnte und sich behaupten kann, wenn man also nicht zugeben kann, daß ein Minimum an kultureller Homogenität zu den Existenzbedingungen einer solchen Ordnung gehört, weil man sonst die Prämissen der eigenen Ideologie hinterfragen müßte, dann ist man nicht allein genötigt, mehr oder minder seufzend die immer weiter reichenden Eingriffe abzunicken, die der Staat bereits zur Bekämpfung von immigrationsbedingt ansteigender Kriminalität, Korruption und Terrorismus vornehmen muß.

Wenn man ideologiebedingt blind für den Sachverhalt sein muß, daß ethnische Spannungen – von alltäglicher Gewalt im Normal- bis hin zu Pogrom und Bürgerkrieg im Extremfall – in allen multiethnischen und multikulturellen Gesellschaften an der Tagesordnung sind, dann kann man in solchen Spannungen nicht die zwangsläufig eintretende Konsequenz einer Politik der forcierten Masseneinwanderung sehen, die sie tatsächlich sind, sondern muß sie auf die »Intoleranz« der Einheimischen zurückführen, auf ihren »Rassismus«, ihre »Fremdenfeindlichkeit«.

Daß es sich dabei um ganz normale und sogar unvermeidliche menschliche Reaktionen auf eine ideologisch motivierte *Überforderung* handeln könnte, darf schon deshalb nicht gesehen werden, weil damit der Liberalismus im Sinne einer zu verwirklichenden Utopie in Frage gestellt würde. Es könnte womöglich jemand auf die Idee kommen, daß es eine nur aus Liberalen bestehende Gesellschaft gar nicht geben kann. Es könnte jemand glauben, daß die »Freiheit« des Liberalismus womöglich ausschließlich in dem Recht bestehen könnte, ein Liberaler (oder schlimmstenfalls ein Linker) zu sein – so wie auch jede andere Ideologie ihren eigenen Anhängern ein Höchstmaß an Entfaltung erlaubt. Es könnte sich jemand daran erinnern, daß die segensreichen Wirkungen einer freien Marktwirtschaft sich auch im Gedankenmodell stets nur *ceteris paribus* (d.h. unter sonst gleichbleibenden Umständen) ein-

114

stellen, daß aber Massenmigration eben diese Umstände verändert und der Gewinn an ökonomischer Effizienz entweder gar nicht erst erzielt oder mit Freiheitsverlusten an anderer Stelle bezahlt wird.

Wenn man in solcher Weise mit den Konsequenzen der eigenen Oberflächlichkeit, Weltfremdheit und Verbohrtheit konfrontiert wird, sucht man verständlicherweise nach einem Sündenbock und findet ihn in den eigenen Mitbürgern, den intoleranten, die eben dadurch, daß sie das sind, das Recht auf Toleranz verwirkt haben. Der »Kampf gegen Rechts«, gegen »Rassismus und Fremdenfeindlichkeit«, der von der gesamten politischen Klasse geführt wird, also nicht nur von den Liberalen, sondern auch den Linken und den (Schein-)Konservativen, zielt nur oberflächlich und nur sekundär auf Rechtsextremisten. Er zielt auf die moralische Einschüchterung der Mehrheit, die ihre eigenen natürlichen Gefühle als etwas »Böses« verdammen soll, damit sie sich auch weiterhin für den ideologisch motivierten gigantischen Menschenversuch »Massenmigration« als Versuchskaninchen hergibt.

Auf europäischer Ebene, also dort, wo die Medien nicht so genau hingucken, sind längst Maßnahmen beschlossen worden wie der Rahmenbeschluß des Rates der Europäischen Union vom 28. November 2008 »zur strafrechtlichen Bekämpfung bestimmter Formen und Ausdrucksweisen von Rassismus und Fremdenfeindlichkeit«[39] oder das »Zusatzprotokoll [des Europarates] zum Übereinkommen über Computerkriminalität betreffend die Kriminalisierung mittels Computersystemen begangener Handlungen rassistischer und fremdenfeindlicher Art«.[40] Bereits die Titel sprechen eine deutliche Sprache: Es geht um die Bekämpfung von Meinungen und Gefühlen (»Rassismus und Fremdenfeindlichkeit«), deren Äußerung mit den Mitteln des Strafrechts (»Strafrechtliche Bekämpfung«, »Kriminalisierung«) unterbunden werden soll. Es geht ganz einfach um Maulkorb und Zensur, speziell um Internetzensur, und die Umsetzung in nationales Recht ist in Deutschland unter Federführung einer liberalen Justizministerin längst erfolgt, und zwar ohne öffentliche Debatte.[41]

Dabei sind solche strafrechtlichen Maßnahmen nur die Spitze eines Eisbergs aus Ausgrenzung, Diffamierung, Verleumdung, Haß-

propaganda, Mobterror, Indoktrination, Umerziehung, Straßenkra-
wall, Boykotten, Totschweigekartellen, Behördenschikanen und Ar-
beitgeberwillkür, denen sich Kritiker der Masseneinwanderung und
der sie fördernden politischen Strömungen ausgesetzt sehen. Es
wird jedes nur erdenkliche Mittel »zur Bekämpfung von Rassismus
und Fremdenfeindlichkeit«, sprich zur Bekämpfung von Sachwal-
tern der Interessen von Einheimischen, eingesetzt – nur eines nicht:
das Argument! Von diesem verspricht man sich wohl nicht so viel.

Auf ähnlich tönernen Füßen wie die Kritik an polizeistaatli-
cher Regelung steht die liberale *Sozialstaatskritik:* Massen von Menschen einwandern zu lassen, die den Sozialstaat absehbar in Anspruch nehmen werden, sich dann aber über einen ausufernden Sozialstaat zu beklagen, ist, freundlich gesagt, inkonsequent – es sei
denn, man unterstellt, daß die Masseneinwanderung gerade den
Hebel darstellen soll, dem Sozialstaat durch finanzielle Überforderung den Garaus zu machen.

In der Tat gibt es Liberale, die ihre Forderung nach Austrock-
nen des Sozialstaats gerade mit dem Argument begründen, dadurch
werde die Masseneinwanderung mangels Anreizen zum Erliegen
kommen. An diesem Argument mag sogar etwas dran sein; seine
Kehrseite ist allerdings, daß die Einheimischen, die mit dem Sozialstaat über hundert Jahre lang gut gefahren sind und die mit ihm
verbundene soziale Sicherheit durchaus zu schätzen wissen, auf
diese Errungenschaften verzichten sollen, um ein Problem zu lösen, das nicht sie selbst sich eingebrockt haben, sondern das ihnen von einem Ideologie-, Macht- und Interessenkartell eingebrockt
worden ist.

Ähnlich fragwürdig ist die liberale Sozialstaatskritik, sofern
auf der Basis derselben liberalen Ideologie auch die traditionelle
Kleinfamilie unter Beschuß genommen wird. Wenn die Ehe kein
Bund fürs Leben ist, sondern bloß die rechtsförmige Variante einer verbreiteten sequentiellen Monogamie, sofern es also als gesellschaftlich normal akzeptiert ist, Eheprobleme durch Scheidung zu
»lösen«, getreu dem liberalen Credo, daß die Freiheit des einzelnen
über allem steht – und wäre es die Freiheit, den Ehepartner zu verlassen –, dann gerät die Ehe *als Institution* unter Druck:

Was immer man in das Gelingen einer Ehe investiert, steht unter dem erhöhten Risiko der Vergeblichkeit, wenn man weiß, daß rund die Hälfte aller Ehen wieder geschieden wird. Die Konsequenz des rational handelnden Individuums wird lauten, dann eben *weniger* zu investieren und das Scheitern der Ehe notfalls in Kauf zu nehmen (bevor es der andere tut), was wiederum die Scheidungsraten erhöht, das Vertrauen aller anderen in die Institution Ehe erschüttert, sie dazu bringt, weniger in deren Gelingen zu investieren und das Scheitern in Kauf zu nehmen, was wiederum die Scheidungsraten erhöht ... und so weiter. Wir haben es mit einem Teufelskreis zu tun, der die grundlegende soziologische Einsicht illustriert, daß soziale Strukturen Strukturen wechselseitiger Erwartungen sind, die eine Tendenz haben, sich selbst zu bestätigen und zu verstärken. Es liegt in der Natur der Sache, daß solche Erwartungsstrukturen nicht vom *einzelnen,* sondern nur von der Gesellschaft als Ganzes geschaffen und intakt gehalten werden können. Der Einzelne findet solche Strukturen bloß vor und muß damit irgendwie umgehen.

Was hat das alles mit dem Sozialstaat zu tun? Nun, gescheiterte Ehen, speziell wenn Kinder davon betroffen sind, sind eine erstrangige Quelle von Armut, besonders von Kinderarmut. Sofern nicht einer der Ehepartner, in der Regel der Mann, wirtschaftlich stark genug ist, seine Ex-Familie weiter zu versorgen (welche Aussicht viele Männer freilich dazu bringt, eine Familie gar nicht erst zu gründen und durch Unterlassen das Ihre zum demographischen Niedergang beizutragen), bleibt den Betroffenen häufig keine andere Wahl, als den Sozialstaat in Anspruch zu nehmen. Wo die Freiheit des einzelnen oberstes Gebot ist, bleibt es dem Staat überlassen, die Scherben aufzusammeln.

Die Dialektik des Liberalismus besteht darin, daß sein individualistisch-emanzipatorischer Ansatz ihn zwingt zu ignorieren, daß die Möglichkeit von Freiheit auf sozialen Voraussetzungen beruht, die durch individuelles Handeln nicht geschaffen, durch massenhaftes individuelles Handeln aber zerstört werden können. Sie beruht auf der Existenz intakter solidaritätsstiftender Strukturen, d.h. von Strukturen, die die wechselseitigen Solidaritätserwartungen aufrechterhalten.

Im traditionellen Familien- und Volksbegriff sind solche Solidaritätserwartungen verdichtet. Ideologisch motivierte willkürliche Umdeutungen dieser Begriffe – »Volk« als bloß objektive Gesamtheit der Staatsbürger, »Familie ist, wo Kinder sind« – bedeuten zunächst nur einen Verlust an Erkenntnis. Werden auf der Basis solch inadäquater Neudefinitionen aber *Fakten geschaffen,* dann werden dadurch nicht nur die Begriffe zerstört, sondern auch das, wofür sie einmal standen. Wenn jeder nur frei ist, kann keiner sich auf den anderen verlassen.

Die Zerstörung sozialer Erwartungssicherheit durch die Anwendung einer Freiheitsideologie, die für die Notwendigkeit sozialer Bindungen und Einbindungen blind ist, also der Versuch, den Liberalismus als Utopie zu verwirklichen und eine Gesellschaft allein auf der Basis individueller Freiheit zu gründen, führt dann ganz von alleine die Probleme herbei, die nach autoritären, paternalistischen, etatistischen »Lösungen« rufen, also nach genau jener Sorte Lösungen, die den Liberalen aus guten Gründen am meisten verhaßt ist. Der Staat, der auf diesem Wege mehr und mehr zum Bevormundungs- und Polizeistaat wird, ist am Ende die letzte Klammer, die eine durch exzessive Freiheitsansprüche atomisierte und zerstörte Gesellschaft notdürftig zusammenhält.

6. Wie man Untertanen züchtet

Kehren wir für einen Moment noch einmal zum »Kampf gegen Rassismus und Fremdenfeindlichkeit« zurück, weil sich darin ein Muster zeigt, das uns im Folgenden noch des öfteren begegnen wird.

Aufklärerische Religionskritiker haben dem Christentum oft genug angekreidet, seine Erbsündenlehre sei ein Mittel, die Gläubigen im Zustand eines schlechten Gewissens zu halten, um aus ihrem Schuldbewußtsein machtpolitisch Kapital zu schlagen. Diese Kritik ist Unsinn, weil sie unterschlägt, daß die Kehrseite des pessimistischen Menschenbildes ein optimistisches Gottesbild ist: Gott als der Liebende, der den Menschen annimmt, wie er ist, auch und gerade in seiner Sündhaftigkeit. Das Christentum ermutigt den

Menschen, seiner eigenen Unvollkommenheit ins Auge zu sehen und sich selbst in dieser wesensmäßigen Unvollkommenheit und Sündhaftigkeit so anzunehmen, wie Gott es tut; also an sich zu arbeiten, ohne sich selbst zu verdammen oder an sich zu verzweifeln.

Wie falsch die aufklärerische Polemik gegen das Christentum gerade in *diesem* Punkt ist, demonstrieren nicht wenige dieser Religionskritiker selbst, indem sie das, was sie der Kirche vorwerfen, in verballhornter Form selbst praktizieren, und in dieser umgekehrten, pervertierten Form funktioniert die Züchtung von Untertanen durchaus: Wir haben gesehen, daß der Mensch von Natur aus einige Eigenschaften mitbringt, die es ihm ermöglichen, stabile Gemeinschaften zu bilden, unter anderem seine Neigung, sich dauerhaft zu Großgruppen zusammenzuschließen, auf »Etabliertenvorrechten« zu beharren, und die Interessen der eigenen Gruppe denen von Fremdgruppen vorzuziehen – also ungefähr das, was in der Sprache der Metaideologie »Rassismus und Fremdenfeindlichkeit« heißt.

Wir haben des weiteren gesehen, daß die Metaideologie die Existenz von so etwas wie einer Natur des Menschen rundweg abstreiten muß,[42] und daß sie den Menschen als sein eigenes Geschöpf betrachtet, der grundsätzlich die Eigenschaften hat, die er haben will – oder vielmehr: haben *soll*, damit er als Rohstoff für die »bessere Welt«, bestehend aus unendlich toleranten, pazifistischen, nichtnationalistischen, nichtrassistischen Gutmenschen, taugt. Das Denken von dieser Utopie her erzwingt ein Menschenbild, wonach jeder, der diese Eigenschaften *nicht* hat (also buchstäblich jeder Mensch, der sich selbst gegenüber ehrlich ist) erstens »böse« (weil kein Gutmensch) und daran zweitens *selbst schuld* ist.

Diese Ideologie wird mit massiver Propaganda in die Köpfe gepflanzt: Jungs sind »schuld« an ihrem aggressiven Verhalten, Mädchen sind »schuldig«, wenn sie mit Puppen spielen statt mit Autos, Deutsche sind »schuldig«, wenn Ausländer sich diskriminiert fühlen, Europäer und Amerikaner sind »schuldig«, weil sie reicher sind als andere Völker, Männer sind »schuldig«, wenn sie Abneigung gegen Homosexuelle empfinden, Christen sind »schuldig«, wenn sie den Islam ablehnen, Europäer sind »schuldig«, wenn sie ihren Augen trauen und einen Zusammenhang zwischen Gewaltkriminalität und bestimmten ethnisch-kulturellen Hintergründen sehen, Frauen sind »schuldig«, wenn sie von ihrem Mann Kinder bekommen statt gegen das Patriarchat zu kämpfen, Karriere zu machen und das Bett mit einer lesbischen Feministin zu teilen. Schuldig ist, wer seinen Augen und seinen Gefühlen traut.

Kurz: Jeder Mensch, der nicht dem utopistischen Menschenbild entspricht, im Prinzip also jeder, gehört zu den Bösen. Das lernt er in Kindergarten und Schule, er lernt es aus Zeitungen und Fernsehen, er lernt es in den »Diversity«-Kampagnen seines Arbeitgebers, den »Gender«-Studiengängen seiner Universität, aus Richtlinien der Europäischen Union und Resolutionen der UNO, er lernt es von Popstars wie von Sportlern, er hört es von Kirchenkanzeln und liest es auf Propagandaplakaten (die in Berlin schon fast so allgegenwärtig sind wie im Ostteil der Stadt vor 1989). Nicht einmal im Fußballstadion bleibt er davon verschont, und er wird nicht mehr frei ein Leben lang.

Nicht der alte Adam der christlichen Erbsündenlehre (der das Gute, das er von Zeit zu Zeit bewirkte, noch als moralischen Sieg über seine sündhafte Natur ansehen durfte) ist hier der Maßstab, sondern der utopische Neue Mensch. Ein wirklichkeitsloses Kunstwesen, das in Wahrheit nicht existieren kann, verkörpert »das Gute«, und weil niemand zu den »Bösen« gehören möchte, versichern alle sich selbst und einander, daß *sie* selbstverständlich zu den *Guten* gehören. Es fällt schwer, sich nicht an die Satire von Ephraim Kishon erinnert zu fühlen, in der der israelische Staat das Atmen besteuert, woraufhin alle Bürger dem Finanzamt versichern, keineswegs geatmet zu haben.

Sie haben einer Frau auf den Hintern geschaut? Sie sind schuldig, denn sie haben sie als Sexualobjekt behandelt! Ihnen wird beklommen, wenn sie in der U-Bahn einem halben Dutzend lautstarker Halbstarker »mit Migrationshintergrund« begegnen? Sie sind schuldig, denn Sie hegen Vorurteile! Sie halten den alkoholsüchtigen Hartz-IV-Empfänger von nebenan für faul? Schuldig! Sie wollen keine Armutsflüchtlinge aufnehmen? Schuldig! Sie haben sich nicht von Sarrazin distanziert? Schuldig! Sie haben das Wort »asozial« gebraucht? Schuldig! Sie haben »Studenten« gesagt statt »Studierende«? Schuldig! Sie haben vom »deutschen Volk« gesprochen statt von der »Bevölkerung«? Schuldig! Sie haben »Neger« gesagt? Schuldig!

Gerade die scheinbar aus dem Nichts auftauchenden Sprachregelungen sind tückisch. »Neger« zum Beispiel war bis vor ungefähr zwanzig Jahren eine *wertneutrale* Bezeichnung für Menschen schwarzer Hautfarbe, bis eines Tages (von wem eigentlich?) beschlossen wurde, es handele sich um eine rassistische Beleidigung, weswegen sich niemand mehr traut, das Wort in den Mund zu nehmen. Von »Studenten« (statt von »Studierenden« oder »Studentinnen und Studenten«) zu sprechen war normal, bis (wer?) beschloß, dadurch würden Frauen ausgegrenzt, und erste Anzeichen sind erkennbar, daß das Wort »Moslems« (statt »Muslime«) auf dem Index landet, auf dem das Wort »Mohammedaner« schon lange steht.

So wird das Leben zu einem Parcours durch einen immer dichter werdenden Wald von Stangen mit Geßlerhüten, die zu grüßen sind: Die Gebote der Political Correctness dürften inzwischen zahlreicher sein als die jüdischen Schabbatgebote (mal sehen, wie lange man noch »Sabbat« sagen darf) und sie erfüllen eine äquivalente Funktion, nämlich den Menschen zu zwingen, stets an seine religiösen Pflichten zu denken. (Nur daß sie, anders als die Schabbatgebote, nicht bloß samstags gelten, sondern an sieben Tagen die Woche rund um die Uhr.) Allerdings müssen immer *neue* Sprachregelungen her, da die alten ja irgendwann verinnerlicht sind und automatisch verwendet werden. Ihre Funktion als Stolperfallen, vor denen man sich in Acht nehmen muß, erfüllen diese Regelungen nur, solange sie vergleichsweise neu sind.

Freilich sind solche Regelungen, *wie* etwas gesagt werden darf, eher die skurrile Außenseite der neuen Sündentheologie. Viel entscheidender ist, *was* man sagen darf, ohne sich gesellschaftlich unmöglich zu machen. Charakteristisch für die Metaideologie und ihre Sündenlehre ist ja, daß sie nicht erst *Wertentscheidungen*, sondern bereits *Tatsachenbehauptungen* als »gut« bzw. »böse« klassifiziert.

Daß Intelligenz zu einem erheblichen Grade erblich ist, daß der Islam alles andere als eine Religion des Friedens ist; daß Männer und Frauen von Natur aus verschieden sind, daß die westlichen

Völker ihren Reichtum vor allem ihrer eigenen Kreativität und Intelligenz verdanken (und nur zu einem geringen Teil der Ausbeutung anderer); daß multiethnische Gesellschaften ethnische Konflikte hervorbringen; daß Normalfamilien stabiler sind als Patchwork-Familien und so weiter: Das sieht jeder, weiß jeder und denkt auch jeder (wenn er ehrlich ist). Und doch sind all diese Behauptungen als »böse« markiert. »Gut« ist nur das *Gegenteil* von all dem, also der blanke Unsinn.

Warum bricht ein Gedankensystem von derart surrealistischer Wirklichkeitsferne nicht unter der Last seiner eigenen Lächerlichkeit zusammen?

Zunächst entzieht die Verdrängung der Kategorie »Wahr/Unwahr« durch die Kategorie »Gut/Böse« jeder Argumentationsstrategie, die sich auf empirische Fakten stützt, die Grundlage. Die Argumente können vorgetragen werden, aber der durch Erziehung und Propaganda verinnerlichte Pawlowsche Reflex, solche Argumente als »böse« zu verdammen, verhindert, daß sie durchdringen. George Orwell hat es in *1984* so beschrieben:

»Die Betrachtungen, die zu einer skeptischen und auflehnenden Haltung führen könnten, werden im voraus durch seine schon früh erworbene innere Schulung abgetötet. Die erste und einfachste Schulung, die sogar kleinen Kindern beigebracht werden kann, heißt in der Neusprache Verbrechenstop. Verbrechenstop bedeutet die Fähigkeit, gleichsam instinktiv auf der Schwelle jedes gefährlichen Gedankens haltzumachen. Es schließt die Gabe ein, ähnliche Umschreibungen nicht zu verstehen, außerstande zu sein, logische Irrtümer zu erkennen, die einfachsten Argumente mißzuverstehen, wenn sie engsozfeindlich sind, und von jedem Gedankengang gelangweilt oder abgestoßen zu werden, der in eine ketzerische Richtung führen könnte.«[43]

Da *Fakten* keine Rolle spielen, die ideologisch begründete Wirklichkeitsbeschreibung also nicht unter Berufung auf Tatsachen angefochten werden kann, gibt es auch *keinen Maßstab* für individuelle Urteilsbildung. Menschen, die konditioniert wurden, *wahr/unwahr* mit *gut/böse* zu vermengen, sind buchstäblich unfähig, sich ihres eigenen Verstandes zu bedienen. Sie haben nicht einmal die

Chance, ein *eigenes* moralisches Wertesystem, also eine *eigene* Gut-Böse-Unterscheidung, zu entwickeln, die zu einer – vielleicht genauso falschen, in jedem Fall aber alternativen – eigenen Wirklichkeitsbeschreibung führen könnte.

Aus diesem Sachverhalt resultiert eine *kognitive Dissonanz:* Die beobachtbare Wirklichkeit läßt sich mit der Wirklichkeitsbeschreibung der Metaideologie nicht in Einklang bringen. Da diese Metaideologie aber durch moralische Aufladung tabu ist, und da das utopistische Menschenbild der Metaideologie auch die Selbstbeschreibung des Individuums prägt, die durch abweichende Informationen in Frage gestellt wird, ist der verwirrte Bürger auf die wechselnden provisorischen Erklärungsmuster angewiesen, die ihm von diversen »Autoritäten« – Medien, Politikern, Wissenschaftlern – angeboten werden. Er greift nach diesen Erklärungsmustern, hält sie gar für seine eigenen, weil ihm sonst die Welt entgleitet. Er ist etwa in der Situation eines verirrten Wanderers, dem eine (falsche) Landkarte angeboten wird. Selbst wenn ihm die Karte merkwürdig vorkommt, wird er seine Zweifel unterdrücken, weil die Karte ihm das trügerische Gefühl von »Sicherheit« vermittelt, das er verlieren würde, wenn er sich nüchtern klarmachte, daß sie eine ganz andere Gegend zeigt als die, in der er sich befindet. Die menschliche Psyche ist so konstruiert, daß ihr jedes Deutungsmuster, und wäre es absurd[44], lieber ist als keines. Der verwirrte Bürger wird zum Beispiel lieber glauben, daß ein Terroranschlag, bei dem der Täter »Allahu Akbar« ruft, nichts mit dem Islam zu tun habe (sondern mit Armut, psychischer Krankheit, Diskriminierung, speziellen lokalen Stammesbräuchen in der Wüste Sowieso oder welche ihrer Ad-hoc-Erklärungen die Medien im aktuellen Fall gerade heranziehen), als die als »böse« markierte Erklärung zu akzeptieren, daß der Islam womöglich ein Dschihadsystem sei.

Es liegt auf der Hand, daß solche Bürger politisch nahezu beliebig manipulierbar sind. Ideologieverwalter, die eine nonkonforme Meinung bekämpfen wollen, benötigen keine Argumente. Sie müssen die betreffende Meinung lediglich als »böse«, zum Beispiel als »rassistisch« etikettieren, um sicherzustellen, daß sie von der Mehrheit der Gesellschaft abgelehnt wird. Sie können sogar das oben beschriebene immanente Sinndefizit moderner Gesellschaften dadurch ein wenig ausgleichen, daß sie das »Böse« zur apokalyptischen Bedrohung und den Kampf dagegen, also den »Kampf gegen Rechts«, zum modernen Kreuzzug aufblasen.

Durch ihre immanente Irrationalität schafft sich diese Ideologie ein erstklassiges Kriterium zur Freund-Feind-Unterscheidung: Wer bestimmte Sprachregelungen nicht übernimmt, sich von bestimmten Personen nicht distanziert, auf Aufforderung nicht bestimmte Dogmen wiedergibt, zeigt dadurch seine Nicht-Unterwerfung an, ganz wie einer, der in früheren Zeiten den Hitlergruß verweigerte. Es kommt überhaupt nicht darauf an, ob er sich dabei vielleicht auf gute Argumente stützen kann: Er wird gar nicht erst die Chance bekommen, sie zu äußern. Wer »Neger« sagt, ist Rassist, und mit Rassisten diskutiert man nicht. (Entsprechendes gilt für jeden, der eine der oben genannten Behauptungen vertritt.)

Durch ihre Bezugnahme auf den Gut/Böse-Code schafft sich die Gesellschaft ein *Tal der Aussätzigen,* dessen hervorstechende Eigenschaft die ist, sich permanent zu vergrößern. Es genügt keineswegs, sich *selbst* an die verordnete Ideologie zu halten und die geforderten Loyalitätsrituale zu vollziehen; vielmehr gehört zu diesen Ritualen, sich von denen zu *distanzieren,* die als »böse« gebrandmarkt sind.

Seltsam, nicht wahr? Unter zivilisierten Menschen sollte es selbstverständlich sein, die Meinung eines Andersdenkenden mit Argumenten zu kritisieren, oder sie einfach dadurch zu kritisieren, daß man die *eigene* Meinung ausspricht, möglichst mit Argumenten untermauert. Dies impliziert dann bereits die Kritik an anderen Auffassungen. Und selbstredend ist es jedermanns gutes Recht, die Meinung des Anderen überhaupt nicht zu kommentieren und die eigene Meinung für sich zu behalten.

Der Distanzierungszwang beginnt bei der Distanzierung von Rechtsextremisten, aber er endet nicht dort:

Wer mit einem Aussätzigen, also zum Beispiel einem Rechtsextremisten, Kontakt hat (und sei dieser Kontakt rein platonischer Natur, indem er zum Beispiel eine Ansicht vertritt, die *auch* von Rechtsextremisten geteilt wird), gilt als infiziert, sofern er sich

nicht einer Desinfektionsprozedur in Gestalt wortreicher Distanzie-
rungen unterwirft. Wer dies unterläßt, sich also *nicht* distanziert,
wird *ebenfalls* ins Tal der Aussätzigen abgeschoben, gilt also ebenfalls als Rechtsextremist, was wiederum alle, die mit ihm Kontakt
haben oder hatten, zwingt, sich ihrerseits zu distanzieren.

Eine Gesellschaft, die die Existenz eines Tals der Aussätzigen
akzeptiert und die ideologische Apartheid zur Grundregel des öffentlichen Diskurses erhebt, setzt eine Kettenreaktion in Gang, aufgrund derer immer größere Teile des Meinungsspektrums im Nir-
wana des Unsagbaren verschwinden. Das *beginnt* mit Nazi-Positio-
nen, aber es endet nicht, solange nicht *alle* Positionen geächtet sind,
die mit der Metaideologie unvereinbar sind.

Je weiter sich das Tal der Aussätzigen in die Meinungs-
landschaft vorfrißt, desto länger werden seine Grenzen, und desto
größer wird die Anzahl derer, die im Einzugsbereich dieser Grenzen leben; die mithin unter dem Zwang stehen zu *beweisen*, daß sie
sich keinesfalls mit dem Aussatz infiziert haben, die sich also für
das, was sie denken, und wäre es noch so wahr, entschuldigen müssen. So entsteht ein Klima, in dem immer größere Teile des Volkes
verdächtig sind, während die, die den Verdacht aussprechen, dies
selbstredend *nicht* sind.

In einer *freien* Gesellschaft wäre es undenkbar, daß, um nur
ein Beispiel zu nennen, ein militant rechtsliberaler Blog wie *Poli-
tically Incorrect*[45] als »rechtsradikal« verunglimpft wird – eine solche Verdächtigung würde, ihrer offenkundigen Absurdität wegen,
den Denunzianten zur komischen Figur stempeln. In *unserer* Gesellschaft dagegen, in der die Existenz des Tals der Aussätzigen jeden Nonkonformisten mit der Deportation dorthin bedroht, muß
nicht der Verleumder sich rechtfertigen, sondern der Verleumdete.

Wer unter dem Zwang steht zu beweisen, daß seine Ansichten keineswegs mit denen des Aussätzigen X identisch sind, ist
nicht nur unfrei. Er wird sich, da Argumente ja ohnehin nicht zählen, seinerseits einen Y suchen, den er als aussatzverdächtig denunzieren kann, und er wird hoffen, daß bereits die Denunziation
ihm ein Alibi verschafft.[46] Es handelt sich um genau den Mechanismus, den etwa Stalin so virtuos zu handhaben wußte: Noch

die absurdeste Beschuldigung alter Kommunisten als »Konterrevolutionäre« wurde für wahr gehalten, weil niemand wagen konnte, sie anzuzweifeln – er wäre dann selbst als »Konterrevolutionär« verdächtigt worden, und wem dies zu widerfahren drohte, mußte sich das Vertrauen der Partei und vor allem der Geheimpolizei dadurch erkaufen, daß er wiederum einen dritten, vierten und fünften denunzierte.

Bei uns entsteht durch denselben Mechanismus eine Republik der Angst, eine Jakobinerherrschaft, in der freilich die soziale Ächtung die Guillotine ersetzt. Noch.

Die kognitive Dissonanz verschwindet damit freilich nicht. Der manipulierte Bürger befindet sich im Zustand des permanenten *doublethink*. Auf einer bestimmten Ebene seines Bewußtseins *weiß* er Dinge, die er auf einer anderen Ebene *nicht wahrhaben* darf. Er ist zum ständigen Kampf gegen seine eigene bessere Einsicht gezwungen, und dieser Kampf bringt zwangsläufig Menschen hervor, die leicht verschroben wirken: den Typ des Lehrers, der sich zwanzig Jahre lang bis zum körperlichen Zusammenbruch an irgendeiner Hauptschule mit 90prozentigem Ausländeranteil aufreibt, von einem seiner Schüler krankenhausreif geprügelt wird und noch einen besonderen Stolz auf die eigene Verblendung entwickelt, indem er es sich als moralisches Verdienst anrechnet, trotzdem nicht »xenophob« geworden zu sein (was auf Deutsch heißt: weiterhin für ungehemmte Masseneinwanderung und bereit zu sein, diese als »kulturelle Bereicherung« zu preisen).

Bisweilen bricht die Spannung in sich zusammen. Spätestens nach dem dritten Bier, wenn sie unter sich sind und glauben, daß keiner zuhört, schimpfen auch GEW-gestählte Gesamtschullehrer über die »Scheißkanaken, die nix raffen«, und im kleinen Kreis äußert eine grüne Spitzenpolitikerin, sie würde »am liebsten eine Atombombe auf Neukölln werfen«.[47]

Man sollte mit solchen Menschen und ihren seelischen Konflikten nicht allzuviel Mitleid haben. Solch »böse« Gedanken führen bei ihnen nämlich regelmäßig *nicht* dazu, daß sie ihre Ideologie hinterfragen, sondern dazu, daß sie sich ihrer besseren Einsicht schämen und ihre Ausbrüche von Wirklichkeitssinn bei nächster

Gelegenheit durch Bußrituale auf Kosten Dritter sühnen: Da wird dann vielleicht ein »rechter« Kollege geschnitten oder ein deutscher Schüler wegen »Rassismus« gemaßregelt. In jedem Fall wird man auch beim nächsten Mal wieder die Partei des »Guten«, also die Grünen, wählen. Das sind so die Kniffe, mit denen man sich selbst die Absolution für Sünden erteilt, die es als solche und in dieser Form in einer freien Gesellschaft gar nicht gäbe.

Der hysterische Fanatismus, mit dem der fremdgesteuerte Bürger »gegen Rechts« kämpft, ist psychologisch unschwer als Kampf gegen die eigene Anfechtung durch die Wirklichkeit zu dechiffrieren. Im »Rechten« – der schon längst kein Extremist mehr zu sein braucht[48] – bekämpft man das, was man im eigenen Innern fürchtet, weil es das anerzogene Selbstbild bedroht.

Eine *realitätsadäquate* Ideologie könnte all diese Immunisierungs- und Selbstverstärkungsmechanismen *nicht* auslösen. Es ist *gerade* das Irrationale, ja Verrückte, was es der Metaideologie erlaubt, nicht nur die Menschen fernzusteuern, sondern sie auch noch als besonders willige Vollstrecker einzuspannen.

Wir haben es mit der Selbstaufhebung der Aufklärung zu tun: Was einmal mit der Forderung begann, sich seines eigenen Verstandes ohne Anleitung eines Anderen zu bedienen, bringt zuerst das Ideal freier Selbstbestimmung des Menschen hervor, dann eine Utopie, die dieses Ideal zu verwirklichen verspricht, dann eine Reihe von Dogmen, die die Utopie legitimieren, und schließlich eine Gesellschaft, die über diese Dogmen gesteuert wird und in der die Menschen die Fähigkeit, sich des eigenen Verstandes zu bedienen, eingebüßt haben.

Man sollte freilich nicht übersehen, wie fragil dieser Mechanismus trotz allem ist: Er funktioniert, solange es genügend Menschen gibt, die die sie beunruhigende kognitive Dissonanz nach der Seite der Metaideologie hin zu harmonisieren versuchen. Grundsätzlich ist es aber ebenso möglich, ihr dadurch zu entgehen, daß man seinen Augen und seinen Gefühlen traut[49] – also etwas, was die meisten Menschen an sich vorziehen würden. Aus der Sicht der Verfechter der Metaideologie droht also stets die Gefahr massenhafter *Deprogrammierung.*

127

Sie bleibt nur so lange aus, wie erstens der Leidensdruck nicht größer ist als die Angst vor der Tabuüberschreitung und zweitens die gesellschaftliche Ächtung der Gegenposition aufrechterhalten werden kann. Der Leidensdruck wächst in dem Maße, wie die von der Metaideologie postulierte und durchgesetzte multikulturelle, globalisierte, durchgegenderte, deregulierte anarchische Gesellschaft Gestalt annimmt und sich erst die Ahnung, dann die Erkenntnis verbreitet, daß die so entstehende Welt keinerlei Ähnlichkeit mit der heilen Welt der Utopie hat, die man sich auf grünen Parteitagen ausmalt, und daß sie vor allem keine Welt ist, in der man leben möchte.

Die erwartbare, ja zwangsläufige Reaktion der Gegenseite wird sein, die Angst vor dem Tabubruch anzuheizen und die Ächtung nonkonformer Positionen zu verschärfen, die Einhaltung der Tabus also noch kleinlicher zu überwachen, den Raum für die freie Meinungsäußerung noch mehr zu verengen, den »Kampf gegen Rechts« noch schriller im Ton und noch skrupelloser in den Mitteln zu führen, als dies ohnehin schon der Fall ist. *Wie* dies geschieht – die Tendenz dahin ist jetzt schon deutlich erkennbar – wird eines der Themen von **Kapitel III** sein.

7. Dekonstruktivismus: Die Abschaffung der Wahrheit

Wenn es gilt, eine utopistische Ideologie unanfechtbar und ihre gesellschaftliche Vorherrschaft unangreifbar zu machen, dann ist die Unterordnung der Unterscheidung von »Wahr« und »Unwahr« unter die von »Gut« und »Böse« allerdings nur ein unzulängliches und provisorisches Hilfsmittel. Sie ist, wie wir gesehen haben, wirksam genug, den gesellschaftlichen Diskurs im gewünschten Sinne zu blockieren; in einer Gesellschaft, die *überhaupt* noch so etwas wie einen Wahrheitsbegriff[50] hat, muß sie sich aber camouflieren. In der Sarrazin-Debatte etwa mußten seine Gegner zwar tief in die Trickkiste der pseudowissenschaftlichen Manipulationen greifen, um seine Argumente als »unwahr« darzustellen, aber immerhin: *Diese* Mühe blieb ihnen *nicht* erspart. Sie konnten es sich also nicht leisten zuzugeben, daß es ihnen völlig gleichgültig war, ob Sarrazins Thesen richtig oder falsch waren.[51] Selbst in ihren Lügen mußten sie noch einem Wahrheitsbegriff Tribut zollen, der aus einer Zeit stammt, in der die utopistische Metaideologie noch nicht vorherrschend war, und dem die Gesellschaft nach wie vor wie selbstverständlich anhängt.

Was die Gesellschaft noch nicht weiß, ist, daß in ihren Ideologiefabriken nicht einfach Lüge produziert (das ahnen die meisten ohnehin), sondern daran gearbeitet wird, die Wahrheit selbst *als Begriff* abzuschaffen, zugleich mit einigen anderen Begriffen wie etwa »Volk« und »Geschlecht«.

Machen wir uns an einem konkreten, durchaus typischen Beispiel klar, was damit gemeint ist, und durchdenken wir die Implikationen: »... die Mehrheit so gründlich dekonstruieren, daß sie nie wieder die Mehrheit genannt werden kann.«[52] So umschreibt der norwegische Sozialanthropologe Thomas Hylland Eriksen eines der Hauptziele seiner Forschungen. Mit »Mehrheit« ist die ethnische Mehrheit gemeint, also die gebürtigen Norweger, der Logik nach auch die anderen westlichen Nationen.

Dieser Satz enthält a) ein bestimmtes Wahrheitsverständnis, b) eine bestimmte Gesellschaftsauffassung, c) ein politisches Programm. An dieser Stelle interessiert uns vor allem das Wahrheitsverständnis oder auch die Erkenntnistheorie hinter einer solchen Aussage. Ignorieren wir also fürs erste die Freudsche Fehlleistung, die in der Formulierung liegt, »die Mehrheit [zu] dekonstruieren« (und nicht etwa »den Begriff ›Mehrheit‹«), die Eriksens Absichten zur Kenntlichkeit entstellt, vor allem in Verbindung mit dem aggressiven Unterton, der aus den Formulierungen »nie wieder« und »so gründlich« spricht.

Gestehen wir Eriksen also zunächst zu, daß er den *Begriff* »Mehrheit« gemeint hat, denn nur Begriffe, nicht Tatsachen, kann man in einem wissenschaftlichen Sinne »dekonstruieren«. Das logische Komplement zur »Dekonstruktion« ist die »Konstruktion« (von Begriffen, Theorien und Weltbildern). Indem Eriksen von der »Dekonstruktion« spricht, bezieht er sich auf konstruktivistische Erkenntnistheorie.

Wogegen zunächst gar nichts zu sagen ist. Der Konstruktivismus geht davon aus, daß die Begriffe, in denen wir die Wirklichkeit beschreiben, und die mit Hilfe dieser Begriffe gebildeten Aussagen *im Kopf* entstehen; sie sind also nicht einfach Sachverhalte, die man in der äußeren Realität bloß vorfindet und dann benennt. Der menschliche Geist schafft nicht einfach eine Kopie dessen, was er über seine Sinnesorgane wahrnimmt, allein schon weil er viel mehr wahrnimmt, als er zu Aussagen formen kann. Er muß also eine Auswahl seiner Wahrnehmungen treffen, und er muß versuchen, diese ausgewählten Wahrnehmungen in eine sinnvolle Beziehung zueinander zu setzen. Wohl *versucht* er, die Welt begrifflich gleichsam *nach*zubauen – in jedem Fall aber ist *er* es, der baut (konstruiert), und das Ergebnis seiner Bautätigkeit ist *seine* Beschreibung der Welt: eine Beschreibung, die zwangsläufig weitaus weniger komplex ist als die Welt selbst.

Das heißt nun aber nicht, daß jede *beliebige* Aussage, jeder beliebige Begriff oder jede beliebige Theorie so richtig oder falsch wäre wie jede beliebige andere. Zwar sind alle Aussagen weniger komplex als die von ihnen beschriebene Wirklichkeit, und sind sie daher *alle* mehr oder weniger falsch. Aber sie sind eben genau dies: *mehr* oder *weniger* falsch!

Die Aussage etwa, Arsen sei giftig, ist zweifellos voraussetzungsreich: Sie enthält die Bezugnahme auf das System der chemischen Elemente (das seinerseits eine Konstruktion ist), sie enthält eine Vorstellung von »Gift«, und manchmal kann Arsen auch in Medikamenten Verwendung finden, was die Vorstellung von der »Giftigkeit« doch zumindest relativiert; schließlich kann es vielleicht Menschen geben, die aus irgendwelchen zufälligen genetischen Gründen Arsen gut vertragen – wissen wir's? – und für die Arsen dann kein Gift wäre.

Gemessen an der Vielzahl der denkbaren Aussagen über Arsen, unter Berücksichtigung der Komplexität der Welt und der Beschränktheit unseres Wahrnehmungsvermögens – wir sind nun einmal nicht allwissend – ist die Aussage, Arsen sei giftig, also nicht einfach schlechthin *richtig*. Trotzdem wird man nicht behaupten können, daß die Aussage, Arsen sei *ungiftig*, genausowenig richtig oder falsch sei wie die, daß es giftig sei. Sie ist offenkundig wesentlich *weniger* richtig, wesentlich *falscher*, und wer anderer Meinung ist, kann gerne die Probe aufs Exempel machen.

Wahrheit ist also ein relativer Begriff: Zwar ist jede Aussage ein notwendig *unvollkommener* Versuch, die Komplexität der Welt abzubilden: *Insofern*, also im Hinblick auf die *Welt*, ist jede Aussage mehr oder weniger falsch. Im Hinblick *aufeinander* aber lassen sich sehr wohl wahre von unwahren Aussagen unterscheiden, und unter diesem Gesichtspunkt ist die Aussage, daß Arsen giftig ist, *wahr*, und die gegenteilige Behauptung *unwahr*.

Wer sich also, wie Herr Eriksen, an die *Dekonstruktion* von Begriffen macht, kann dies sinnvollerweise nur dadurch tun, daß er seinerseits eine Konstruktion vorschlägt, die die Wirklichkeit möglicherweise präziser beschreibt als die bisherigen Konstruktionen. Ob nämlich die »Konstruktion«, die abzureißen man sich anschickt, ein Haus aus Stein oder ein bloßes Gedankengebäude ist: Wer es abreißt, sollte ein anderes, möglichst besseres, an seine Stelle setzen; sonst wird die *Dekonstruktion* zur *Destruktion*.

Wieder muß ich mich dafür entschuldigen, daß ich solche Binsenwahrheiten analytisch untermauere, statt einfach den gesunden Menschenverstand zu benutzen. Es handelt sich wieder einmal um *Ideologiekritik*, also um den Beweis, daß der Regen von oben nach unten fällt. Nötig ist dieser Beweis, weil sich speziell in den Geistes-, Sozial- und Kulturwissenschaften die Vorstellung breitgemacht hat, man brauche die Aussage, daß er von oben nach unten fällt, bloß zu »dekonstruieren« – und schon falle er von unten nach oben (oder in welche Richtung auch immer). Ideologisch mißliebige Sachverhalte hofft man dadurch aus der Welt zu schaffen, daß man die sie beschreibenden Begriffe dekonstruiert, weswegen ich diese Ideologie als *Dekonstruktivismus* bezeichne. Es handelt sich nicht etwa um eine Spielart des Konstruktivismus, sondern um dessen Verballhornung.

Um uns klarzumachen, welche Folgen es haben muß, wenn der Geisteshaushalt einer ganzen Gesellschaft von einer solchen Ideologie okkupiert wird, kehren wir noch einmal zum Begriff der Konstruktion zurück. Was leisten solche Konstruktionen denn? Zum einen – das haben wir gesehen – beschreiben sie mehr oder weniger unvollkommen die Wirklichkeit. Sie dienen also jedem einzelnen als Wegweiser und Leitplanken, die es ihm ermöglichen, sich in der Welt zurechtzufinden, die ihn aber bisweilen auch in die Irre führen können, nämlich dann, wenn es sich um *schlechte* Konstruktionen handelt. Fragen wir aber genauer: Wie ist die Welt denn beschaffen, in der der Einzelne sich zurechtzufinden versucht?

Sofern wir keine Einsiedler sind, besteht unsere Welt vor allem aus Menschen, zu denen wir – freiwillig oder unfreiwillig – in bestimmten Beziehungen stehen. Es gibt nicht den *einen* Menschen, der einer *Welt* gegenübersteht, sondern *viele* Menschen, die *füreinander die Welt sind.* Ob ein Begriff zur Beschreibung der Wirklichkeit taugt, hängt nicht nur davon ab, ob er in ihr ein strukturelles Äquivalent findet – also zum Beispiel, ob es einen Stoff gibt, dem man sinnvollerweise einen eigenen Namen geben sollte, zum Beispiel »Arsen« –, sondern auch davon, ob *andere* ihn zur Beschreibung der Wirklichkeit benutzen. Sie täten dies allerdings nicht, wenn es ein solches strukturelles Äquivalent nicht gäbe: Begriffe, die man nicht benötigt, benutzt man nicht.

So sind wir uns zweifellos darüber einig, daß das, was Sie soeben in der Hand halten, ein *Buch* ist. Selbstverständlich ist auch der Begriff »Buch« eine Konstruktion, und zwar eine, mit der wir einen bestimmten *Kommunikationsmodus,* also einen sozialen Sachverhalt, umschreiben. Die Vorstellung, den Begriff »Buch« zu dekonstruieren, kommt uns unwillkürlich absurd vor, wäre aber völlig konsistent mit der Logik des Dekonstruktivismus, für den alles, was »konstruiert« ist, auch dekonstruiert werden kann. Heute müßte ein solcher Versuch wohl noch scheitern, weil Bücher als höchst *handgreifliche Gegenstände* in der Welt sind und der Versuch ihrer Dekonstruktion nur die Absurdität des Dekonstruktivismus jedermann plastisch vor Augen führen müßte.

Wie aber steht es mit *abstrakten* Begriffen, wie mit Sachverhalten, die nur deshalb und nur so weit existieren, wie wir ihre Existenz voraussetzen, die aber keineswegs fiktiv sind, sondern unser Verhalten prägen, eben weil wir sie voraussetzen, und die das Funktionieren der Gesellschaft ermöglichen, eben weil sie unser Verhalten prägen?

Was meinen wir zum Beispiel, wenn wir vom »norwegischen Volk« sprechen? Eine wichtige Frage, da Eriksen dieses Volk, »die Mehrheit«, ja zu »dekonstruieren« gedenkt. Ebenso, wie man Norweger – oder Moslems oder Asiaten – zu einer Gruppe zusammenfassen kann, so in etwa sein Gedankengang, könnte man auch alle Küstenbewohner, alle Einwohner von Trondheim oder alle Kegelbrüder zu Gruppen zusammenfassen. Die »norwegische Nation« ist in einem solchen Weltbild nicht mehr als ein konstruierter Begriff, den man willkürlich durch andere Konstruktionen ersetzen könnte.

Zwei grundlegende Denkfehler – oder auch ideologisch motivierte Manipulationen – liegen dem Irrtum – oder auch der Lüge – zugrunde, Nationen seien »erfundene« Wirklichkeiten:

Erstens die Verwechslung einer *Gruppe* mit den *Personen,* aus denen sie besteht. Ein Denkfehler ist dies dann, wenn die Gruppe sich als solche dadurch auszeichnet, daß ihre Mitglieder an die Zugehörigkeit zur Gruppe wechselseitige Erwartungen, insbesondere Solidaritätserwartungen knüpfen: Eine solche Gruppe ist nicht nur *mehr,* sondern etwas qualitativ *anderes* als die Summe ihrer Mitglieder.

Zweitens der Fehlschluß aus der zutreffenden Prämisse, Nationen seien gedachte Einheiten, auf die falsche Konsequenz, deswegen seien sie bloße Illusionen.

Ich habe dargelegt und begründet[53], daß und warum menschliche Gesellschaft auf der Existenz einander ausschließender Solidargemeinschaften beruht. Das müssen nicht Nationen im modernen Sinne sein – Stämme oder Clans tun es notfalls auch, und selbst Religionsgemeinschaften können solche Gemeinschaften bilden, wie zum Beispiel der Islam uns täglich aufs neue beweist.

Diesen Sachverhalt kann man freilich nicht wahrnehmen, wenn man wie Eriksen auf die Frage »Sie sagten einmal, sie wollten erforschen, was die menschliche Gesellschaft zusammenhält?« antwortet »Ja, ich habe oft gesagt, daß wir uns in Hunderten von Jahren (jedenfalls in der Sozialanthropologie) auf Unterschiede konzentriert haben und die Fähigkeit verloren haben, über Ähnlichkeiten zu sprechen und darüber, was den Menschen gemeinsam ist.«

Wer so argumentiert, sieht in der Existenz von Solidargemeinschaften nicht etwa die Grundlage menschlichen Zusammenlebens, sondern ein zu überwindendes Problem, weil dadurch »Unterschiede« erzeugt werden.

Solidargemeinschaften sind aus dieser Sicht zu zerstören, aber nicht etwa deshalb, weil der Professor eine überlegene Theorie darüber hätte, »was die menschliche Gesellschaft zusammenhält« – seine Antwort, die auf die Theorie hinausläuft, je weniger Unterschiede benannt würden, desto besser halte die Gesellschaft zusammen, ist symptomatisch für die Plattheit seiner Überlegungen –, und auch nicht, weil er wenigstens imstande wäre zu *widerlegen*, daß es zwischen Gesellschaft und Solidarität, zwischen Solidarität nach innen und Abgrenzung nach außen einen notwendigen Zusammenhang gibt, den man nicht zerstören kann, ohne die Fundamente menschlichen Zusammenlebens zu untergraben. Sondern einfach, weil nicht sein kann, was nicht sein darf.

Man kann aber solche Gemeinschaften *nicht willkürlich gründen* – man kann sie höchstens willkürlich zerstören – weil sie *zirkulär* strukturiert sind: Ich verhalte mich solidarisch, *weil* ich erwarte, daß die meisten anderen Gruppenmitglieder es auch tun, bestärke mit diesem Verhalten aber zugleich dieselbe Erwartung bei allen *anderen*. Das heißt, ich verhalte mich solidarisch, *weil* ich die Existenz einer Solidargemeinschaft unterstelle – in politischen Zusammenhängen also die einer Nation –, und die Solidargemeinschaft existiert, weil und insofern ihre Mitglieder sich solidarisch verhalten.

Die Nation (wie jede andere Gruppe) verwandelt sich in dem Moment von einer Fiktion in eine Realität, wo die allgemein geteilte Unterstellung ihrer Existenz soziale Handlungen motiviert und strukturiert: Handlungen, die sich der wissenschaftlichen Erklärung entziehen würden, wenn man die ihnen zugrundeliegende Idee der Nation als bloße »Konstruktion« behandelt (sofern mit »Konstruktion« gemeint sein soll, daß es zu ihr kein empirisches Äquivalent gebe).

In welchem Verhältnis auch immer »Konstruktionen« zur Realität stehen mögen: Realität ist jedenfalls, daß es sich um Wirklichkeitsbeschreibungen handelt, an denen Menschen ihre Weltwahrnehmung und ihre Handlungen tatsächlich ausrichten. Sofern es sich dabei nicht um versprengte Einzelne handelt, sondern große Massen von Menschen, ja ganze Gesellschaften sich an *denselben* Wirklichkeitsbeschreibungen orientieren, gewinnt die »Konstruktion« den Charakter eines objektiven sozialen Sachverhalts, also einer Realität, die es sozialwissenschaftlich zu erklären gilt. Wer diese Realitäten, statt sie zu erklären, im Wege der »Dekonstruktion« zum Verschwinden bringen will, betreibt keine empirische Wissenschaft, sondern verfolgt ein politisches Programm, das auf nicht weniger abzielt als darauf, die Gesellschaft zur Übernahme einer bestimmten Ideologie zu nötigen, die allem ins Gesicht schlägt, was der Normalbürger für wahr hält. Man nennt dergleichen auch Gehirnwäsche.

Mehr noch: Es sollte auf der Hand liegen, daß man die zirkulären Wechselwirkungen, auf denen Solidargemeinschaften basieren, nicht willkürlich erzeugen kann, jedenfalls nicht im gesellschaftlichen Maßstab, weil ein solches Unterfangen dem Versuch gliche, sich an den eigenen Haaren aus dem Wasser zu ziehen. Wenn man eine existierende Solidargemeinschaft allerdings »dekonstruiert«, d. h. zur Illusion erklärt, dann kann man sie damit zerstören, und genau dies ist erkennbar auch der Sinn solcher Dekonstruktionen.

Zerstört wird damit eine Struktur, auf deren Existenz die menschliche Gesellschaft angewiesen ist. Die mutwillige *Dekonstruktion* von Begriffen führt hier zur *Destruktion* dessen, wofür sie stehen, und zur *Destrukturierung* – die Begriffe sind nicht zufällig miteinander verwandt – der Gesellschaft, letztlich zu ihrer Dezivilisierung, und dies gestützt auf den Dekonstruktivismus, d. h. auf ein durchschaubar albernes »Wünsch'-Dir-was«:

Wir haben es hier mit der notwendigen Konsequenz aus utopistischem Denken zu tun. Wir hatten oben bereits festgestellt,[54] daß utopische Ideologien ganz von alleine einen Wahrheitsbegriff hervorbringen, der sich nicht an der empirischen Wirklichkeit orientiert, sondern der Utopie selbst den Rang einer axiomatischen Wahrheit zuweist, an der sich alle Aussagen über die Wirklichkeit messen lassen müssen, die also zur systematischen Ausblendung, Verzerrung und Verdrehung von Sachverhalten führen muß, deren Anerkennung sonst die ideologische Basis der Utopie in Frage stellen müßte. Wir hatten festgestellt, daß die empirische Wirklichkeit, sofern sie der Verwirklichung der Utopie im Wege steht, lediglich als zu zerstörendes Hindernis wahrgenommen werden kann.

Unter solchen Voraussetzungen wird die Frage nach Wahrheit im empirischen Sinne irrelevant. Es spricht dann auch nichts dagegen, Wirklichkeitsbeschreibungen zu konstruieren, von denen man weiß, daß ihnen kein empirisches Äquivalent entspricht, die also im empirischen Sinne unwahr sind, und andere zu *de*konstruieren, von denen man weiß, daß sie wahr sind – sofern es sich um unerwünschte Wahrheiten handelt, die man aus der Welt schaffen möchte. Der Dekonstruktivismus ist die ideologische Selbstermächtigung zur Lüge.

»Der berühmte Satz von Marx, wonach es nicht darauf ankomme, die Welt philosophisch zu interpretieren, sondern darauf, sie zu verändern, bedeutet, daß die einzig relevante Wahrheit die ist, deren Verwirklichung noch aussteht, und die sich erst durch ihre Verwirklichung als Wahrheit ausweisen kann und wird. Knapper und prosaischer formuliert: Nicht Recht zu haben, sondern Recht zu behalten, darauf kommt es der Linken an!

Wer so denkt, wer also glaubt, daß man die Wahrheit der eigenen Ideologie dadurch ›beweisen‹ könne, daß man eine Utopie verwirklicht, für den ist die Bekämpfung politischer Gegner, die die Verwirklichung dieser Utopie hemmen, Teil einer quasiphilosophischen Beweisführung; für den gibt es keinen prinzipiellen Unterschied zwischen Diskurs und Krieg, und für den sind Kugeln Argumente.«[55]

Weiterhin sind für ihn auch Lügen Argumente, die er selbst in »wissenschaftlichen« Zusammenhängen bedenkenlos einsetzen wird, da diese Lügen Mittel einer Gesellschaftsveränderung sind, die ihrerseits diese Lügen am Ende – seinem Glauben zufolge – in Wahrheiten verwandeln wird.

Da diese »Wahrheiten«, die utopischer Ideologie zugrunde liegen, nie bewiesen werden können, weil der »Beweis« zu jedem gegebenen Zeitpunkt naturgemäß in der *Zukunft* liegt, sind sie in gewisser Hinsicht so transzendent wie die Wahrheiten des Christentums, die sich ebenfalls der empirischen Beweisbarkeit entziehen. Der entscheidende Unterschied zwischen der Transzendenz des Christentums und der des Utopismus und der Grund, warum man letztere eine *perverse Transzendenz* nennen darf, ist, daß das Christentum jeden Versuch, die Erlösung im Diesseits herbeizuführen und das Reich Gottes mit politischen Mitteln auf Erden zu errichten, von seinen Glaubensgrundlagen her als vergeblich und sogar als satanisch zurückweisen muß, während der Utopismus genau diesen Versuch *erzwingt*.

Während es vom Christentum her unsinnig wäre, dessen transzendente Wahrheit gegen die Empirie auszuspielen, muß der Utopismus (der sich im Dekonstruktivismus die ihm gemäße »Erkenntnistheorie« zugelegt hat) die Wirklichkeit leugnen, um das, was er in ihr vorfindet, zu zerstören.

Wenn die Verfechter dieser Art von »Wissenschaft« mit dem Gestus überlegener Einsicht auftreten, wenn sie das Weltbild des Normalbürgers, der altmodischerweise an solche Dinge wie die Existenz von Nationen glaubt, vom hohen Roß herab »dekonstruieren«, dann handeln sie mitnichten als Wissenschaftler. Sie handeln als Hohepriester einer perversen Religion, die die Lüge zur Ideologie und zum System erhoben hat.

Leider gibt es gar nicht so wenige Menschen, die akademisch hinreichend vorbelastet sind, mit solchen Wortungetümen wie »Wirklichkeitskonstruktion« zu jonglieren, dann aber doch nicht *so* bewandert, zu durchschauen, daß die Schlußfolgerungen, die daraus abgeleitet werden – z. B.: »Nation« ist eine Konstruktion, also existiert sie nicht – Produkte eines Kartells von Ideologen sind, die sich gegenseitig ein Weltbild bestätigen, in dem die Wirklichkeit nicht vorkommt, es sei denn als Objekt der Manipulation und Destruktion.

Das politische Programm, das dabei verfolgt wird, nämlich die Abschaffung der europäischen Nationen, tritt keineswegs als solches in Erscheinung, es müßte sich sonst ja demokratischen Verfahren unterziehen. Es kleidet sich in ein scheinbar wissenschaftliches Gewand und seine Verfechter spekulieren auf die Naivität einer Gesellschaft, deren Vertrauen in die Wissenschaft identisch ist mit dem Vertrauen in das Funktionieren eines Systems, das nach ganz bestimmten Regeln zu funktionieren scheint, die darauf ausgerichtet sind, (vorläufig) wahre Aussagen hervorzubringen, indem sie unwahre systematisch eliminieren.

Dabei verschweigen die Multikulturalisten dem Publikum, daß sie diese Regeln klammheimlich durch andere ersetzt haben. Sie nehmen die Autorität einer Wissenschaft in Anspruch, die sie längst zerstört, oder, um es in ihren Worten zu sagen, »dekonstruiert« haben.

Wir müssen uns mit dem Gedanken vertraut machen, daß ein erheblicher Teil der sogenannten Wissenschaftseliten sich aus Leuten rekrutiert, die keine Skrupel haben, gestützt auf nicht mehr als eine Utopie – Eriksen rühmt sich seiner »Visionen« – den Fortbestand der Zivilisation aufs Spiel zu setzen und ungebetenerweise Millionen von Menschen als Versuchskaninchen zu mißbrauchen. Man braucht wahrhaftig kein Prophet zu sein, um vorherzusehen, daß dieser Versuch, eine »bessere Welt« zu schaffen, genauso enden wird wie alle vorherigen.

8. Fazit

Liberale wie marxistische Ideologie basieren auf einer gemeinsamen Metaideologie, deren hervorstechendes Kennzeichen das Denken von der Utopie her ist, und wir sind in verschiedenen Zusammenhängen auf das Phänomen gestoßen, daß die Verfolgung dieser utopischen Ziele mit staunenerregender Zwangsläufigkeit zu Ergebnissen führt, die sich von den beabsichtigten nicht nur unterscheiden, sondern deren Gegenteil darstellen:

Der Gedanke des mündigen Individuums führt als Basis einer Utopie dazu, eine Gesellschaft von manipulierbaren Untertanen hervorzubringen.

Die Idee der Freiheit des Einzelnen, auf die Spitze getrieben, führt zu sozialen Verwerfungen, die nur durch autoritäre, schließlich totalitäre Repression unter Kontrolle gehalten werden können.

Der Gedanke der Toleranz bringt diktatorische Intoleranz gegenüber Interessen hervor, in denen sich der Selbsterhaltungswille der Gesellschaft artikuliert.

Die Aufklärung, die zu besserer Erkenntnis der Wirklichkeit beizutragen beansprucht, bringt Utopien hervor, deren Verfechter zur Wirklichkeit in demselben Verhältnis stehen wie eine Armee zum besetzten Feindesland.

Die Vielfalt der Kulturen, zur utopischen Norm erhoben, führt zum Verschwinden eben dieser Vielfalt.

Die antirassistische Ideologie wird bemüht, um eine von ethnischen bzw. rassischen Spannungen durchzogene Gesellschaft zu schaffen, erweist sich also nachgerade als Mittel zur Züchtung von Rassismus.

Nichts an den zugrunde liegenden Ideen ist falsch. Es handelt sich aber um *Teilwahrheiten,* die man dadurch, daß man sie absolut setzt und auf die Spitze treibt, ad absurdum führt. Sie verkehren sich in ihr Gegenteil, wenn sie in Ideologien integriert werden, die utopistisch sind und nicht vom wirklichen Menschen und den grundlegenden Bedingungen seiner Existenz ausgehen. Freiheit, individuelle wie kollektive (demokratische) Selbstbestimmung kann es nur dort und nur soweit geben, wie es eine sie ermöglichende Ordnung gibt; damit ist *auch,* aber keineswegs *nur* die Rechtsordnung gemeint, sondern eine hochkomplexe Struktur einander bestätigender und stützender wechselseitiger Erwartungen kultureller, politischer, ethischer und religiöser Natur. Es versteht sich von selbst, daß diese Struktur in sich dynamisch, also entwicklungsoffen und flexibel ist; daraus folgt aber keineswegs, daß man aufgrund politischer Entscheidung jeden beliebigen Weg X einschlagen oder jedes beliebige Ziel Y erreichen könne, ohne mit unbeabsichtigten Rückwirkungen konfrontiert zu werden – mit Rückwirkungen, die sich um so sicherer und um so katastrophaler einstellen, je weniger die Komplexität der Strukturen erkannt wird, in die man eingreift, und das heißt: je mehr man sich an der Utopie orientiert und deswegen ideologisch bedingt blind für das ist, was diese Strukturen leisten.

Der letzte Grund für das Scheitern von liberalen wie marxistischen Ideologien ist, daß sie in sich *unwahr* sind, insofern sie nicht einmal den *Anspruch* erheben, Wirklichkeit, das heißt Wahrheit im empirischen Sinne zu beschreiben, sondern eine wirklichkeitslose Kopfgeburt, ein U-topia, zu deutsch: ein Nirgendwo, zum Maßstab der Wahrheit machen, und von ihren Prämissen her auch machen *müssen.* Daß gerade solche Ideologien eine »Erkenntnistheorie« hervorbringen, wonach Wahrheit etwas sei, was man sich aussuchen und sogar ausdenken könne, liegt in der Natur der Sache. Der Dekonstruktivismus enthält in sich die ganze Absurdität der herrschenden Metaideologie, auf ihre logische Spitze getrieben.

Wo die Utopie regiert, herrscht das Prinzip, daß nicht sein kann, was nicht sein darf: Der Mensch *muß* so sein, wie die Utopie postuliert, und wenn er das empirisch nun einmal nicht ist, muß er umerzogen werden; man darf ihm nicht erlauben, so zu leben, wie er es für richtig hält. Man beginnt mit der Forderung nach einer Gesellschaft ohne Unterdrückung, denkt sich eine solche Gesellschaft aus, fordert den Menschen auf, nicht so zu sein, wie er ist, sondern so, daß er zu dieser Gesellschaft paßt – und wenn er sich weigert, dies zu sein, unterdrückt man ihn.

Von einem utopistischen Standpunkt sind die Strukturen, die die Gesellschaft ausmachen und aufrechterhalten, und ihr Beitrag zur Aufrechterhaltung der Voraussetzungen von Freiheit schlechterdings nicht wahrnehmbar. Die Utopie mißt das, was sie vorfindet, stets an sich selbst und ihren Verheißungen: Jegliche Struktur, die mit Machtungleichgewichten verbunden ist (und das heißt faktisch: jegliche Struktur überhaupt) ist von ihrem Standpunkt als repressiv, ungerecht, diskriminierend usw. zu verwerfen, und die Beseitigung der einen Struktur macht unweigerlich die nächste zum Angriffsziel. Die innere Dynamik utopischen Denkens macht es unmöglich, sich mit etwas Erreichtem zufriedenzugeben und führt zu einem unaufhörlichen Prozeß der Zerstörung der Voraussetzungen nicht nur von Frieden und Sicherheit, sondern damit auch von Emanzipation. Emanzipatorische und egalitäre Ideologie, die sich mit der Utopie verbrüdert, führt sich selbst ad absurdum. Dabei ist es nicht per se verwerflich, mehr individuelle Freiheit oder mehr soziale Gleichheit zu fordern, sofern man sich der Beschränkungen bewußt ist, die sich abstrakt aus der Natur des Menschen, konkret aus der jeweils gegebenen Ordnung und ihren Voraussetzungen ergeben. Gerade dieses Bewußtsein wird aber durch utopistische Ideologie zerstört.

Es wäre also ein Mißverständnis, aus der hier entwickelten Kritik an linker und liberaler Ideologie den Schluß zu ziehen, ich wollte den ihnen zugrundeliegenden Ideen pauschal die Legitimität absprechen: In jeder Gesellschaft ergibt sich von Zeit zu Zeit die Notwendigkeit, überholte und dysfunktional gewordene Strukturen zu verändern und an neue Bedingungen anzupassen, und daher sollten politische Kräfte existieren, die darauf spezialisiert sind, die sprichwörtlichen alten Zöpfe abzuschneiden. Man sollte sich nur darüber im klaren sein, daß für diese politischen Kräfte alles, was man abschneiden kann, von vornherein wie ein alter Zopf aussieht. Eine Gesellschaft, in der die (utopistische) Metaideologie die Szene beherrscht, ohne von konkurrierenden nichtutopischen Ideologien und deren Anhängern in die Schranken gewiesen zu werden, wird mit Notwendigkeit am Ende nicht nur an den Zielen der Utopie scheitern, sondern sogar die bereits erreichten emanzipatorischen Errungenschaften wieder verlieren.

Wir hatten zu Beginn dieses Buches zwei Kriterien für eine objektiv schlechte Ideologie definiert: das Scheitern an den eigenen Ansprüchen (nicht im Sinne ihrer bloß unvollkommenen Einlösung, sondern der Verwirklichung des Gegenteils) und den Untergang der sie beherzigenden Gesellschaft. Die herrschende Metaideologie erfüllt beide Kriterien.

III. Mechanismen und Akteure
der Destruktion

Dieses Buch ist so aufgebaut, daß es vom Abstrakten zum Konkreten führt: In **Kapitel I** hatten wir noch ganz allgemein über die Aporien der Aufklärung an sich gesprochen und über ihre Tendenz, die
Grundlagen der Zivilisation zu untergraben. In **Kapitel II** haben wir
gesehen, wie die Postulate der Aufklärung sich in politischen Ideologien konkretisiert haben, die das ihr innewohnende Destrukti-
onspotential entfesseln, zumal unter den Bedingungen ihres gesellschaftlichen Monopols: wenn sie alle gegenaufklärerischen Ideologien aus dem Feld schlagen. Dabei ging es vor allem darum, die innere Folgerichtigkeit nachzuzeichnen, mit der die herrschende Metaideologie nach dem Motto »Wer A sagt, muß auch B sagen« zu immer absurderen und immer destruktiveren Konsequenzen vorstößt.

Wir haben gesehen, daß eine Ideologie, zumindest sofern sie
nicht nur auf geduldigen Papier steht, sondern in einer sozialen
oder politischen Bewegung objektiviert ist, einer bestimmten inneren Logik folgt und dabei ein gewisses Eigenleben annimmt: Man
kann sie fast wie ein lebendes Wesen behandeln und bereits damit
ziemlich viel erklären.

Was man damit allerdings nicht, jedenfalls nicht hinreichend,
erklärt, ist die gesellschaftliche *Dominanz* der Metaideologie. Daß
eine Ideologie leidenschaftliche Anhänger hat, ist eine Sache; daß
diese Anhänger in der Politik und in den Zentren der gesellschaftlichen Ideologieproduktion nahezu ausschließlich das Sagen haben,

ist eine ganz andere – zumal es sich um eine Ideologie handelt, deren Prämissen, wie wir gesehen haben,[56] von den meisten Menschen unwillkürlich abgelehnt werden, die also die Wahrscheinlichkeit, Menschen zu überzeugen, *gegen* sich hat.

Auch wenn wir alles bedenken und gelten lassen, was ich oben über das *Sinndefizit*[57] und die *Dummheit der Intelligenz*[58] geschrieben habe: Ein solcher Zustand wäre letztlich dennoch undenkbar, wenn nicht wohletablierte, mächtige Akteure ein *Interesse* daran hätten, daß es so ist – denn es wäre wohl doch zu blauäugig, auch in diesen Akteuren lediglich irregeleitete Idealisten zu vermuten. Wer sind diese Akteure, und warum korrespondieren ihre Interessen mit der Metaideologie? In welchen Zustand gerät eine Gesellschaft, die der Metaideologie folgt, und wer zieht daraus Nutzen?

Ich vermute, daß nicht jeder Leser daran interessiert ist, jeden Zeitungsartikel, jedes Parteiprogramm und jede Politikerphrase einer ideologiekritischen Analyse zu unterziehen – was er tun müßte, um aus der bisher vorgetragenen Ideologiekritik politische Konsequenzen zu ziehen. Gibt es nicht Kriterien, anhand derer man den ideologischen Kern politischer Projekte und Parolen gleichsam schon auf den ersten Blick erkennen kann?

Ich glaube in der Tat, daß es ein solches Kriterium gibt: Alle Prozesse, die aufgrund der Metaideologie vorangetrieben werden, zeichnen sich nämlich durch ein Moment von *Entdifferenzierung* und *Entstrukturierung* der Gesellschaft aus. Wenn wir sie unter diesem Gesichtspunkt analysieren, werden wir nicht nur Muster erkennen, die uns in Zukunft erlauben werden, ideologisch und machtpolitisch motivierte Destruktion als solche zu erkennen; wir werden auch einiges über die Mechanismen lernen, mit denen diese Destruktionsprozesse vorangetrieben werden, über die Art von Gesellschaft, in die sie münden werden, und darüber, wer von einer solchen Transformation profitiert. Spätestens an diesem Punkt ist Ideologieanalyse untrennbar von Machtanalyse.

1. Entdifferenzierung und Entstrukturierung

Die Begriffe »Entdifferenzierung« und »Entstrukturierung« sind nun schon mehrfach gefallen, und was damit jeweils gemeint war, ergab sich aus dem Zusammenhang. Es wird nun zu zeigen sein, daß Prozesse der Entdifferenzierung und Entstrukturierung den Kern dessen bilden, was hier als Liquidierung der Zivilisation beschrieben wird, und zwar als Prozesse, Strategien, Ziele und Mittel. Ihrer zentralen Bedeutung wegen seien diese Begriffe nun kurz erläutert, und da es sich um Negationen handelt, müssen wir zunächst die komplementären Positivbegriffe in den Blick nehmen:

1.1 Struktur und Differenz

Die einfachste Form gesellschaftlich relevanter Differenzierung ist die Arbeitsteilung. Sie ist nicht erst von Menschen, sondern bereits von der Natur erfunden worden und tritt dort in vielerlei Formen auf: Bei den meisten Spezies erfüllen Männchen und Weibchen unterschiedliche Funktionen in Nahrungsbeschaffung und Brutpflege, staatenbildende Insekten, Bienen etwa, kennen Arbeitsteilung als Zusammenwirken von Königinnen, Arbeiterinnen und Drohnen, auch Angehörige unterschiedlicher Tierarten haben im Lauf der Evolution so etwas wie arbeitsteiliges Verhalten gelernt.

Der Mensch schließlich übernimmt nicht nur die überkommene naturwüchsige Arbeitsteilung, sondern erfindet ganz neue Techniken der Reproduktion und mit ihnen neue Formen der Arbeitsteilung. Erst dadurch wird der zunächst schleichende, dann langsame, sich immer mehr beschleunigende und schließlich galoppierende Zuwachs an gesellschaftlicher Komplexität möglich.

War in den frühen Phasen der Kultur die Anzahl der unterschiedlichen gesellschaftlichen Funktionen – Ackerbauer, Viehzüchter, Jäger, Fischer, Handwerker, Krieger etc. – noch überschaubar, und war es selbst im 18. Jahrhundert immerhin den Gebildeten

noch möglich, das gesamte relevante Wissen ihrer Zeit zu beherr-
schen, so ist die Arbeitsteilung heute in Extreme getrieben worden,
die unseren Vorfahren aberwitzig erschienen wären. War Arbeitsteilung früher lediglich ökonomisch vorteilhaft, so ist sie heute für
das Funktionieren der technischen Zivilisation unentbehrlich.

In einer arbeitsteiligen Gesellschaft stehen die Träger der einzelnen Funktionen in sozialen Beziehungen zueinander, genauer:
in Erwartungsbeziehungen. Jeder erbringt seine Leistung in der Erwartung, daß ein anderer daran anknüpft. Diese wechselseitigen
Erwartungen konstituieren die *Struktur* des Systems. Struktur setzt
Differenz voraus; Entdifferenzierung und Entstrukturierung sind
insofern nicht einfach dasselbe, sie sind aber zwei Seiten derselben Medaille.

Solche Strukturen sind relativ abstrakt, das heißt sie sind weitgehend unabhängig davon, wer die konkreten Personen sind, die
die einzelnen Funktionen wahrnehmen. Eine Flugzeugfabrik benötigt eine Konstruktionsabteilung, aber normalerweise nicht unbedingt speziell den Ingenieur X, sondern Ingenieure eines ganz bestimmten Qualifikationsprofils[59], an die man deswegen bestimmte
Erwartungen richten kann. Ein solches Bündel von Erwartungen
nennt man in der Soziologie eine Rolle.

Nun gibt es oberhalb solcher Organisationssysteme, also etwa
Unternehmen, Parteien, Verwaltungen und so weiter, deren Grenzen
durch Mitgliedschaftsrollen definiert werden, in einer modernen Gesellschaft funktional ausdifferenzierte Teilsysteme, die jeweils ein
Monopol auf die Erfüllung gesellschaftlich notwendiger Funktionen
haben: Die Wirtschaft etwa ist für die Allokation von Gütern zuständig, die Politik für das Fällen gesellschaftlich verbindlicher Entscheidungen, die Wissenschaft für die Bereitstellung von Wahrheiten[60], das Recht für die Generalisierung von Verhaltenserwartungen.

Ihre Leistungsfähigkeit erlangen diese Systeme durch ihre Bezugnahme auf jeweils eine sogenannte Leitunterscheidung: Das
Recht unterscheidet nach dem Kriterium legal/illegal, die Wirtschaft nach rentabel/unrentabel, die Politik nach Freund/Feind,
die Wissenschaft nach wahr/unwahr.[61] Dies heißt umgekehrt, daß
sie ihre Funktion nicht oder nur unzureichend erfüllen können,

wenn ihre Autonomie durch Bezugnahme auf systemfremde Leit-unterscheidungen kompromittiert wird:

So haben wir zum Beispiel gesehen, daß es nahezu unmöglich wird, zu wahren Aussagen zu gelangen, wenn das wissenschaftsde-finierende Begriffspaar wahr/unwahr durch das moralische Krite-rium gut/böse überlagert wird, und daß eine Wissenschaft, die den Wahrheitsbegriff schlechthin aufgibt, ihre Autonomie verliert und zur Ideologieproduzentin verkommt.

Würden Gerichtsurteile, um ein anderes Beispiel zu nennen, nach den ökonomischen Erwartungen bestechlicher Richter gefällt, und wäre demgemäß das rechtsspezifische Kriterium »legal/ille-gal« eine Sekundärunterscheidung, aufgrund derer in bloß recht-liche *Formen* gegossen wird, was materiell nichtjuristisch ist, so könnte sich niemand darauf verlassen, daß das Rechtssystem die Mitbürger zu gesetzestreuem Verhalten konditioniert. Für den Ein-zelnen wäre es dann rationaler, vorsorglich Bestechungsgelder bei-seite zu legen, als sich gesetzestreu zu verhalten.

1.2. Entdifferenzierung und Kartellbildung

In Fällen wie den letztgenannten ist von Entdifferenzierung zu sprechen, weil die Systemgrenzen verwischt und durchbrochen werden. Dabei verfügen die einzelnen Systeme an sich über Me-chanismen, die ihre Autonomie aufrechterhalten: Das Urteil des be-stechlichen Richters kann von der nächsthöheren Instanz aufgeho-ben werden, eine schlechte, weil von wissenschaftsfremden Erwä-gungen kompromittierte Hypothese kann durch eine erklärungs-kräftigere verdrängt werden, Parteien, die sich nicht am Gebot des Machterhalts orientieren, verschwinden aus dem Parlament, Unter-nehmen, die nicht gewinnorientiert arbeiten, gehen pleite, Zeitun-gen, deren Inhalt die Leser nicht interessiert, werden nicht gelesen und verschwinden ebenfalls vom Markt.

Es sind also insbesondere Konkurrenzmechanismen, also wie-derum Mechanismen, die aus Differenzierungsprozessen – genauer: aus Prozessen intrasystemischer Differenzierung, also Binndifferenzierung – hervorgehen, die dafür sorgen, daß das jeweilige System sich an seiner Leitunterscheidung orientiert und damit seine Autonomie behält.

Damit ist auch die Gefahr benannt, die die Autonomie der einzelnen Systeme und damit ihre Fähigkeit unterminiert, ihre gesellschaftliche Funktion zu erfüllen, nämlich die Gefahr der Kartellbildung. In der Wirtschaft ist dies offensichtlich und hat dort zu einer umfangreichen und ausgefeilten Politik der Kartellbeschränkung geführt, es gilt aber auch in der Politik, der Wissenschaft und dem Recht: Wenn politische Entscheidungen nicht getroffen werden, obwohl sie Wählerstimmen brächten, wissenschaftliche Aussagen abgelehnt werden, obwohl sie wahr sind, Urteile gefällt und bis zu den höchsten Instanzen bestätigt werden, obwohl sie gesetzeswidrig sind, gesellschaftlich relevante Fakten in den Medien nicht auftauchen, obwohl sie auf Interesse stoßen und zur Steigerung von Quote und Auflage führen würden, und wenn all dies geschieht, weil zwischen den Beteiligten ein Konsens besteht, die Spielregeln zu mißachten und gegebenenfalls auch auf Konkurrenzvorteile zu verzichten – wie auch immer dieser Konsens zustande gekommen ist –, dann erfüllen die betreffenden Systeme ihre gesellschaftliche Funktion nicht mehr bzw. nur eingeschränkt.

In der Wirtschaft, der Wissenschaft, der Politik und den Medien kann eine solche Kartellbildung erfolgreich sein, sofern es gelingt, konkurrierenden Außenseitern – mit welchen Mitteln auch immer – den Zugang zum System zu verbauen. Dem Publikum bleiben in solchen Konstellationen nur drei Optionen. Erstens: sich mit der Dysfunktionalität des Systems abzufinden, also Parteien zu wählen, die seine Interessen nicht vertreten, Zeitungen zu lesen, von denen es weiß, daß sie Propagandaorgane sind, wissenschaftlichen Forschungen zu vertrauen in der Hoffnung, es werde nicht *alles* gelogen sein, oder minderwertige bzw. überteuerte Produkte zu kaufen. Zweitens: sich von den jeweiligen Systemen fernzuhalten, also zum Beispiel nichts mehr zu glauben, nicht mehr zur Wahl zu gehen, nicht mehr zu konsumieren. Drittens: auf Alternativstrukturen auszuweichen, also etwa das Internet statt des Fernsehens zu benutzen oder systemoppositionelle, womöglich revolutionäre politische Kräfte zu unterstützen.

Aus der Sicht der Kartelle – deren Existenz wir an diesem Punkt der Darstellung noch als hypothetisch ansehen müssen –, sind all diese Reaktionen freilich unerwünscht, weswegen es für sie darauf ankommt, ihre eigene Existenz nicht zum Gegenstand öffentlicher Erörterung werden zu lassen. Eine solche Strategie hat insbesondere dann Aussicht auf Erfolg, wenn diese Kartelle systemübergreifend strukturiert sind, das heißt insbesondere dann, wenn politische, mediale und wissenschaftliche Eliten koordiniert zu handeln verstehen.

Gelingt es ihnen, so werden zum Beispiel wirtschaftliche oder politische Vorgaben in andere Systeme eingespeist: Die Systeme funktionieren zwar weiterhin, aber ihre Leitunterscheidung wird sekundär: Sie wird nur noch beachtet, soweit die systemfremden Vorgaben es zulassen. Die funktional differenzierte Gesellschaft entdifferenziert sich.[62]

Es ist in unserer Gesellschaft leider üblich geworden – und gehört zu den Selbstimmunisierungsstrategien der Metaideologie – reflexartig mit dem Vorwurf der »Verschwörungstheorie« zu kontern, sobald die Strategien von Eliten und deren Fähigkeit zu koordiniertem Handeln zum Thema gemacht werden. Der »Verschwörungstheoretiker« ist fast schon so verrufen wie der »Fundamentalist« und der »Rechtsextremist«. Entsprechend gedankenlos wird dieser Vorwurf in aller Regel gebraucht. Rein vorbeugend gebe ich daher Folgendes zu bedenken:

Erstens ist die Fähigkeit von Menschen, koordiniert zu handeln, das Hauptthema der Sozialwissenschaften, und dieser Wissenschaftszweig hat eine Fülle von Ansätzen hervorgebracht, mit denen man auch horizontale Koordination erklären kann, ohne auf die Denkfigur der großen Verschwörung zurückzugreifen; daß koordiniertes Handeln stattfindet, heißt also nicht zwangsläufig, daß verschwörungsartige Absprachen existieren müssen.

Zweitens bedarf es keiner Verschwörungstheorie, sondern lediglich eines gesunden Realismus, um zu unterstellen, daß die selbst auf globaler Ebene nicht allzu zahlreichen Angehörigen der Top-Eliten unterschiedlicher Funktionsbereiche bisweilen miteinander telefonieren. Gegenseitige Abstimmung ist allein deshalb erforderlich, weil selbst so mächtige Einzelakteure wie etwa der amerikanische Präsident – und erst recht die weniger mächtigen Akteure – von der Kooperation einer Vielzahl anderer Akteure abhängig sind, wenn sie Erfolge erzielen wollen.

Daß sie dies tun, ist – drittens – um so wahrscheinlicher, je mehr ihre Interessen miteinander korrespondieren.

Viertens werden sie bei solchen Abstimmungsprozessen um so mehr Erfolg haben, je mehr sie eine gemeinsame Weltsicht teilen: Wo über Grundannahmen nicht diskutiert zu werden braucht, steigt die Kommunikationseffizienz.

Fünftens wächst die Erfolgswahrscheinlichkeit, je dichter die informellen Netzwerke gewoben sind, die die Angehörigen der Top-Eliten miteinander verbinden, und je mehr diese Netzwerke – deren Existenz von niemandem ernsthaft bestritten wird – auf Dauer gestellt sind.

Und sechstens möge derjenige, der die offensichtlich stattfindende Koordination der Eliten und ihre ebenso offensichtlich vorhandene ideologische Konformität nicht wahrnehmen möchte und es ungehörig findet, die Politik gesellschaftlicher Großakteure kritisch zu analysieren, sich nach seinem eigenen Demokratieverständnis fragen.

1.3. Differenzierung und freiheitliche Demokratie

Freilich kann eine solche hypothetische Kartellstrategie schnell an die Grenzen der Verfassung stoßen: Grundrechte wie insbesondere die Meinungsfreiheit, die Pressefreiheit, die Wissenschaftsfreiheit, die Berufsfreiheit und das allgemeine freie Wahlrecht sind nicht nur Ausdruck eines humanistischen Menschenbildes, und sie sind nicht nur dazu da, dem einzelnen die Grundlagen eines selbstbestimmten Lebens zu ermöglichen. Sie haben zugleich die Funktion, die Autonomie gesellschaftlicher Teilsysteme und deren Binnendifferenzierung gegen Übergriffe zu schützen, um ihre Leistungsfähigkeit aufrechtzuerhalten.

Neben der hier betrachteten *funktionalen* Differenzierung, die man landläufig Arbeitsteilung nennt, gibt es unter anderem auch die *segmentäre* Differenzierung zwischen *gleichartigen* Systemen, etwa Staaten, Familien und dergleichen. Auch deren Autonomie erfüllt eine Funktion: Sie entlastet nicht nur die umfassenderen Systeme, etwa den Staat im Verhältnis zur Familie oder die Europäische Union im Verhältnis zum Nationalstaat; sie schützt sie auch durch ihre gegenseitige Abgrenzung mit einer Art Brandschutzmauer dagegen, daß Fehler und Probleme in allen diesen gleichartigen Systemen gleichzeitig auftreten. Sie ermöglicht darüberhinaus insbesondere Strukturen sozialer Solidarität, die naturgemäß nur dann und nur so weit funktionieren, wie die Anzahl der Beteiligten begrenzt und der Ausschluß der Nichtdazugehörigen gewährleistet ist. Auch diese segmentäre Differenzierung ist rechtlich geschützt, etwa in Gestalt des Prinzips der Staatensouveränität oder des verfassungsrechtlichen Schutzes von Ehe und Familie, wie er durch das Grundgesetz gewährleistet wird.

Es liegt daher in der Natur der Sache, daß Kartellstrategien vielfach darauf hinauslaufen werden, Verfassungsnormen zu umgehen, auszuhöhlen, zu dehnen, zu beseitigen oder direkt zu brechen, und wir werden noch einige Beispiele für solche Vorgänge kennenlernen.

Prozesse der Entdifferenzierung sind nahezu allgegenwärtig: Sie begegnen uns als Politisierung und zugleich Enttheologisierung der christlichen Religion, die sich zunehmend dem »Weltethos«, der »Befreiung«, dem »Kampf gegen Rassismus« – also *politischen* Projekten – verpflichtet glaubt und die eigenen Glaubenswahrheiten solchen Projekten schon einmal opfert, sie begegnet uns als »Antidiskriminierungspolitik«, durch die der Staat systemwidrig und aus politischen Gründen in die Vertragsfreiheit Privater eingreift; als »Vielfalt«-Rhetorik und »Multikulturalismus«, der gerade nicht die Bewahrung der jeweiligen Eigenart *verschiedener* (differenter) gewachsener Kulturen, also deren Vielfalt, sondern ihre Vermischung, d.h. Entdifferenzierung, im Auge hat; als »Wissenschaft«, die man in Anführungszeichen setzen darf, weil sie sich gerade nicht an der wissenschaftseigenen Leitunterscheidung von wahr und unwahr orientiert, sondern kaum verhüllt als Ideologieproduzentin und politische Kampfwissenschaft auftritt; als »Integrationspolitik«, die ebenfalls nach Gänsefüßchen ruft, weil ihr Ziel gerade nicht die Eingliederung von Einwanderern in ein »integres« Staatsvolk ist, sondern die Auflösung dieses Staatsvolkes und seine Umwandlung in ein Konglomerat ethnischer Minderheiten, von denen die vormalige Mehrheit nur mehr eine sein wird, und zwar eine benachteiligte; als Entkernung der souveränen Staaten und Zentralisierung ihrer Kompetenzen auf supranationaler Ebene; als Auflösung rechtsstaatlicher Normen zugunsten eines willkürlich nach politisch-ideologischen Kriterien operierenden politischen Kampfrechts auf nationaler wie internationaler Ebene; als Einführung der Einheitsschule gegen ein gegliedertes Schulsystem; als Abschaffung wertender Qualitätskriterien in der Kunst. Die Liste ließe sich fast endlos fortsetzen.

1.4. Entdifferenzierung als politisches Machtinstrument

Typischerweise ist solche Entdifferenzierung weniger das Ergebnis autonom und spontan sich vollziehender gesellschaftlicher Prozesse als vielmehr das Ergebnis einer auf eben diese Entdifferenzierung zielenden Politik.

Damit soll die Bedeutung spontanen, ungeplanten und ungesteuerten Wandels nicht kleingeredet werden: So ist zum Beispiel die Relativierung der überkommenen geschlechtsspezifischen Arbeitsteilung nicht zuletzt die Folge der Eigendynamik von Aufklärung, wie ich sie oben skizziert habe, die überkommene gesellschaftliche Strukturen hinterfragbar macht. Massenmigration – auch sie ein Moment von Entdifferenzierung, hier in Gestalt von Völkervermischung – wird durch verkehrs- und kommunikationstechnische Entwicklungen begünstigt, die nichts mit einem etwaigen politischen Willen zur Förderung von Migration zu tun haben. Internationale Organisationen, die sich dem Abbau von Handelshemmnissen widmen, dabei aber auch die Souveränität von Nationalstaaten untergraben, können in begrenztem Maße durchaus sinnvolle Mechanismen in einer Welt vertiefter internationaler Arbeitsteilung und damit wachsenden grenzüberschreitenden Handels sein; die Entdifferenzierung auf der politischen Ebene ist hier nicht nur, aber *auch* das paradoxe Resultat von *Differenzierungs*prozessen auf der ökonomischen Ebene.

Ich bin der letzte, der die Bedeutung ungeplanter autonomer sozialer Prozesse herunterspielen und ihre Resultate ausschließlich als Ergebnis zielgerichteten politischen Handelns interpretieren würde. Wer freilich aus der schieren Existenz spontaner Prozesse den Schluß ziehen wollte, zielgerichtetes Handeln spiele überhaupt keine Rolle und die Politik wie auch andere gesellschaftliche Großakteure, speziell die Funktionseliten der verschiedenen Teilsysteme, seien lediglich Sklaven objektiver Entwicklungen, muß sich geradezu blind stellen.

So verständlich es ist, daß Gesellschaftswissenschaftler dazu tendieren, Akteure und Interessen in abstrakte Strukturen und Prozesse aufzulösen – eine wissenschaftliche Erklärung gesellschaftlicher Prozesse scheint schließlich um so perfekter, je mehr sie das Geschehen als unvermeidlich darstellt –, so sehr läuft ein solcher Ansatz Gefahr, zu bloßer Apologetik zu verkommen:

Eine Gesellschaftsauffassung, die im sozialen Geschehen nämlich nur noch das Wirken unpersönlicher Mächte sehen will, etwa der unsichtbaren Hand des Marktes, der Evolution sozialer Systeme oder der Gesetze der Geschichte, liefert besagten Eliten vor allem ein Alibi, Dinge als »alternativlos« erscheinen lassen, zu denen es in Wahrheit möglicherweise sehr wohl Alternativen gibt, und als Gebote der reinen Vernunft zu verklären, wo in Wahrheit durchaus partikulare Machtinteressen im Spiel sind.

Demokratie, die bekanntlich die Wahl zwischen Alternativen voraussetzt, endet dort, wo der solchermaßen legitimierte »Sachzwang« beginnt, und erscheint als gefährlicher Luxus, dessen Gebrauch tunlichst einzuschränken ist. Als scharfkantiges Spielzeug, das man dem unmündigen Volk wegnehmen sollte, denn entweder sieht es ein, daß die Eliten die Vernunft, den Sachzwang und die historische Gesetzmäßigkeit auf ihrer Seite haben, dann ist Demokratie überflüssig und kann die Herrschaft auch gleich in die Hände der Eliten gelegt werden. Oder es sieht dies nicht ein, dann ist Demokratie gefährlich und gehört suspendiert. Determinismus ist eine Waffe gegen demokratische Partizipationsansprüche.

Der Anspruch, bloß als Vollstrecker objektiver Notwendigkeiten aufzutreten, legitimierte die Herrschaft kommunistischer Parteien ebenso, wie er heute die Herrschaft global vernetzter Eliten legitimiert, innerhalb derer es über eine Reihe von grundlegenden ideologischen Annahmen praktisch keinen Dissens gibt. Es *kann* auch keinen geben, weil Dissidenten gar nicht erst Zutritt zu diesen Eliten finden – oder, wie Thilo Sarrazin, nachträglich aufwendig exkommuniziert werden, wenn sie deren ungeschriebene Gesetze mißachten und Entscheidungen und Entwicklungen kritisieren, die man tunlichst für »alternativlos« halten sollte, wenn man weiterhin dazugehören möchte.

Für die heutigen Eliten ist die fortschreitende »Globalisierung« ebenso ein ehernes Gesetz wie für die Kommunisten die »wissenschaftlich bewiesene« historische Notwendigkeit des Fortschritts zum Kommunismus. Der Vergleich drängt sich nicht nur deshalb auf, weil dieser ebenfalls global verwirklicht werden sollte: Beide Ideologien bauen auf einem platten Ökonomismus auf, aus dessen Perspektive nichtökonomische Lebensbereiche keinen Eigenwert haben, sondern lediglich als »Überbau«-Phänomen (wie bei den Marxisten) oder als zu überwindendes Handelshemmnis (wie bei den Globalisten) auftauchen. Beide beschränken sich nicht auf die *Erkenntnis* einer objektiven ökonomischen Tendenz als einer gesellschaftlichen Tendenz unter vielen anderen, sondern setzen sie *absolut*, und dies sowohl sachlich als auch zeitlich.

Sachlich, insofern der Ökonomie absoluter Primat eingeräumt wird. Zeitlich, insofern aus der Tendenz eine Utopie extrapoliert wird, ein Endzustand, der dann gleichsam das »Ende der Geschichte« darstellt. So verwandelt sich eine ökonomistische Gesellschaftsauffassung unter der Hand in eine teleologische und sogar deterministische Geschichtsauffassung.

Die Globalisierung in diesem Sinne absolut zu setzen und zu einer allmächtigen und alles bestimmenden Kraft zu stilisieren, der gegenüber Kritik oder gar Widerstand sinnlos, dumm und schlimmstenfalls gar kriminell ist, heißt, ihr die Attribute einer

Gottheit zuzuschreiben. Eine solche Entscheidung hat dramatische Konsequenzen: Wer an eine Gottheit glaubt, kann in deren Widersachern naturgemäß nur Teufel sehen; wo es ein Absolutum gibt, wird auch die *Feindschaft* absolut. Die große zivilisatorische Errungenschaft der abendländischen Kultur, nämlich die Anerkennung des *legitimen Konflikts,* wird zuerst ausgehöhlt, dann in Frage gestellt, schließlich kassiert.[63]

Es hat seinen Grund, warum zum Beispiel die Definition des Begriffs »Rechtsextremismus« ständig ausgeweitet wird: Vor dreißig Jahren verstand man darunter noch die Bejahung mehr oder minder faschistischer Ordnungsvorstellungen, heute bereits die Artikulation eines Interesses am Fortbestand der europäischen Völker, und es mehren sich die Anzeichen, daß bereits die Anerkennung ihrer schieren faktischen *Existenz* in absehbarer Zeit Grund genug sein wird, die Bürgerrechte dessen in Frage zu stellen, der solches anerkennt.

Es hat auch seinen Grund, warum der Kampf gegen solche »Rechtsextremisten« – die naturgemäß immer zahlreicher werden müssen, weil die *Definition* stetig ausgeweitet wird – immer mehr verschärft wird und längst die Grenzen einer liberalen und rechtsstaatlichen Politikauffassung hinter sich gelassen hat, ohne daß die dafür Verantwortlichen auch nur eine Spur von *schlechtem Gewissen* erkennen ließen. Das Gewissen ist *die* Instanz, wo unhinterfragbare Gebote gelten, letztlich die Gebote desjenigen Gottes, an den der Betreffende glaubt. Wer die Globalisierung anbetet, hat *das* Gewissen, das zu diesem Götzen paßt.

1.5. Ideologien der Entdifferenzierung als totalitäre Quasireligionen

Es liegt in der Natur der Sache, daß der Götze »Globalisierung« ebenso wie sein Vorgänger »Kommunismus« eine seinen Willen deutende Priester- und Theologenkaste hervorgebracht hat – oder von ihr hervorgebracht wurde, je nach Sichtweise. Da die Globalisierung nichts unmittelbar Sichtbares, die sichtbare Wirklichkeit hingegen ungeachtet dessen als das Ergebnis ihres Wirkens interpretierbar ist, ist sie gewissermaßen so transzendent wie Gott selbst. Da sie sich nicht selbst äußert, wächst den Priestern und Theologen, die mit dem Anspruch auftreten, ihren Willen zu kennen und zu vollstrecken, eine Autorität zu, die zum Mißbrauch geradezu einlädt. Noch die allerirdischsten Interessen lassen sich kaum wirkungsvoller zur Geltung bringen als mit der Autorität einer Gottheit.

Ein gewisser Widerspruch tut sich freilich bei den Globalisten wie vordem bei den Kommunisten auf: Wer sich auf objektive Gesetzmäßigkeiten beruft, die sich dem politischen oder sonst zielgerichteten menschlichen Handeln entzögen, gleichzeitig aber höchst zielgerichtet und mit enormem Einsatz politischer Macht an der Schaffung von Bedingungen arbeitet, die sich seiner eigenen Ideologie zufolge doch gleichsam von selbst einstellen müßten, hat ein Glaubwürdigkeitsproblem. Der klassische Kunstgriff, zu dem der greift, der das Publikum überreden möchte, für »alternativlos« zu halten, was in Wirklichkeit bestenfalls – wenn überhaupt – wünschenswert ist, besteht darin, die Alternative so schwarz wie möglich zu malen: etwa zu suggerieren, daß in Europa ein Krieg ausbrechen müsse, wenn die EU nicht immer mehr Macht bekommt, oder daß das Weltklima kippen werde, wenn kein globales Klimaregime eingeführt werde, oder daß der Faschismus vor der Tür stehe, wenn die Völker Europas so etwas wie nationale Interessen zu artikulieren wagten. Das irrationale, ja hysterische Element dieser Art von Demagogie, die stets dann zum Einsatz kommt, wenn es gilt, den jeweils nächsten Schritt hin zu einem Globalregime gegen Kritik abzuschirmen, dokumentiert die argumentative Schwäche der dadurch vertretenen Position und dementiert den Anspruch auf »Alternativlosigkeit« nachhaltiger als die Kritik selbst.

Wie sehr die Globalisierung tatsächlich den bewußt verfolgten Wünschen, Zielen und Interessen der herrschenden Eliten dient, und wie unaufrichtig daher der Globalisierungsfatalismus eben dieser Eliten ist, kann man nicht zuletzt den unfreiwilligen Selbstentlarvungen der Protagonisten entnehmen. Etwa Angela Merkels denkwürdiger Rede bei der Konferenz »Falling Walls« am zwanzigsten Jahrestag des Mauerfalls in Berlin: »Das heißt, eine der spannendsten Fragen, Mauern zu überwinden, wird sein: Sind National-

155

staaten bereit und fähig dazu, Kompetenzen an multilaterale Organisationen abzugeben, koste es, was es wolle (...)?«[64]

Die ebenso aggressive wie groteske Polemik, mit der die Kanzlerin nationale Grenzen mit der Berliner Mauer auf eine Stufe stellt, spricht bereits für sich: Die Frage, ob solche Grenzen womöglich eine notwendige soziale und politische Funktion haben, soll offenbar gar nicht erst gestellt werden können – die Antwort könnte, vom Standpunkt der Globalisierungsreligion, blasphemisch ausfallen.

Noch bezeichnender ist aber die Schlußformulierung »koste es, was es wolle«. So spricht niemand, der einfach recht hat und sich dessen sicher ist. So spricht, wer recht *behalten* will, *koste es, was es wolle*.

Merkel ist sich bewußt, daß für die Globalisierung ein Preis zu entrichten ist – wenn auch nicht von ihr selbst –, daß die Durchsetzung der politischen und ökonomischen Globalisierung also durchaus nicht in jedermanns Interesse liegt, daß es sich folglich bei dieser Durchsetzung *sehr wohl* um eine *Interessen*frage handelt, die *machtgestützte* politische Entscheidungen erfordert. Wenn sie zugleich sagt, dies um müsse *um jeden Preis* geschehen, dann setzt sie die von ihr favorisierten Interessen absolut (nur für ein Absolutes ist buchstäblich *jeder* Preis gerechtfertigt) und spricht gegenläufigen Interessen die Legitimität ab.

Es ist müßig, darüber zu spekulieren, ob Politiker, die so reden, im Einzelfall ehrlich an ihre Ideologie glauben oder sie lediglich zynisch als ideologisches Deckmäntelchen für Interessen mißbrauchen; ob sie die Entwicklungen, die sie für unvermeidlich erklären, tatsächlich für unvermeidlich halten, oder lediglich das, was sie – aus welchen Gründen auch immer – für bloß wünschenswert halten, als objektive Notwendigkeit darstellen, um sich selbst vom Beweiszwang zu entlasten; ob wir es also mit Betrug oder mit Selbstbetrug zu tun haben. Beides dürfte in gewissem Maße eine Rolle spielen, und der Mensch ist so konstituiert, daß er dazu neigt, an das, was er glauben *will*, auch tatsächlich zu glauben.

Die Technik des *Doublethink*, gleichzeitig zu wissen und *nicht* zu wissen, daß man die Gottheit, an die man glaubt, selbst erfunden hat, ist eine für totalitäre Ideologien typische Form der Selbstimmunisierung, und dies hat damit zu tun, daß diese Ideologien, wie wir gesehen haben, säkulare Religionen sind, denen eine pervertierte Form von Religiosität zugrunde liegt. Pervertiert insofern, als sie das Reich Gottes – welches Gottes auch immer – im *Diesseits* verwirklichen wollen. Sie haben damit die Chance, *unterliegen aber auch dem Zwang,* die Wahrheit ihrer Glaubenssätze dadurch zu beweisen, daß sie dieses Reich im Diesseits tatsächlich errichten.

In diesem Punkt unterscheiden sich Globalismus und Kommunismus übrigens nicht vom Islam, der ebenfalls in der sozialen Welt äußerlich verwirklicht werden will, und dies im Weltmaßstab, und der insofern eine *säkulare* Religion ist. Die Erkenntnistheorie, die ich als Teil der islamischen Weltauffassung identifiziert habe – »Wahr ist, was siegt!«[65] –, liegt tatsächlich jeder totalitären Ideologie zugrunde: Die Wahrheit eines Glaubens, der sich auf das Diesseits bezieht und von der absoluten Geltung einer Utopie ausgeht, ist prinzipiell beweisbar, aber eben nicht durch Argumente, sondern dadurch, und *nur* dadurch, daß man Fakten schafft. Koste es, was es wolle.

1.6. Beispiel Globalisierung

Entdifferenzierung ist dabei nicht *als solche* intendiert, sie ist also kein Selbstzweck, sie ist Teil und notwendige Konsequenz von Ideologien, die das gesamte Gesellschaftsgefüge einem einzigen Leitgedanken unterwerfen wollen. Sie sind aber nicht erst Konsequenz, sondern bereits *Mittel* der Verwirklichung solcher Ideologien.

Nehmen wir den Globalismus in seiner (neo-)liberalen Variante: Wer eine Gesellschaft will, die – um der optimalen Ressourcenallokation willen – auf vollständiger Mobilität aller Produktionsfaktoren basiert, in der also Waren, Dienstleistungen, Kapital und vor allem Arbeitskraft ungehindert von Ort zu Ort wandern können, und dies im globalen Maßstab (nicht nur von Hamburg nach München, sondern auch von Timbuktu nach Paris), muß Hemmnisse abbauen. Nationale Regelungen müssen durch globale ersetzt, Ländergrenzen durchlässig gemacht werden – und das ist ungefähr das, was die Europäische Union im kleineren (nicht mehr nationalen, aber noch nicht globalen) Maßstab bereits vorexerziert.

Damit werden Regelungen, die auf lokale und nationale Bedürfnisse zugeschnitten sind, durch Einheitsregelungen ersetzt. Regelungen, die sich an nichtökonomischen Bedürfnissen orientieren (etwa innere Sicherheit, Aufrechterhaltung kultureller Werte und lokaler Traditionen, Sittlichkeitsnormen), werden ersetzt durch ökonomieorientierte. Migrationsfreiheit wird unter den Vorgaben der globalen Ökonomie zum kategorischen Imperativ, selbst wenn sie die betroffenen Gesellschaften vor Zerreißproben stellt und die soziokulturellen Voraussetzungen der jeweiligen verfassungsmäßigen Ordnung untergräbt. Was entsteht, oder zumindest entstehen soll, ist eine Welt-Einheitskultur mit prinzipiell gleicher Lebensweise in Peking wie in New York, in Berlin wie in Teheran, in Süditalien wie in Kanada.

Damit das Arbeitskräftepotential voll ausgeschöpft werden kann – auch dies im Namen der Effizienz –, gilt es, tradierte Rollenmuster aufzulösen. Es geht längst nicht mehr darum, daß Frauen das *Recht* haben, in Männerberufen zu arbeiten, sondern darum, sie dazu zu bringen, dies zu *wollen*. Die Ideologie des »Gender Mainstreaming«, die zu wahren Umerziehungskampagnen ausartet, hat mit Befreiung nichts zu tun. Freiheit bedeutet nach landläufigem Verständnis immer noch, tun zu dürfen, was man will, nicht aber, wollen zu sollen, was andere für richtig halten. Es geht schlicht darum, mit den Frauen das größte bislang ungenutzte Arbeitskräftepotential auf den Arbeitsmarkt zu werfen. Damit dies geschehen kann, muß die Familie aufhören, eine ökonomische Gemeinschaft zu sein. Die Partner sorgen nicht mehr füreinander, sondern jeder für sich selbst; schlimmstenfalls springt der Staat ein.

Massenmigration ruft Widerstände hervor, weil kaum einer gern in einer Gesellschaft lebt, in der man nicht weiß, was man vom Nachbarn zu halten und zu erwarten hat, der mit ganz anderen Wertvorstellungen großgeworden ist als man selber. Die alltäglichen Konflikte, die aus solchen kulturellen Inkompatibilitäten resultieren, verursachen Streß, nicht unbedingt wegen ihrer Dramatik (die kann noch dazukommen, speziell wenn Gewalt im Spiel ist), wohl aber wegen ihrer Häufigkeit und Unberechenbarkeit. Da man den Menschen ihr Unbehagen darüber nicht austreiben kann, muß man ihnen wenigstens ein schlechtes Gewissen einreden, damit sie ihre Interessen nicht artikulieren, und entfesselt Kampagnen »gegen Rassismus und Fremdenfeindlichkeit« – als solche wird die Artikulation dieser Interessen diffamiert –, verschafft dem Unbehagen ein Ventil, indem man die wenigen verbliebenen Kritiker zu Rechtsextremisten erklärt, auf die der Volkszorn gelenkt wird, verschärft nach und nach die Meinungsgesetze und läßt bis hin zum Fußballstadion keinen Lebensbereich übrig, der nicht mit ideologischer Propaganda dauerbeschallt wird.

Unnötig zu sagen, daß auch dies nichts mit Menschenfreundlichkeit, etwa mit Minderheitenschutz oder dergleichen zu tun hat: Es ist schlicht eine Folgeerscheinung des ökonomistischen Kalküls, das scheinbar fatalistisch, dabei aber bemerkenswert zielstrebig von der Vergötzung der Globalisierung über die Forcierung von Migration und die Delegitimierung migrationsfeindlicher Interessen zum totalitären Weltanschauungsstaat führt: einem Staat, der mit Repression, Umerziehung, Gehirnwäsche und Propaganda die bürgerliche Loyalität zwangsweise aufrechtzuerhalten sucht, die er selber unterminiert hat, und der sich dabei mehr und mehr von rechtsstaatlichen, liberalen und demokratischen Normen verabschiedet. Die Grenzen zwischen Staat und Gesellschaft verschwimmen in dem Maße, wie die Politik »gesamtgesellschaftliche Aufgaben« erfindet, Private in die Pflicht nimmt, sich an der Erreichung politisch vordefinierter Ziele zu beteiligen und sich berufen fühlt, die Gesellschaft umzuerziehen und umzugestalten.

Wir werden unten an einigen konkreten Beispielen zeigen, wie sich das vormals auf Arbeitsteilung und wechselseitiger Kontrolle, also auf Differenzierung, basierende gesellschaftliche Institutionengefüge unter den Vorgaben globalistischer Ziele in sein Gegenteil, nämlich ein Gefüge kollusiv kooperierender Machtkartelle verkehrt.

Paradoxerweise führt das Projekt, die Gesellschaft nach *ökonomischen* Maßgaben umzugestalten, zu einer durchgreifenden *Politisierung* vormals nichtpolitischer Lebensbereiche, einschließlich der Ökonomie und bis ins Private hinein. Widersprüche werden dabei durchaus in Kauf genommen: Wenn etwa Frauen- oder Migrantenquoten für Führungspositionen gefordert und durchgesetzt werden, scheint das Vertrauen in die freie Marktwirtschaft nicht besonders groß zu sein. Die angebliche willkürliche Benachteiligung dieser Gruppen wird zur Stützung dieser Politik zwar behauptet, aber nicht bewiesen, zumindest nicht mit ernstzunehmenden Argumenten.[66] Marktgläubigkeit und staatlicher Dirigismus gehen Hand in Hand bei einem Liberalismus, der sich nicht als zu befolgendes ordnungspolitisches Prinzip, sondern als zu verwirklichende Utopie versteht. Altliberale mögen sich ob dieser perversen Liaison mit Grausen wenden, sie hat aber Methode, wie noch zu zeigen sein wird.

1.7. Fazit

Entdifferenzierung, soviel können wir aufgrund der bisherigen groben Skizze vermuten, findet also auf mehreren Ebenen statt, die miteinander in Wechselwirkung stehen:

- auf der Ebene funktionaler Differenzierung, indem gesellschaftliche Funktionsbereiche in ihrer Autonomie beschränkt und auf politische Ziele hin ausgerichtet und kartellartig aufeinander abgestimmt werden;
- auf der Ebene systemischer Binnendifferenzierung, indem Konkurrenzmechanismen, die die Leistungsfähigkeit dieser Systeme gewährleisten sollen, zugunsten kartellartiger Strukturen teilsuspendiert werden;
- auf der Ebene segmentärer Differenzierung, indem Systeme wie Staat, Volk, Kultur und Familie ihre Funktionen, nicht zuletzt ihre solidaritätsstiftenden Funktionen, verlieren, also sie entweder mit zweifelhaftem Erfolg an umfassendere Systeme abtreten oder den einzelnen auf sich selbst verweisen.

Entdifferenzierung bedeutet das Zurückdrängen des Partikularen zugunsten des Universellen: das Hintanstellen der Eigenlogik des Rechts, der Publizistik, der Wissenschaft, der Religion, der Wirtschaft, der Kunst, der Bildung, des Militärs und sogar des Privatlebens zugunsten politisch definierter »gesamtgesellschaftlicher Aufgaben« sowie die Entkernung des Nationalstaates zugunsten supranationaler Strukturen.

Entdifferenzierung beeinträchtigt nicht nur die Funktions- und Leistungsfähigkeit der jeweiligen Systeme, sie beinhaltet auch eine hochgradig repressive Komponente: zum einen wegen der zunehmenden Zentralisierung von Macht, zum anderen wegen der Umgehung, Entmachtung und Kompromittierung machtbegrenzender Strukturen. Wir werden sehen, in welchem Maße Strukturauflösung und Entdifferenzierung nicht etwa zum Verschwinden von Macht führt, sondern zu ihrer Allgegenwart:

Macht, die an feste Formen gebunden ist, ist zugleich durch diese Formen begrenzt. Macht, die sich gleichsam verflüssigt, wandert in informelle Strukturen aus, die zwar noch mit soziologischen, nicht aber mit juristischen Begriffen zu beschreiben und daher mit rechtlichen Mitteln nicht zu kontrollieren sind. Man kann sie beschreiben als Netzwerke, Erwartungsstrukturen, Verhandlungssysteme und Kartelle, nicht aber in Begriffen von Institutionen, Rechten, Pflichten und Kompetenzen. Macht, die an benennbare persönliche oder institutionelle Träger gebunden ist, ist als solche erkennbar und deshalb angreifbar, notfalls durch einen Bastillesturm; anonyme Macht ist es nicht. Propaganda zum Beispiel, für die ein dafür explizit zuständiger Minister oder ZK-Sekretär verantwortlich zeichnet, ist eben dadurch bereits um einen Gutteil ihrer Wirkung gebracht. Propaganda, die sich hinter einem Schirm von »Pressefreiheit« verbirgt, ist um so wirkungsvoller.

Konkretisieren wir diese bisher eher abstrakten Ausführungen, um *Muster* herauszuarbeiten, die Sie, wenn Sie sie einmal als solche identifiziert haben, jederzeit wiedererkennen werden.

2. Typische Aspekte von Entstrukturierung

2.1. Desinformationskartelle – ein Beispiel

Am 10. August 2010 erschien in *Welt-Online* unter dem Titel »Migrantinnen passen sich deutscher Geburtenrate an«[67] ein Bericht über eine Studie[68], die pünktlich zum Erscheinen von Thilo Sarrazins Bestseller *Deutschland schafft sich ab*[69] dessen zentrale These mit wissenschaftlicher Autorität zu widerlegen schien:

»Die Geburtenrate von Einwanderinnen der zweiten Generation hat sich in Deutschland der von Einheimischen weitgehend angepaßt. Zwar sind Einwanderinnen, die hier geboren wurden, bei der Heirat im Durchschnitt zwei Jahre jünger als Deutsche und werden entsprechend früher Mutter. Doch finden sich dann bei der Kinderzahl kaum noch Unterschiede zu Frauen ohne Migrationshintergrund. Zu diesem Ergebnis kommt die Demografin und Soziologin Nadja Milewski in ihrer Dissertation *Fertility of Immigrants. A Two-Generational Approach in Germany*, die an der Universität Rostock gerade veröffentlicht wurde.«

Nur am Rande sei bemerkt, daß eine Dissertation, die an einer *deutschen* Universität über ein Thema der *deutschen* Gesellschaftspolitik in *englischer* Sprache veröffentlicht wird, allein dadurch schon dokumentiert, was die Verfasserin von der Idee des Nationalstaates hält.

»Entkräftet werden damit zwei Thesen, die in der Einwanderungsdebatte immer wieder vorgebracht werden. Zum einen, daß Einwanderer wegen einer höheren Geburtenrate den Bevölkerungsrückgang längerfristig aufhalten könnten. Zum anderen, daß sie die Deutschen auf lange Sicht zur Minderheit machen würden.«

Dem Verfasser fällt nicht auf, daß die zweite Schlußfolgerung selbst dann nicht zwangsläufig aus der Studie folgen müßte, wenn die erste richtig wäre: Selbst wenn die Geburtenrate der Migrantinnen tatsächlich auf das Niveau der Einheimischen fiele, würde die deutsche Politik nach aller Erfahrung darauf dadurch reagieren, daß die Schleusen für Immigration noch weiter öffnet und die Deutschen erst recht in die Minderheit drängt.

»Daß beide Thesen unhaltbar sind, zeigt Milewski bei der Auswertung von umfangreichem Datenmaterial aus dem Soziodemografischen Panel, für das zwischen 1984 und 2004 gut 5000 westdeutsche Frauen sowie Einwanderinnen der ersten und zweiten Generation aus der Türkei sowie Süd- und Südosteuropa befragt wurden. Wenn diese Frauen das 35. Lebensjahr vollendet hatten, so stellte Milewski fest, gab es drei und mehr Kinder bei 18,5 Prozent der deutschen Frauen, aber nur bei 15 Prozent der Griechinnen in der zweiten Einwanderergeneration und bei 15,4 Prozent der in Deutschland geborenen Frauen aus den Staaten des ehemaligen Jugoslawiens.

Einen höheren Anteil von kinderreichen Frauen als bei Deutschen gab es in der zweiten Generation nur bei Italienerinnen (33,3 Prozent) und Türkinnen (34,2 Prozent), wobei aber auch hier die Zahlen von der ersten zur zweiten Generation deutlich zurückgegangen waren. Türkische Migrantinnen der ersten Generation hatten im Alter von 35 Jahren noch zu 58,8 Prozent drei und mehr Kinder, bei den Italienerinnen betrug dieser Anteil bei den ersten Einwanderinnen noch 43,6 Prozent.«

Nachdem oben, d.h. in Überschrift und Einleitung noch von »Migrantinnen« schlechthin die Rede war, erfahren wir nun, daß der Fall bei *türkischen* Migrantinnen ganz anders liegt. Entsprechend einem vertrauten Muster, das uns auch in anderen Zusammenhängen begegnet: Die Einleitung setzt einen Kontext und suggeriert ein bestimmtes Vorverständnis. So setzt man dem Medienkonsumenten eine ganz bestimmte Brille auf die Nase und kann sich darauf verlassen, daß neunzig Prozent aller Leser, nämlich die, die immer noch Vertrauen zu den Medien haben, die nun folgenden Informationen genau entlang dieser Vorgabe interpretieren werden.

Der Journalist kann es sich jetzt sogar leisten, gegenläufige Fakten zu nennen: *Der Leser wird es nicht merken!* Er wird jeden Widerspruch zwischen dem vorgegebenen Tenor und den anschließend referierten Fakten zugunsten der Vorgabe auflösen. Sogar Informationen, die die vorgegebene Interpretation eindeutig widerlegen, werden so aufgefaßt, als hätten sie sie bestätigt.

Aber blicken wir noch einmal auf die Zahlen selbst: Untersucht werden ausschließlich Türkinnen und Südeuropäerinnen, die zusammengenommen die »Migrantinnen« ausmachen. Daß allein ein Drittel der hier lebenden Moslems nicht aus der Türkei stammt und daß Frauen aus dem Nahen Osten und Afrika deutlich höhere Kinderzahlen aufweisen als selbst die Türkinnen, fällt unter den Tisch.[70]

Und die zumindest suggerierte Schlußfolgerung, in der zweiten Generation gleiche sich das Gebärverhalten von Migrantinnen dem von deutschen Frauen an, ist erst recht nicht haltbar, wie sich jeder ausrechnen kann, der bedenkt, daß allein die Türkinnen in der Gesamtbevölkerung so zahlreich sind wie alle Südeuropäerinnen zusammen, daß die Italienerinnen laut den Zahlen so gebärfreudig sind wie die Türkinnen (nämlich knapp doppelt so sehr wie die Deutschen), und daß die Behauptung von der »Angleichung« (im Durchschnitt aller betrachteten Migrantinnen) daher selbst dann nicht stimmen könnte, wenn alle anderen Südeuropäerinnen überhaupt keine Kinder bekommen würden.

Überhaupt sind Vokabeln wie »Annäherung« oder »Angleichung« grob irreführend, wenn damit – wie es hier offenbar der Fall ist – lediglich die *Verringerung einer Differenz* gemeint ist. Dem Leser wird eine *Verringerung auf Null suggeriert,* und diese Fehlinformation wird er auch dann im Gedächtnis behalten, wenn die im Artikel enthaltenen Informationen bei sorgfältiger Analyse zu einer anderen Schlußfolgerung führen.

Wenn man sich nun die Graphik anschaut, ahnt man auch, warum Familien mit »drei und mehr Kindern« betrachtet wurden, nicht aber solche mit *vier* und mehr Kindern. Beträgt nämlich das Verhältnis knapp zwei zu eins zugunsten der Türkinnen bei Familien ab drei Kindern, so schnellt es auf über vier zu eins bei Familien ab *vier* Kindern (und dieser Effekt kann nicht allein darauf zurückgeführt werden, daß in der neuen Studie nur die Familien von Migrantinnen der zweiten Generation betrachtet werden). Anders

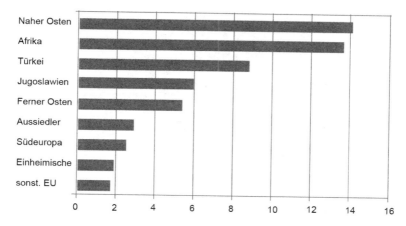

Abb.: *Familien mit mehr als vier Kindern nach ethnisch/geographischer Herkunft*

gesagt: Türkische Familien mit drei oder mehr Kindern sind im Durchschnitt deutlich kopfstärker als deutsche.

»Frauen mit Migrationshintergrund, die in Deutschland geboren und aufgewachsen sind, neigen folglich durchweg dazu, weniger Kinder zu bekommen als ihre ›Mütter‹ und nähern sich somit der niedrigen Fertilität deutscher Frauen an. ›Frauen der zweiten Migrantengeneration haben sich dem Geburtenverhalten von deutschen Frauen nahezu angepaßt‹, sagt Milewski, die für ihre Forschungen kürzlich den Joachim-Jungius-Förderpreis der Universität Rostock erhielt.«

Enthalten wir uns jeder böswilligen Vermutung, warum gerade *solche* Forschungen gefördert werden.

»Und Frauen aus dem ehemaligen Jugoslawien waren in der zweiten Generation sogar schon weiter: Sie waren im Alter von 35 Jahren häufiger kinderlos, nämlich zu 23,1 Prozent, als deutsche (17,9 Prozent).«

Da fällt unter den Tisch, daß nach der von der *Welt* selbst veröffentlichten Graphik die Entwicklung bei den Türkinnen genau umgekehrt verläuft: daß nämlich kinderlose Frauen in der zweiten Generation noch seltener sind als in der ersten: Den 17,9 Prozent

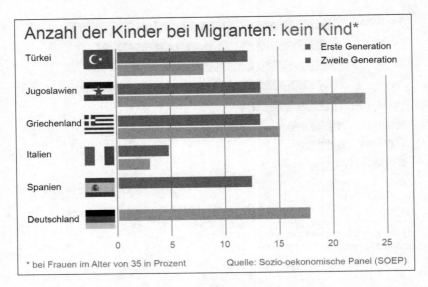

Anzahl der Kinder bei Migranten: kein Kind*

■ Erste Generation
■ Zweite Generation

Türkei

Jugoslawien

Griechenland

Italien

Spanien

Deutschland

0   5   10   15   20   25

* bei Frauen im Alter von 35 in Prozent   Quelle: Sozio-oekonomische Panel (SOEP)

kinderlosen Deutschen stehen inzwischen nur noch gerade einmal acht Prozent kinderlose Türkinnen gegenüber.

Mit anderen Worten: Selbst wenn große Familien in der zweiten Generation seltener werden, werden völlig kinderlose Frauen es auch, zumindest bei den Türkinnen. Dies wäre das Ergebnis gewesen, wenn einfach die durchschnittlichen Kinderzahlen veröffentlicht worden wären. Dies aber hat die Verfasserin der Studie ebenso unterlassen wie der referierende Journalist von »Welt-Online«:

»Entsprechend nähern sich Migrantinnen bei der Wahrscheinlichkeit, ein Kind zu bekommen, den deutschen Frauen an. War bei Einwanderinnen der ersten Generation, die kinderlos nach Deutschland gekommen waren, jene Wahrscheinlichkeit noch zweieinhalb Mal höher als bei Deutschen, so liegt sie bei den Töchtern der Migrantinnen nur noch 1,2 Mal über dem Wert der Deutschen.«

Daß 38 Prozent aller hier lebenden Türken Partner aus der Türkei heiraten, daß also die kinderreichere erste Generation ständig neu aufgefüllt wird, fällt ebenfalls unter den Tisch. Da aber all diese Tricks noch nicht ausreichend waren, die Hauptthese zu untermauern, greift Milewski (und in ihrem Gefolge Kamann) zum Holzhammer:

»Rechnet man dann noch, wie Milewski es getan hat, sozio-ökonomische Faktoren heraus, berücksichtigt man also, daß Migrantinnen im Durchschnitt ärmer und weniger gebildet sind und daß auch Deutsche aus unteren Schichten mehr Kinder haben und früher gebären, so muß man feststellen, daß in der zweiten Generation die Herkunft als solche so gut wie bedeutungslos für das Gebärverhalten ist. ›Migrantinnen‹, so folgert Milewski, ›weisen nicht, wie oft angenommen, höhere Geburtenzahlen auf als deutsche Frauen.‹«

Mit anderen Worten: Wenn man siebzig Prozent aller türkischen Einwandererinnen herausrechnet, nämlich die ärmeren, und den Einwandererinnen ein Qualifikations-, Berufs- und Einkommensprofil andichtet, das sie gar nicht haben, dann – und nur *dann!* – kommt man zu dem Ergebnis, daß sie »nicht, wie oft angenommen, höhere Geburtenzahlen auf als deutsche Frauen« aufweisen. Und »widerlegt« auf der Basis dieser völlig fiktiven Annahmen die Behauptung, »daß sie die Deutschen auf lange Sicht zur Minderheit machen würden«.

Warum hier auf Biegen und Brechen eine offenkundig falsche Behauptung »bewiesen« und dieser »Beweis« auch noch mit Förderpreisen prämiert wird, erschließt sich nicht, sofern man die Selbstbeschreibung der Wissenschaft ernstnimmt, ein auf die systematische Eliminierung von Unwahrheiten spezialisiertes System zu sein, und muß daher ohne Berücksichtigung des politischen Hintergrundes unverständlich bleiben:

Die politischen Eliten aller westlichen Länder haben sich auf eine Politik der systematischen Masseneinwanderung und ethnischen Durchmischung festgelegt, mit wechselnden Begründungen und Tarnlegenden. Den Entscheidungsträgern ist selbstverständlich bekannt, daß eine solche Politik nicht nur unpopulär ist, sondern von ihren Wählern – zu Recht – als Bedrohung ihrer Lebenswelt verstanden wird, und daß deshalb massiver Widerstand zu erwarten ist, sofern es nicht gelingt, die Öffentlichkeit so lange zu beschwichtigen, bis vollendete Tatsachen geschaffen sind. Daß die einheimischen Völker in ihren eigenen Ländern in die Minderheit gedrängt werden sollen, geben die dafür verantwortlichen Politiker bereits dadurch implizit zu, daß sie es geflissentlich vermeiden, irgendein Kriterium anzugeben, wann dem Massenzustrom von nichteuropäischen Einwanderern ein Ende gesetzt werden soll. Es *explizit* zuzugeben, wäre freilich riskant, zumindest für Politiker, die nichtlinken Parteien angehören.

Die Geschichte der Masseneinwanderung ist eine Geschichte des Betruges: Hieß es zuerst, es kämen ja nur Gastarbeiter, und die würden auch wieder gehen, so ging man – nachdem sie hierzu keine Anstalten machten – dazu über zu versichern, sie würden zwar bleiben, sich aber sicherlich integrieren und auf keinen Fall den gewachsenen Charakter der Länder Europas beeinträchtigen. Nachdem sie auch dies nicht taten – sie hatten ja auch keinen Grund dazu –, wird nunmehr dem Wähler treuherzig versichert, nun gehöre zwar auch der Islam zu Deutschland und dagegen könne man nichts mehr machen, aber auf keinen Fall werde dies dazu führen, daß die Deutschen, oder irgendein anderes europäisches Volk, im eigenen Land zu einem Minderheitsvolk würden, obwohl genau dies offenkundig das Ziel, mindestens aber das in Kauf genommene Ergebnis der Einwanderungspolitik ist.

Einwanderungspolitik wird mit anderen Worten mit Hilfe einer Salamitaktik vorangetrieben, bei der die Verantwortlichen nur so viel zugeben, wie sie ohnehin nicht mehr abstreiten können, und dem Wähler so lange Beruhigungspillen verabreichen, wie es erforderlich ist, um vollendete Tatsachen zu schaffen, gegen die er sich dann nicht mehr wehren kann.

Just eine solche Beruhigungspille ist die zitierte Studie. Da alle gesellschafts- und kulturwissenschaftlichen Fachbereiche deutscher Universitäten von der finanziellen Förderung durch die öffentliche Hand, durch staatliche, staatsnahe und supranationale Organisationen abhängen und von ihren Forschungsaufträgen profitieren und alle Beteiligten dies wissen, bedarf es vermutlich schon keiner konkreten Vorgaben mehr, damit Wissenschaftler sich darüber im klaren sind, was sie zu liefern haben.

Die Presse wiederum greift auf, was ihr an einschlägigen Presseerklärungen vorgelegt wird, ohne eine eventuelle wissenschaftsinterne Kritik abzuwarten (die ohnehin länger auf sich warten ließe, als der hektische Medienbetrieb abzuwarten bereit wäre), ohne auch selbst die sich aufdrängenden kritischen Fragen zu stellen, obwohl dies einem Akademiker nicht allzu schwer fallen sollte. Sie tut nicht viel mehr, als die Presseerklärungen der Universitäten (die selbst oft genug bereits um die in den Originalstudien meist noch vorhandenen Differenzierungen und Vorbehalte bereinigt sind) ein wenig umzuformulieren und sie mit dem Subtext »Die Wissenschaft hat bewiesen, daß ...« unters Volk zu bringen.

Warum sollten Journalisten auch ihrer eigenen Ideologie gegenüber kritisch sein? Wie eine jüngere Studie ergeben hat[71], kommen unter politischen Journalisten auf einen Wähler der Union sechs Wähler linker Parteien. Die linke Dominanz im Medienbereich ist mithin alles andere als ein rechtes Hirngespinst und sie wird auch nicht dadurch konterkariert, daß die großen Medienkonzerne kommerzielle Unternehmen sind, deren Kapitaleigner linken – im Sinne von: sozialistischen – Ideen an sich eher abhold sein dürften. Das Großkapital ist nicht weniger an Masseneinwanderung interessiert als seine schreibenden Angestellten, nur ist es dies aus ökonomischen, weniger aus ideologischen Gründen,[72] und wenn sie auch nicht unbedingt dieselbe Ideologie teilen, so doch in jedem Fall dieselbe Metaideologie. Große wirtschaftsnahe Stiftungen betreiben demgemäß auch einen enormen Aufwand, um die frohe Botschaft zu verbreiten, Masseneinwanderung bereichere »uns alle«.[73]

Anhänger linker Ideologie und Vertreter von Kapitalinteressen vertreten hier aus subjektiv unterschiedlichen Gründen dieselben politischen Ziele, mehr noch: Linke Ideologie entpuppt sich geradezu als Vehikel, die Interessen von Kapitaleignern (womit selbstredend nicht mittelständische Unternehmer gemeint sind, sondern die entscheidenden Letzteigentümer miteinander verflochtener multinationaler Konzerne) mit einem emanzipatorischen Mäntelchen zu versehen.

In den Chefetagen dieser Pressekonzerne dürfte man sich wenige Illusionen darüber machen, daß solche Botschaften hochgradig unpopulär sind, zumal die Leser der Netzausgaben ihrem Unmut regelmäßig in Kommentarsträngen Luft machen. In der Regel wird daher bei einschlägigen Themen die Kommentarfunktion gesperrt. Würden die Medien sich, wie die Standardtheorie unterstellt, im wesentlichen an publizistischen Kriterien, d.h. an Quote und Auflage, orientieren, so wäre eine solche Politik völlig widersinnig. Wie die Wissenschaft, so agieren auch die Medien in einer Weise, die ihrer Selbstbeschreibung ins Gesicht schlägt: Sie orientieren sich bei bestimmten Themen weder am journalistischen Ethos noch am publizistischen Erfolg: ein klares Indiz dafür, daß auch bei ihnen ein politisches Programm systemwidriges Verhalten erzeugt, das nur unter Berücksichtigung dieses politischen Kontextes zu verstehen ist.

Kurz gesagt, benötigt die Politik eine willfährige Wählerschaft, die es hinnimmt, daß gegen ihre Interessen Politik gemacht wird und zu diesem Zweck mit Beruhigungspillen ruhiggestellt werden muß, die von der Wissenschaft bereitgestellt, von den Medien verbreitet und vom Publikum mehr oder minder mißtrauisch geschluckt werden, womit die Politik wiederum vom Handlungsdruck entlastet wird, sich im Interesse ihrer Wähler der von ihr selbst geschaffenen Probleme wenigstens im Nachhinein anzunehmen.

So funktioniert ein Desinformationskartell.

Man beachte, daß hier keineswegs unterstellt wird, die Beteiligten an diesem Kartell würden auf der Basis irgendwelcher geheimer Absprachen handeln; solche mag es geben, es bedarf ihrer aber nicht zwingend. Ein allgemeiner ideologischer Konsens, auf seiten der Wissenschaft verbunden mit der Aussicht auf staatliche Förderung und dem Wissen um die eigene Abhängigkeit von der Politik, genügt, koordiniertes Verhalten hervorzubringen – vielleicht nicht in jedem Einzelfall, aber doch so regelmäßig, das Ausnahmen, wo sie denn vorkommen, überraschend wirken.

2.2 Die Umgehung des Zensurverbots

Als der Bankierssohn Jakob von Metzler entführt wurde und der stellvertretende Frankfurter Polizeipräsident, in der Annahme, das Kind sei noch am Leben, den Entführer unter Androhung von Folter zwang, dessen Aufenthaltsort preiszugeben, entspann sich in Deutschland eine Debatte über das Folterverbot. Dabei wurde zugunsten des Polizeibeamten ins Feld geführt, daß ja Gefahr im Verzuge und eine Nothilfesituation gegeben gewesen sei. In einer solchen Lage, so wurde argumentiert, hätte auch jeder Private, zum Beispiel der Vater des Jungen, aber durchaus nicht nur der, das Recht gehabt, den Aufenthaltsort des Kindes aus dem Entführer buchstäblich herauszuprügeln. Und es könne doch nicht sein, daß der Polizei verboten sei, was jedem beliebigen Bürger in vergleichbarer Lage erlaubt sei.

Die Antwort lautet, daß dies nicht nur so sein *kann*, sondern so sein *muß:* Gerade *weil* der Staat das Monopol und als zentralisierter bewaffneter Machtapparat auch flächendeckend die Mittel zur Ausübung legaler Gewalt hat, müssen ihm, wenn er ein freiheitlicher Rechtsstaat sein soll, strenge Grenzen gesetzt und ihre Einhaltung konsequent überwacht werden. Er hat in vielen Bereichen einen weiten Ermessensspielraum; das Folterverbot aber ist abwägungsfest. Ein Staat, dem es erlaubt wäre, sich in Situationen, die zum Polizeialltag gehören, unter Berufung auf übergesetzlichen Notstand über Verfassung und Gesetz hinwegzusetzen, könnte, ja müßte rasch zur Diktatur ausarten. Ein Privater dagegen, der in einer Nothilfesituation zur Gewalt greift, gefährdet dadurch nicht die freiheitliche Ordnung als solche, und deshalb können ihm in solchen Situationen Dinge erlaubt sein, die der Polizei verboten sind.

Nehmen wir nun aber hypothetisch an, der Staat wollte das verfassungsmäßige Folterverbot umgehen. Nehmen wir an, die Polizei würde dulden oder dafür sorgen, daß ein Privatmann – vielleicht der Mitarbeiter einer spezialisierten Folterfirma – bereitsteht und »zufällig« kein Polizist anwesend ist, wenn es gilt, von einem Gefangenen durch Folter Informationen zu erpressen. Würden wir ein solches Vorgehen als das eines Rechtsstaates empfinden?

Manch einer würde sich vielleicht damit trösten, es werde schon »die Richtigen treffen« und die Pandorabüchse, die sich auftut, wenn solche Praktiken erst einmal einreißen, erst dann als solche erkennen, wenn es ihn selbst trifft.

Wer aber etwas weniger naiv ist, und das dürfte immer noch eine Mehrheit sein, wird deswegen wohl eher sagen, daß dies eine dreiste Umgehung, ja Verhöhnung der Verfassung und der darin enthaltenen Pflicht des Staates wäre, die Grundrechte seiner Bürger zu schützen. Wir würden sagen, daß der Staat sich seiner Pflichten aus der Verfassung nicht dadurch entziehen kann, daß er Privatleute anstiftet, Dinge zu tun, die ihm selbst verboten sind. Wir würden sagen, daß Private ihre Rechte mißbrauchen, wenn sie sie in solcher Weise in den Dienst des Staates stellen. Wir würden ein solches kollusives Zusammenwirken von Staat und Privatleuten ein Kartell zum Zwecke des Rechtsbruches nennen.

Genau diese Konstellation, nämlich der gezielte und koordinierte Mißbrauch privater Rechte zu öffentlichen Zwecken und die Umgehung des Grundrechtsschutzes durch Private, die als Handlanger der staatlichen Politik auftreten, liegt dort vor, wo staatliche Amtsträger Private auffordern, dafür zu sorgen, daß Gegner der herrschenden Politik öffentlich nicht zu Wort kommen oder mit sozial ausgrenzenden Sanktionen belegt werden. Etwa in einem Fall wie diesem:

»BERLIN. Verbraucherschutzministerin Ilse Aigner (CSU) hat zur Unterstützung einer neuen Kampagne im ›Kampf gegen Rechts‹ aufgerufen. Ziel der einwöchigen Aktion ›Soziale Netzwerke gegen Nazis‹ ist es Rechtsextremisten aus dem Internet zu verbannen. An der Initiative beteiligen sich zwanzig Internetseitenbetreiber, darunter Google, soziale Netzwerke wie Studi-VZ und die Videoplattform Youtube. Sie wollen mit Bannern auf ihrer Internetseite auf das Vorhaben aufmerksam machen.

Die Organisatoren versprechen sich von ihrer Kampagne, daß Internetnutzer ungewünschte Seiten in sozialen Netzwerken zügig melden. ›Die Netzwerke brauchen Hilfe: Sie können die Mengen von Daten gar nicht kontrollieren, die täglich hochgeladen werden. Aber sie können schnellstmöglich auf die Hinweise aufmerksamer Nutzerinnen und Nutzer reagieren. Auf Ihre Hinweise‹, heißt es in dem Aufruf der Aktion. Nur so könnten ›ahnungslose Surfer‹ vor rechtsextremer Propaganda geschützt werden, der sie sonst hilflos ausgeliefert wären.«[74]

Halten wir zunächst fest, daß sowohl die Initiatoren solcher Aktionen als auch die Ministerin offenbar von einem Menschenbild ausgehen, in dem urteilsfähige Erwachsene nicht vorgesehen sind: Der »Surfer« ist im Zweifel »ahnungslos« und muß deshalb, selbstredend nur zu seinem eigenen Besten, vor Informationen bewahrt werden, die ihn womöglich verwirren könnten: die klassische Selbstrechtfertigung von Zensoren.

Selbstverständlich ist sich die Ministerin darüber im klaren, daß weder die Nutzer noch die beteiligten Privatunternehmen über die politikwissenschaftliche oder juristische Expertise verfügen, rechtsextreme von gemäßigt rechten, etwa konservativen Positionen zu unterscheiden, und daß deshalb ein Aufruf, »rechtsextreme« Seiten zu melden, einem Aufruf gleichkommt, nicht-linke Inhalte zu verbannen. Selbstverständlich weiß sie, daß die genannten Netzplattformen über ein Oligopol, und alle zusammen faktisch über ein Monopol verfügen, ein Ausschluß von den genannten Plattformen daher einem Ausschluß aus dem öffentlichen Diskurs gleichkommt, soweit er im Internet stattfindet. Auch ist ihr bewußt (oder aber, wie Juristen das nennen, *in vorwerfbarer Weise* nicht bewußt), daß nach ständiger Rechtsprechung des Bundesverfassungsgerichts auch extremistische Ansichten ein legitimer und rechtlich geschützter Teil des öffentlichen Diskurses sind, aus dem der Staat sich herauszuhalten hat.

Es kann auch nicht anders sein: Einem Staat, dem es erlaubt oder gar geboten wäre, Kritik nur deshalb zu verbieten, weil sie von einem extremistischen Standpunkt her formuliert wird, müßte zum Beispiel auch die Werke von Marx und Engels aus dem Verkehr ziehen – und damit auch eine Vielzahl darin enthaltener richtiger Einsichten, die man nur von einem systemtranszendierenden, im Zweifel also »extremistischen« Standpunkt gewinnen konnte.

Da hilft auch das in solchen Zusammenhängen oft mißbrauchte Schlagwort von der »wehrhaften Demokratie« nicht weiter. Die »wehrhafte Demokratie« ist ein juristisches, kein politisches Konzept und bedeutet, daß der Staat (und *nur* er, weil nur er der verwaltungs- und verfassungsgerichtlichen Kontrolle unterliegt) im Rahmen der Verfassung (und nicht darüber hinaus) zur Abwehr von Gefahren für den Bestand der verfassungsmäßigen Ordnung (nicht aber zur Bekämpfung mißliebiger Meinungen oder zur Durchsetzung von Regierungspolitik) in die politischen Grundrechte Privater eingreifen darf, indem er zum Beispiel Organisationsverbote verhängt, in eng umgrenzten Fällen auch Zensur ausübt.

Ein Politiker aber, der Bürger dazu auffordert, Andersdenkende an der Verbreitung Ihrer Meinungen zu hindern, gibt implizit zu, daß er verfassungsrechtliche Grenzen umgehen will, an die der Staat gebunden ist. Das Verhalten, zu dem er auffordert, ist jeweils für sich genommen nicht illegal, da Privatunternehmen, anders als der Staat, nicht an den Gleichheitsgrundsatz gebunden sind und daher Dienstleistungen verweigern können, wem sie wollen, und private Nutzer völlig legal eine entsprechende Aufforderung an einen Dienstleister, etwa ein Internetunternehmen richten können. Fordern allerdings hohe Repräsentanten des Staates zu einem solchen Verhalten auf, das, wenn es massenhaft, systematisch und koordiniert stattfindet (und eben diese Koordination ist ja der *Sinn* solcher Aufrufe), zur Entwertung der politischen Grundrechte eines Teils der Bevölkerung führen muß, dann legen sie es darauf an, einen Zustand herbeizuführen, den herbeizuführen ihnen als staatlichen Funktionsträgern untersagt ist.

Es handelt sich mithin um eine exakte Analogie zur oben erörterten hypothetischen Umgehung des Folterverbots. Letztere ist glücklicherweise immer noch fiktiv, aber die Umgehung des Zensurverbots wird regelmäßig, ja geradezu gewohnheitsmäßig praktiziert, und sie funktioniert durch das kollusive Zusammenspiel von Staat und Privaten, bei dem letztere als Inoffizielle Mitarbeiter des Staates das tun, was diesem verboten ist.

Internetzensur ist nur ein kleiner Teil aus einer ganzen Palette von Maßnahmen. Zu diesen gehören auch die systematische Be- und Verhinderung politischer Veranstaltungen, die regierungsamtliche politische Verdächtigung in Gestalt von Verfassungsschutzberichten, die bewußte Verleumdung in den Medien, die Kündigung von Bankkonten und sogar des Arbeitsplatzes aus politischen Gründen, die Ausstoßung aus Vereinen und Kirchen, der Ausschluß vom Zeitungsvertrieb, Einbrüche, Farb- und Brandanschläge, und die Liste ist damit keineswegs vollständig. Typischerweise werden auch die illegalen Methoden von der Politik und wiederum von den Medien in einer Weise wohlwollend kommentiert, die die Grenze zur Anstiftung streift und die zur Billigung von Straftaten überschreitet.

Entdifferenzierung findet hier gleich in doppelter Hinsicht statt: zum einen durch die systematische Verwischung der Grenzen zwischen staatlich-politischem und privatem Handeln, zum anderen durch die Entwertung abstrakter und allgemeingültiger Rechtsnormen als letztem Maßstab für erlaubtes und unerlaubtes Handeln, denn es liegt in der Natur der Sache, daß solche Mittel *selektiv* angewendet werden. Die Politik sprengt die Grenzen des Rechts, um *bestimmte* Interessen und *bestimmte* politische Meinungen zu bekämpfen. Die Bürgerrechte werden formal nicht als solche beseitigt, sondern ihre Ausübung wird lediglich einem bestimmten Teil des Volkes bis zur Unmöglichkeit erschwert. Es wäre ganz undenkbar, etwa gegen linke Organisationen in ähnlicher Weise vorzugehen.[75] Verfahren wird nach dem Motto, daß es auf die Legalität nicht ankommt, solange das illegale oder rechtsmißbräuchliche Verhalten nur – *die Richtigen trifft*.

Es trifft aber nie »die Richtigen«. In dem Moment nämlich, wo es eine Frage schierer Macht ist, ob Bürgerrechte faktisch in Anspruch genommen werden können oder nur auf dem Papier stehen, weil die Beschneidung von Bürgerrechten willkürlich und ohne rechtliche Kontrolle durch das Zusammenspiel von Staat und Mob stattfindet, kann jederzeit *jeder* jener vermeintlich »Richtige« sein, den es treffen kann, und in einem Land, in dem die Wahrnehmung der Bürgerrechte von der politischen Macht zu ihrer Durchsetzung abhängig ist, hat in Wahrheit *niemand* irgendwelche Rechte. Der freiheitliche Rechtsstaat verkommt schleichend zur bloßen Fassade, zum Papiertiger, der die politische Macht nicht mehr begrenzt, sondern ihre willkürliche und mißbräuchliche Ausübung bloß noch bemäntelt. Die Verfassung mutiert zum bloß offiziellen Gesicht einer Doppelherrschaft, einer Machtstruktur, bei der formelle mit informellen Elementen in einer Weise koexistieren, daß der informelle Sektor dominiert. Der rechtsfreie Raum, in den jeder unbotmäßige Bürger gestoßen werden kann, wird zum dunklen Hinterhof des Staates, dessen Verfassung bloß noch Fassade ist, ganz so, wie es die scheinbar vorbildlich demokratische Stalinverfassung von 1936

175

oder die jakobinische von 1793 waren. Es beginnt mit Zensur, aber es endet nicht dort. Der Staat, der das Zensurverbot umgeht, wird Mittel finden, auch das Folterverbot zu umgehen, und die klammheimliche Entführung von Islamisten in amerikanische Foltergefängnisse unter stillschweigender Komplizenschaft deutscher Behörden war ein Menetekel, ein Vorgeschmack auf die Zukunft.

2.3. Parteienkartelle

Noch in einer weiteren Hinsicht geht es bei den obigen Beispielen um Entdifferenzierung und Entstrukturierung, nämlich im Hinblick auf den Zweck: Die politischen Richtungen, die hier unter Umgehung rechtsstaatlicher Normen bekämpft werden, sind allesamt »rechts«, d.h. sie richten sich gegen Masseneinwanderung und gegen die Übertragung nationalstaatlicher Kompetenzen an supranationale Organisationen, treten mithin für die Aufrechterhaltung von Differenzen und Strukturen ein, die nach dem Willen der Machthaber zu beseitigen sind. Allen propagandistischen Vorwänden zum Trotz ist dies – *und dies allein!* – der Grund für ihre diskriminierende politische Ausgrenzung.

Angesichts der enormen Unpopularität sowohl der Masseneinwanderung als auch der Supranationalisierung ist es erklärungsbedürftig, daß sich, zumindest in Deutschland, keine etablierte Partei findet, die diese Stimmungen aufgreift und in Wählerstimmen ummünzt. Die politikwissenschaftlichen Standardtheorien, denen zufolge ein wettbewerbsorientiertes Parteiensystem jede massenhaft verbreitete politische Präferenz auch widerspiegeln müsse, versagen hier: Die Theorie, daß die Konkurrenz der Parteien in der Politik, ähnlich wie die Konkurrenz von Unternehmen am Markt, zwangsläufig dazu führen müsse, daß jede Nachfrage ein ihr entsprechendes Angebot hervorbringt, beschreibt die politische Wirklichkeit in westlichen Demokratien bestenfalls unzureichend; denn selbst dort, wo es relativ starke Parteien gibt, die solche Stimmungen aufgreifen, wie in Österreich, Frankreich, Belgien, den Niederlanden, Dänemark und anderen europäischen Ländern, werden sie meist von der Regierungsverantwortung ferngehalten, und in keinem Fall versucht eine der führenden Parteien, ihre Agenda aufzugreifen. Allenfalls rhetorische Zugeständnisse an die Volksstimmung werden gemacht, um nach dem Wahltag wieder vergessen zu werden.

Besonders pikant ist in diesem Zusammenhang, daß die Politik der Masseneinwanderung nicht nur von linken, sondern auch von vorgeblich konservativen Parteien mitgetragen wird. Bei den linken muß dies niemanden überraschen: Die meisten Einwanderer sind arm und gering qualifiziert, mithin auf den Sozialstaat angewiesen. Sie werden also linke Parteien wählen, sobald sie das Wahlrecht haben, und demgemäß versuchen linke Parteien, ihnen die Einbürgerung so leicht wie möglich zu machen, um sich selbst eine strukturelle Mehrheit zu verschaffen. Der ironisch gemeinte Vorschlag von Bertolt Brecht, die Regierung möge doch das Volk auflösen und sich ein anderes wählen, ist heute ganz ernsthaft die Grundlage der Politik linker Parteien.

Daß mit der Masseneinwanderung auch die Konkurrenz auf dem Arbeitsmarkt für relativ gering qualifizierte Tätigkeiten steigt, auf die Löhne drückt und die Position einheimischer Arbeiter verschlechtert, daß also ihre eigene Stammwählerschaft verarmt, nehmen linke Parteien in Kauf, weil diese Stammwählerschaft dadurch ebenfalls in wachsende Abhängigkeit von staatlichen Umverteilungsmechanismen gerät und erst recht darauf angewiesen ist, daß linke Parteien regieren. Linke Parteien stürzen ihre Anhänger also in just die Probleme, als deren Lösung sie sich präsentieren.

Überraschend aber, zumindest sofern man der Standardtheorie folgt, muß sein, daß auch Parteien wie die deutsche CDU und die US-Republikaner eine einwanderungsfreundliche Politik betreiben, obwohl sie wissen, daß sie damit die Wähler ihrer Gegner importieren. Die bei weitem schlüssigste Erklärung für dieses Phänomen ist, daß diese Parteien genau das sind, was Marxisten ihnen immer schon zu sein unterstellt haben, nämlich Parteien des Großkapitals, das naturgemäß ein Interesse an einem lohndrückenden Überangebot an Arbeitskraft hat. Die politischen Interessen linker Parteien treffen sich mit den ökonomischen Interessen des Großkapitals und führen auf der politischen Ebene zu einem Kartell zwischen den Parteien der Linken und denen eines bloß noch so genannten Konservatismus.

Dabei ist dieser Konsens in der Einwanderungspolitik nur die greifbarste Ausdrucksform eines viel weitergehenden und umfassenderen Konsenses. In den letzten zwanzig Jahren sind wir in Deutschland Zeugen des sonderbaren Schauspiels geworden, daß die Union die D-Mark opfert und mit der Pflegeversicherung den Sozialstaat ausbaut; daß die erste Amtshandlung einer Koalition zweier pazifistischer Parteien der erste Kampfeinsatz deutscher Streitkräfte (Kosovo) nach dem Zweiten Weltkrieg ist; daß dieselbe Pazifistenkoalition noch Deutschlands Beteiligung am Afghanistankrieg beschließt; daß der größte Einschnitt in den Sozialstaat (»Agenda 2010«) von einer linken Regierung beschlossen wird; während eine »bürgerliche« Koalition weder die Steuern senkt noch die Wirtschaft liberalisiert, dafür aber Masseneinwanderung, »Gender Mainstreaming« und die Abschaffung der Wehrpflicht betreibt, also das Programm der Grünen verwirklicht. Daß also jede Regierung ziemlich genau das Gegenteil von dem tut, was der politischen Farbenlehre nach von ihr zu erwarten wäre.

Bei all diesen Themen sind offenkundig nicht Parteiinteressen leitend, und folgerichtig befindet sich die Regierung Merkel schon seit geraumer Zeit in demselben Niedergang, den die Regierung Schröder nach der »Agenda 2010« erfuhr.

Staatstragendere Publizisten, als ich es bin, würden dieses bemerkenswerte Phänomen vermutlich damit erklären, daß deutsche Politiker eben so verantwortungsbewußt seien, die Interessen des Landes über die der Partei zu stellen und dieser Partei daher auch schmerzhafte Kompromisse abzuverlangen.

Nun, dies mag man bezweifeln: Zum einen haben sie sich in allen genannten Fällen nicht nur über die *Interessen* ihrer Partei hinweggesetzt, sondern vor allem über die *Überzeugungen* ihrer Mitglieder (und erst dadurch über die Interessen), die keineswegs der Auffassung waren, diese Überzeugungen seien mit den Interessen des Landes unvereinbar. Zum anderen hat keine der genannten Politiken (außer vielleicht die Agenda 2010, ohne daß ich das hier näher erörtern möchte) irgend etwas mit den Interessen Deutschlands zu tun gehabt. In der Außen- und Sicherheitspolitik waren offenkundig die Interessen jener Machtstrukturen maßgeblich, die sich selbst gerne als *der Westen* bzw. *Europa* bezeichnen, also das US-dominierte Staatenbündnis und die EU, in der Innenpolitik Interessen, die man bestenfalls unter erheblichen ideologischen Klimmzügen mit dem Gemeinwohl in Verbindung bringen kann.

Wenn aber nicht die Interessen der Partei und auch nicht die des Landes maßgeblich sind, welche sind es dann? Und wieso ist es so häufig die »falsche« Partei, die diese Interessen durchsetzt?

Um mit der letzten Frage zu beginnen: Ein unpopuläres und auch zwischen den Parteien umstrittenes politisches Projekt *kann* praktisch nur von der »falschen« Partei durchgesetzt werden, zumindest, sofern es keinen politisch wirksamen Widerstand dagegen geben soll. Eine Regierung, die das Programm der Oppositionsparteien verwirklicht, hat von diesen naturgemäß keinen Widerstand zu erwarten, und dies bedeutet, sofern die Regierung ihre eigenen Funktionäre und Mandatsträger zu disziplinieren versteht, daß das jeweilige Thema aus der innenpolitischen Auseinandersetzung verschwindet und höchstens noch innerparteilich zu Kontroversen führt. Am Ende ist die Regierungspartei politisch ruiniert, aber die jeweilige Politik durchgesetzt, woraufhin die bisherige Oppositionspartei als neue Regierung das Programm der bisherigen Regierungspartei verwirklicht. Nicht das *ganze* Programm, versteht sich, sondern nur diejenigen Teile, die so zentral sind, daß sie unbedingt durchgesetzt werden müssen, aber von der nach traditioneller politischer Farbenlehre eigentlich »zuständigen« Partei nicht durchgesetzt werden *können,* weil dann der politische Gegenwind zu groß wäre.

Die oben beschriebenen Merkwürdigkeiten der deutschen Politik der letzten zwei Jahrzehnte sind ohne weiteres erklärbar, wenn wir unterstellen, daß zwischen den großen Parteien ein Konsens über zentrale politische Fragen besteht, dessen Inhalt aber aus Rücksicht auf die eigene Anhängerschaft nicht, oder zumindest nicht vollständig, im jeweiligen Parteiprogramm niedergelegt werden kann. Dieser Konsens schlägt sich in einem Kartell nieder, das heißt, die Parteien verzichten im Verhältnis zueinander teilweise auf die Verfolgung ihrer jeweiligen Parteiinteressen, um die gemeinsamen Ziele zu erreichen. Welche Ziele das sind und welche Fragen so zentral sind, daß sie auf der gemeinsamen Agenda stehen und Gegenstand des Kartells sind, erkennt man zuverlässig daran, daß Politiker – selbstredend mit staatsmännischem Tremolo und nur »im Interesse des Landes« – mahnen, sie »aus den Wahlkämpfen herauszuhalten«. Speziell also Fragen der Sicherheits-, Europa- und Einwanderungspolitik. In anderen Fragen, die weniger öffentlichen Widerstand hervorrufen, etwa der »Genderpolitik«, mahnt man gar nicht erst, sie nicht zu thematisieren, man tut es einfach.

Umgekehrt (und zugespitzt) formuliert: Wenn eine Frage zwischen den großen Parteien umstritten ist, in Wahlkämpfen thematisiert und in Talkshows und anderswo öffentlich diskutiert wird, dann kann man *daran* erkennen, daß es sich um eine unwichtige Frage handelt. Über *wichtige* Fragen wird nicht in Wahlen entschieden, sondern hinter verschlossenen Türen, und nicht einmal immer von den Politikern, die offiziell die Verantwortung tragen.

Es gibt einen roten Faden, der diese disparaten Politikbereiche (das Ende der D-Mark zugunsten des Euro, das Ende der Landesverteidigung zugunsten von Militärinterventionen in fremden Ländern, die Einschnitte in den Sozialstaat, die Massenmigration und das »Gender Mainstreaming«) miteinander verbindet, und das ist die Vision, oder auch der Alptraum, einer vollkommen unter dem Gesichtspunkt kapitalistischer Effizienz durchorganisierten Globalgesellschaft.

Dazu gehört nämlich das Ende der Nationalstaaten, die sonst womöglich aus politischen Gründen den freien Markt bändigen könnten, dazu gehört globale Migrationsfreiheit, dazu gehört, daß es nur noch individuelle, aber keine kollektiven Interessen mehr geben darf, und folglich auch, daß Solidaritätsstrukturen, auf deren Basis solche Kollektivinteressen zu formulieren wären, zersetzt werden: Völker, die als Nationen politisch organisiert sind, wären in dieser Neuen Weltordnung ein Störfaktor, Familien als ökonomische Solidarverbände würden einen erheblichen Teil des vorhandenen Arbeitskräftepotentials, vor allem die Frauen, vom Markt nehmen, Religionsgemeinschaften, die die Aufmerksamkeit der Menschen von ihren ökonomischen Interessen ablenken – und das tun sie automatisch, sofern sie mehr als ein bloß sentimentales Beiwerk des »wirklichen« Lebens sind –, wären schlecht fürs Geschäft. Überhaupt ist alles, was dem Menschen erlaubt, sein individuelles Leben zu transzendieren und sich in einen Bezug zu Gott, zur Geschichte, zum Nächsten, zu Höherem und Größerem zu setzen, schlecht fürs Geschäft und schlecht für die Herrschenden. Wer mehr sein will als ein nutzenmaximierender Homo Oeconomicus, ist im selben Maße unkonditionierbar und damit unkalkulierbar. Wer daran glaubt, daß es Werte gibt, die bedeutender sind als der monetäre Nutzen, und für die er deshalb die eigene Bequemlichkeit, die eigene Karriere, womöglich sogar das eigene Leben zu opfern bereit ist, ist eine Gefahrenquelle für jede Herrschaft und jedes System, das total und »ewig« sein will.

Was den Totalitarismus der Neuen Weltordnung von jedem früheren Herrschaftssystem, und wäre es noch so autoritär und sogar totalitär gewesen, unterscheidet, ist dies: Frühere Herrschaftsformen zeichneten sich durchweg dadurch aus, daß sie die vorhandenen solidaritätsstiftenden Strukturen Volk, Familie und Religion für sich einzuspannen versuchten, indem sie etwa das sprichwörtliche Bündnis von Thron und Altar pflegten, die Familie als Basis der Gesellschaft (und damit auch ihrer eigenen Herrschaft) schützten oder den Nationalismus für ihre Zwecke einspannten. Vieles davon war kritisierenswert, aber die Idee, die gesamte politische und soziale Ordnung nicht auf die Nutzung, sondern auf die Zerstörung dieser Strukturen, d.h. vollständige Atomisierung der Gesellschaft zu stützen, ist ein historisches Novum, für das nicht einmal die kommunistischen Systeme einen wirklichen Präzedenzfall liefern.

2.4. Die dialektische Struktur von Zerstörungsprozessen

Nun könnte man gegen diese Thesen einwenden, ich würde hier Kräfte und Faktoren zusammenzwingen, die miteinander gar nichts zu tun hätten. Wer etwa den Sozialstaat ausbauen oder zumindest erhalten wolle – und das tut eine mächtige politische Linke –, könne doch unmöglich an einem Strang mit den Kräften ziehen, die an seiner Beseitigung arbeiten; die EU wiederum sei kein globales, sondern ein regionales Projekt, das Europa erst in die Lage versetze, sich im Strudel der Globalisierung als eigenständige Größe zu behaupten; die Massenmigration bringe mit dem Islam eine Kultur nach Europa, der man sicherlich vieles vorwerfen könne, aber gerade *nicht* eine Tendenz zur Atomisierung der Gesellschaft.

Ein solcher Einwand wäre stichhaltig, wenn ich behaupten würde, daß all die sehr zahlreichen Akteure, auf deren Kooperation es in diesem Zusammenhang ankommt, *subjektiv* dieselben Ziele verfolgten und *bewußt* an der Schaffung der von mir skizzierten Neuen Weltordnung arbeiteten; daß also eine Art Massenverschwörung existierte, deren Beteiligte die Öffentlichkeit über ihre wirklichen Ziele zynisch belögen.

Hierzu ist vielerlei zu sagen: erstens, daß zumindest die Top-Eliten uns über ihre Ziele keineswegs im unklaren lassen. Wenn etwa Politiker fordern, bestimmte Themen aus Wahlkämpfen auszuklammern, dann enthält dies das *Eingeständnis,* daß über bestimmte Ziele Konsens herrscht, ihre Thematisierung im Wahlkampf mithin bloß taktischer Natur sein kann, dabei aber eine – aus der Sicht der Eliten gefährliche – Eigendynamik entwickeln und die Akzeptanz der jeweiligen Politik im Volk untergraben könnte. Und daß Masseneinwanderung und die Stärkung supranationaler Strukturen per se etwas Gutes seien, wie uns von den politisch-medialen Eliten versichert wird, impliziert das Eingeständnis, daß eben diese Ziele auch verfolgt werden. Das Publikum wird nicht etwa durch glatte Lügen, sondern durch eine gefällige ideologische PR-Sprache getäuscht; einer Verschwörung bedarf es hierzu nicht.

Zweitens gibt es, gerade unter Politikern und Journalisten, vorzugsweise solchen aus der zweiten Reihe, sehr viele, die sich über die Implikationen dieser beiden politischen Kernprojekte aufrichtig nicht im klaren sind, also ganz ehrlich glauben, die Masseneinwanderung sei mit der Aufrechterhaltung des Sozialstaats vereinbar, oder die Stärkung der Europäischen Union bedeute eine Stärkung »Europas« und demokratisch legitimierter Politik gegen die anonymen Mächte des Weltmarktes; oder die sich darüber gar keine Gedanken machen und an ihrer Karriere interessiert sind und daher das vertreten, was »oben« von ihnen zu vertreten erwartet wird, ohne sich über die sozialen und politischen Konsequenzen den Kopf zu zerbrechen.

Drittens lautet die Frage, die ich hier beantworte, nicht »Warum?«, auch nicht »Wer?«, sondern »Wie?«. Ob die Neue Weltordnung das Ergebnis eines zielgerichteten Plans oder mehr unpersönlicher objektiver Prozesse ist (deren innere Logik sich erst im Nachhinein als solche identifizieren, dann aber so beschreiben läßt, als hätten wir es ausschließlich mit der Verwirklichung eines durchdachten Masterplans zu tun), ist keine Entweder-Oder-Frage, denn das eine schließt das andere nicht aus. Wenn ich die dialektischen Prozesse, die zur Neuen Weltordnung führen, im vorliegenden Zusammenhang vor allem unter dem Gesichtspunkt zielgerichteter politischer Planung betrachte, so geschieht dies vor allem zur Zurückweisung der offiziösen ideologischen Legende, hier fänden rein unpersönliche, notwendige, eben »alternativlose« Prozesse statt.

Ein solches Projekt stößt naturgemäß, allein aufgrund der Macht und des Selbsterhaltungswillens der angegriffenen Strukturen, auf Widerstände, die nicht alle gleichzeitig niedergerungen werden können. Paradigmatisch für eine der Strategien, das globalistische Projekt durchzusetzen, steht der Umgang des Westens mit seinen Gegenspielern Deutschland und Rußland im 20. Jahrhundert:

Beide Staaten hatten das Potential, große Räume dem Weltmarkt zumindest teilweise zu entziehen. Beide vermochten sich, gerade in den Phasen totalitärer Herrschaft wegen der Machtkonzentration an der Spitze, der mehr oder minder sanften Einflußnahme von außen zu entziehen. Der Westen hat sich dieser Widersacher dadurch entledigt, daß er zunächst Deutschland mit Hilfe Rußlands, anschließend mit Hilfe der dadurch gewachsenen Macht des Westens Rußland in Abhängigkeit zwang. Das Prinzip lautet: Bekämpfe einen Gegner mit Hilfe des anderen und benutze die veränderte Lage, um auch deinem ursprünglichen Verbündeten den Garaus zu machen.

In demselben Sinne ist es kein Widerspruch zum Konzept des ungehemmten Globalkapitalismus, den europäischen Sozialstaat noch eine Weile aufrechtzuerhalten. Dieser Sozialstaat wirkt als Immigrationsmagnet für gerade solche Einwanderer, die ihn am wahrscheinlichsten auch in Anspruch nehmen und damit, fortdauernde Masseneinwanderung vorausgesetzt, am Ende ruinieren werden. Benutze die Einwanderer, um genau den Sozialstaat zu zerstören, auf dessen Leistungen viele von ihnen es abgesehen haben.

Daß der Islam für seine Anhänger eine starke identitätsbildende und solidaritätsstiftende Kraft hat, ist unzweifelhaft richtig. Gerade deshalb verhindert er effektiv das Verschmelzen moslemischer Einwanderergemeinschaften mit den Mehrheitsvölkern, und gerade deshalb führt ihre Einwanderung zur Zersplitterung der europäischen Gesellschaften in Teilvölker, die »Nationen« am Ende bloß noch im Sinne einer Rechtsfiktion sein werden. Die grundlegende Solidarität, die Völker erst zu Schicksalsgemeinschaften macht, wird untergraben, wenn zur »Nation« zu viele gehören, die dieser Nation gegenüber keine Solidarität empfinden und zeigen. Nationen als Gegenspieler zur globalen Verschmelzung fallen in dem Maße aus, wie sie zu zusammengewürfelten Zufalls- und Zwangsgemeinschaften verschiedener Teilvölker mutieren, und dabei leistet der Islam wertvolle Dienste. Ob die Spekulation aufgehen wird, daß am Ende auch die Moslems, wie schon die meisten Christen, ihre Religiosität ablegen und sich in lenkbare Konsumentenmassen verwandeln werden, sei dahingestellt,[76] aber daß diese Spekulation angestellt wird, ist offenkundig,[77] und sie entspricht dem bekannten Muster, erst den einen Gegenspieler des Globalismus – die Nationen – mit Hilfe des anderen – des Islam – auszuschalten, um dann auch diesen zu zerstören.

Was die Europäische Union betrifft, so ist deren Sinn und Zweck keineswegs der, die Völker Europas zu einer Nation höherer Ordnung zu vereinen, eventuell auf der Basis kultureller Gemeinsamkeiten. Eine solche Idee, wenn sie denn verfolgt würde, hätte durchaus eine gewisse innere Logik auf ihrer Seite. Die »Gleichzeitigkeit struktureller Globalisierung und kultureller Fragmentation«[78] schärft jetzt bereits das Gefühl der Europäer für die Gemeinsamkeiten ihrer Völker, für die Einzigartigkeit ihrer Kultur und ihren Gegensatz zu außereuropäischen Völkern und Kulturen. Es wäre ein vielleicht verfrühtes, aber keineswegs absurdes Projekt, die Völker Europas auf der Basis dieser Gemeinsamkeiten als Nation höherer Ordnung (also als Nation, die aus Nationen besteht) zu konstituieren. Freilich würde dies voraussetzen, daß dieses Europa seine von der übrigen Welt deutlich unterscheidbare Identität auch in dieser Unterscheidbarkeit aufrechterhält. Es hieße: Öffnung der Völker Europas füreinander, aber Grenzziehung nach außen. Dies ist gerade nicht gewünscht, wie die auch und gerade von der EU forcierte Einwanderungspolitik zeigt. Europa soll offene Grenzen nach innen *und* außen haben, seine Kultur zu einer Mischkultur aller Kulturen der Welt werden, seine Identität die einer »Menschheit im kleinen« sein und damit einer Welt-Einheitskultur und Einheitsidentität die Richtung weisen.

Die »multikulturelle« Propaganda ist bereits deshalb verlogen, weil die »Multikultur« nur als Durchgangsstadium auf dem Weg zu einem Zustand gedacht ist, wo es keine erkennbaren Unterschiede mehr zwischen Berlin, Peking, Neu-Delhi und São Paulo gibt – und gerade die Zustände in São Paulo dürften ziemlich genau denen entsprechen, die in dreißig Jahren in Europa normal sein werden. Auch hier ist die dialektische Struktur der Zerstörungsprozesse erkennbar: Die verschiedenen Kulturen werden dadurch, daß man sie in denselben sozialen Räumen zusammenzwingt, in gegenseitige verschleißende Konflikte gestürzt, deren Management wie von selbst ihre Neutralisierung und schließlich Verschmelzung und Vereinheitlichung erzwingt. »Multikulturelle Gesellschaft« ist ein anderes Wort für die wechselseitige Zerstörung aller Kulturen, die phraseologisch propagierte »Vielfalt« ein Mittel zur Zerstörung der realen.

Ebenso wird die Europäische Union nie ein Staat in dem Sinne sein, daß benennbare und rechenschaftspflichtige politische Akteure ihre Programme verfolgen (und nie eine Demokratie in dem Sinne, daß sie sie zur demokratischen Abstimmung stellen). Sie *kann* das gar nicht sein, weil sie auf zwischenstaatlichen Verträgen beruht, in denen bestimmte politische Ziele festgeschrieben sind, die deshalb weder zur Disposition der Nationalstaaten noch etwa des Europäischen Parlaments stehen. Da die Änderung solcher Verträge Einstimmigkeit voraussetzt und die Kosten eines Ausscheidens aus dem System für jeden Einzelstaat unvertretbar hoch wären (oder als unvertretbar hoch dargestellt werden können), sind sie faktisch unabänderlich und ist alles, was in ihnen festgeschrieben ist, der politischen Intervention nur noch eingeschränkt oder überhaupt nicht mehr zugänglich.

Die EU ist daher keineswegs in dem Sinne souverän, wie ein Staat es ist. Souverän sind die *Verträge*, also ein abstraktes System, und das heißt letztendlich, daß niemand mehr Verantwortung trägt. Niemand kann durch Wähler oder Justiz für Entscheidungen zur Rechenschaft gezogen werden, die sich aus den Verträgen ergeben; die Macht, so niederdrückend sie ist und so fatal ihre Konsequenzen für die Völker Europas sind, verliert jeden zurechenbaren Träger und wird zur bloßen Struktur. Das Erfordernis der Einstimmigkeit hat seine Ursache noch in der Souveränität der Nationalstaaten, aber diese Souveränität wird durch die durch sie legitimierten Verträge nicht auf ein anderes Rechtssubjekt *übertragen*, sie wird *vernichtet.* Auch hier ist die EU, die folgerichtig durch Kooptation immer neuer Länder ihr Gebiet immer weiter auszudehnen sucht, so etwas wie das Modell eines künftigen Weltstaates im kleinen, und schon deshalb alles andere als ein Gegengewicht zum globalen System.

2.5. Die Rolle von Minderheiten

Knüpfen wir nochmals an einige Überlegungen aus den **Kapiteln I und II** an:

Wir hatten gesehen, daß der innere Friede eines Landes um so stabiler sein wird, je größer die kulturelle Homogenität innerhalb der Bevölkerung ist; daß diese *Homogenität* alles andere als *Uniformität* bedeutet, aber bestimmte zentrale Vorstellungen von Gut und Böse, Recht und Unrecht, Wahr und Unwahr, Wir und Sie betreffen muß; daß die Tolerierung von Ausnahmen von der Regel und Abweichungen von der Norm nur so lange unproblematisch ist, wie dadurch die Regel bestätigt und eben nicht beseitigt wird; daß zur Demokratie die Bejahung der Nation als eines Kollektivsubjekts gehört; daß die Bejahung oder Verneinung der traditionellen Auffassung von Ehe und Familie als gesellschaftliches Leitbild keine will-kürliche Geschmackssache ist, sondern etwas mit dem Fortbestand eines Volkes zu tun hat; und daß eine Ideologie, die dies alles nicht wahrhaben will, eine ihr anhängende Gesellschaft *mindestens* in erhebliche Turbulenzen stürzen wird.

Wir hatten des weiteren gesehen, daß die weit überwiegende Mehrheit der Menschen diese Ideen kraft ihres gesunden Men-schenverstandes bejaht und daß dieser gesunde Menschenverstand *deswegen* existiert, weil sich in ihm die evolutionär bewährten und daher als Selbstverständlichkeiten bejahten Lösungen des grundle-genden Existenzproblems von Gesellschaft verdichten.

Wie gesagt: Dies bedeutet nicht, daß es keine Weiterentwick-lungen und Anpassungen geben könnte oder sollte, und es bedeu-tet auch nicht, daß Liberalisierung im Sinne der Tolerierung größe-rer Spielräume für Norm- und Regelabweichungen von vornherein indiskutabel wäre oder nicht sinnvoll sein könnte.

Eines sollte dabei aber selbstverständlich sein: Wer die Auf-weichung kultureller Selbstverständlichkeiten, die Gleichberechti-gung von Minderheitenkulturen, die dauerhafte Aufrechterhaltung fremdnationaler Bindungen und Loyalitäten auch bei Einwanderer-gruppen, die Umdeutung des Ehe- und Familienbegriffs und ähn-liche grundlegende Umwälzungen traditioneller Wertvorstellungen propagiert, muß beweisen oder doch zumindest mit Argumenten belegen, daß die Gesellschaft als Ganzes einen Vorteil – oder doch wenigstens keinen Nachteil – davon hat, und daß demgemäß auch jene Mehrheit, die kein eigenes Interesse an solchen Umwälzungen erkennen kann, ein solches Interesse in Wahrheit eben doch habe; daß sich hier also nicht etwa nur eine linke bzw. liberale Ideologie der Entstrukturierung mit den Interessen von ethnisch-religiösen Minderheiten (z.B. Moslems) und gesellschaftlichen Randgruppen (z.B. Homosexuellen) gegen die Wünsche und Interessen der Mehr-heit verbündet habe.

Dieser Beweis wird nicht einmal versucht, im Gegenteil: Die Ideologieindustrie wie auch die teils selbsternannten Vertreter von Minderheiteninteressen geben durchaus offenherzig, wenn auch unfreiwillig zu, daß hier gegenläufige *Interessen* miteinander im

Konflikt stehen: »Sie geben es bereits dadurch zu, daß sie unaufhörlich zur *Toleranz* aufrufen. Das Wort ›Toleranz‹, das vom lateinischen ›tolerare‹ (dulden, erdulden) kommt, impliziert, daß das, was da toleriert werden soll, etwas Unangenehmes ist. Zu einem Freund, der ihm willkommen ist, wird kein Mensch sagen ›Ich toleriere dich in meinem Wohnzimmer‹. Das Wort ›Toleranz‹ enthält das Eingeständnis einer Zumutung.«[79]

Dieses Eingeständnis ist freilich rein impliziter Natur. Sofern der Interessenkonflikt als solcher überhaupt thematisiert wird, läßt die Metaideologie (und speziell deren linke Variante, die grundsätzlich die Interessen der vermeintlich Schwächeren, hier also die von Minderheiten, bevorzugt) keine andere Wahl, als den Interessen der Mehrheit von vornherein die Legitimität abzusprechen. Auf der Basis dieser Ideologie kann man widerstreitende Interessen dieser Art nicht als prinzipiell gleichrangig und gleichermaßen legitim ansehen, sondern muß sie als einen Konflikt zwischen Gut und Böse auffassen: Der Wunsch, das eigene Volk und dessen Kultur zu erhalten, wird vor diesem Hintergrund zum Ausdruck von »Rassismus und Fremdenfeindlichkeit«, das Festhalten am christlichen Familienbild und der traditionellen Sexualmoral kann nur auf »Homophobie« zurückzuführen sein. Wünsche und Interessen, die buchstäblich jahrtausendelang als selbstverständlich galten und allen Anstrengungen der Ideologieindustrie zum Trotz immer noch die einer Mehrheit sind, werden strenggenommen als nicht nur illegitim, sondern als nichtexistent behandelt und zur bloßen Bemäntelung von »Haß« umgedeutet.

Diese Art von *Demagogie* – denn um nichts anderes handelt es sich, wenn man die eigenen Interessen nicht mit Argumenten legitimiert, sondern es statt dessen vorzieht, dem Andersdenkenden die moralische Integrität abzusprechen – illustriert schlagend die Richtigkeit einer ganzen Reihe von Thesen, die ich in diesem Buch entwickelt habe: Zunächst manifestiert sich darin die destruktive Tendenz aufklärerischen Denkens, wonach Strukturen und Wertorientierungen, die menschliche Gesellschaften von sich aus hervorbringen, eben deswegen etwas zu Überwindendes seien: Da sie ihre Existenz nicht aufklärerischem Denken verdanken (zu deutsch: da sie nicht am Schreibtisch von Ideologen entstanden sind), können sie nur minderwertig und zerstörenswert sein. Damit einher geht eine teleologische, ja utopistische Geschichtsauffassung, der zufolge der Weg des Menschen ein Weg der Befreiung von vorgefundenen Bindungen und hin zu einer bewußt und rational geplanten Gesellschaft samt den dazugehörigen Wertorientierungen sei. Bewegung und Veränderung, und zwar nicht in irgendeine Richtung, sondern hin zur Utopie, ist dann gleichsam der Normalzustand der Gesellschaft. Verinnerlicht die Gesellschaft diese Annahme als vorbewußte Selbstverständlichkeit, was sie unter der Herrschaft der Metaideologie zwangsläufig tut, so kann es so etwas wie verharrende Kräfte im Grunde gar nicht geben:

Diejenigen Teile der Gesellschaft, die bei ihren Wertorientierungen – etwa beim Patriotismus oder beim christlichen Familienbild – bleiben und ein Interesse an deren gesellschaftlicher Verbindlichkeit bekunden, stemmen sich dann gegen den »Normalzustand« (der Bewegung), und da diese Bewegung eine Bewegung in Richtung des »Guten« ist, kann man ihnen nicht zugestehen, einfach bei ihrer Meinung geblieben zu sein: Vielmehr muß ihr Motiv dann die Ablehnung des »Guten« sein.

Des weiteren offenbart sich in der Verteufelung von Mehrheitsinteressen der immanent undemokratische, elitäre und volksfeindliche Charakter einer Ideologie, die schon aus prinzipiellen Gründen nicht akzeptieren kann, daß Menschen von Natur aus anders sind als sie sein müßten, damit die zu ihrer fragwürdigen Beglückung vorgesehenen Utopien funktionieren. Spätestens der im Zeitverlauf immer schärfer werdende Kampf gegen die Interessen von Mehrheiten zeigt, daß das Denken von der Utopie her notwendig einen autoritären Politikansatz impliziert, der dem emanzipatorischen Anspruch der utopischen Metaideologie hohnspricht.

Daß es dabei um genau *diejenigen* Mehrheiten geht, die die Gesellschaft tragen und weder deren Toleranz noch ihre materielle Leistungsfähigkeit strapazieren, illustriert die Destruktivität eines Ansatzes, der alles, was funktioniert und schon deshalb keine Anstalten macht, sich von selbst zu verändern, nur als Angriffsziel und Zerstörungsobjekt auffassen kann.

Minderheiten, sofern sie ihre kulturelle Eigenständigkeit, ihre eigenen Wertvorstellungen und ihre Lebensweise auch dann bewahren wollen, wenn dies den Interessen der sie umgebenden Gesellschaft zuwiderläuft, haben ein eigenes Interesse daran, daß der Interessengegensatz zwischen ihnen und der Mehrheit nicht als solcher thematisiert, sondern auf eine scheinmoralische Ebene verschoben und dabei der »bösen« Mehrheit der Schwarze Peter zugespielt wird. Sie haben ein Interesse daran, diese Mehrheit zum Schweigen zu bringen. Sie haben ferner ein Interesse daran, Einfluß auf die Politik auszuüben.

Alle Aspekte zusammen führen zu einer verinnerlichten Doppelmoral, bei der die Artikulation eines Interessengegensatzes als »ausgrenzend« denunziert wird, sofern sie aus der Mehrheitsgesellschaft heraus erfolgt, aber als legitimes Recht der Minderheit beansprucht wird, sofern es gilt, Forderungen daran zu knüpfen.

In solchen Zusammenhängen werden die Theoreme des Dekonstruktivismus gerne übernommen, sofern man damit im Sinne des oben zitierten Professors Eriksen »die Mehrheit dekonstruieren« kann,[80] um sogleich wieder kassiert zu werden, wenn sie zur Dekonstruktion der *Minderheit* führen könnten.

Da wird die geschlechtliche Identität des Menschen zum »sozialen Konstrukt«, über das man sich tunlichst hinwegsetzen sollte, sofern damit die traditionellen Geschlechtsidentitäten gemeint sind, aber zum unausweichlichen Schicksal, sofern es um homosexuelle Orientierungen geht.[81]

Da wird Ethnizität zum reaktionären Konstrukt erklärt, sofern es die der Mehrheit ist, aber zum notwendigen Identitätsmerkmal, sofern es sich um die der Minderheit handelt. Martin Lichtmesz hat die Doppelbödigkeit einschlägiger Diskurse trefflich aufgespießt:

»Hier wird also zunächst impliziert, daß es nur Individuen, nur ›Menschen‹ in einer ›Gesellschaft‹ gäbe und alle Pauschalisierungen und Identifikationen beliebig machbar und damit auch dekonstruierbar seien. ›Deutsche‹, ›Türken‹, ›Muslime‹, ›Fremde‹ – das gibt es also eigentlich nicht, das wird nur ›gemacht‹. Das sind Behauptungen, die im Grunde kein Mensch ernsthaft glaubt. Sie dienen als rhetorische Waffen eines mit ›Double-Binds‹ gespickten Psychokriegs, die dem Gegenüber den Boden unter den Füßen wegziehen sollen, während er hintenrum unter den eigenen Füßen zementiert wird. So kommen im Handumdrehen auch die eben noch geleugneten Gruppenidentifikationen wieder ins Spiel.«[82]

»Integriert« sind viele Vertreter solch ethnisch-religiöser Minderheitsinteressen in der Tat: allerdings nicht in das Volk, in dessen Mitte sie leben, sondern in dessen linke Fraktion, deren Politik darin besteht, dieses Volk aufzulösen, oder – in ihrer Sprache – »die Mehrheit zu dekonstruieren«, und dies als Begriff wie als Realität. Nicht alle benutzen linke Ideologie mit derselben Schamlosigkeit als ideologisches Phrasenarsenal für den Ethnokrieg wie der türkischstämmige Schriftsteller Feridun Zaimoglu, der den Kampf gegen die Identität der ethnischen Deutschen »›Humanismus‹ und ›Linkssein‹ [nennt]. Das ist wohlgemerkt der Appell an das ›Linkssein‹ von einem, der … Bekenntnisse von sich gibt wie: ›Die einzige Allmacht, die Kraft spendet und entzieht, ist Allah, der Erhabene. (…) Gelobt sei seine Einheit.‹ Seine Rede ist ein Musterbeispiel dafür, wie einer gleichzeitig behaupten kann, daß es einen Kulturkampf gibt, und daß es ihn nicht gibt. Und dafür, wie ein universalistischer Begriff wie ›Humanismus‹ als Gleitmittel benutzt wird, um ein sehr partikuläres Interesse durchflutschen zu lassen.«[83]

Generell gilt, daß die Ideologien der Destruktion ein treffliches Vehikel sind, als Gebote der »Moral« erscheinen zu lassen, was in Wahrheit nicht mehr ist als die rücksichtslose Durchsetzung von Partikularinteressen auf Kosten der Allgemeinheit, also das Gegenteil dessen, was normalerweise als moralisch gilt.

Wir brauchen nicht darüber zu spekulieren, wie weit die Vertreter von Minderheitsinteressen subjektiv an die universalistischen Ideologien glauben, deren phraseologische Versatzstücke sie benutzen. Zu unterstellen, daß tatsächlich Heuchelei und nicht genuine Verblendung vorliegt, vereinfacht jedenfalls die Analyse, ohne das Ergebnis zu verändern. Dieses Ergebnis lautet, daß zwischen der politischen Linken und diversen gesellschaftlichen Minderheiten ein Kartell zum gegenseitigen Nutzen existiert:

Die Linke benutzt die Partikularinteressen der verschiedenen Minderheiten, um ihr eigenes Programm der Gesellschaftszerstörung voranzutreiben, ohne es als solches kenntlich zu machen, den Kampf *gegen* die Mehrheit als Kampf *für* die Minderheit auszugeben, die eigene Destruktivität dadurch als »moralisch« erscheinen zu lassen, durch systematisch forcierte Masseneinwanderung das eigene Wählerpotential zu vergrößern und die aus ihr resultierenden Verwerfungen zu benutzen, um politische Gegner im Zeichen des »Kampfes gegen Rechts« zum Schweigen zu bringen.

Die Minderheiten wiederum nehmen die Unterstützung durch die politische Linke in Anspruch, um ihren Partikularinteressen eine Durchschlagskraft zu sichern, die sie von sich aus nicht hätten (wobei insbesondere die moslemischen Dschihadstrategen[84] darauf spekulieren, daß die demographischen Kräfteverhältnisse sie über kurz oder lang in die Lage versetzen werden, sich ihrer linken Steigbügelhalter zu entledigen).

Es sollte auf der Hand liegen, daß eine Gesellschaft keine guten Überlebenschancen hat, die Minderheitsinteressen prinzipiellen moralischen Vorrang auch vor solchen Mehrheitsinteressen einräumt, in denen sich ihr eigenes – der Gesellschaft – Selbsterhaltungsinteresse manifestiert, und die der Artikulation dieser Selbsterhaltungsinteressen ein moralisches Stigma anhängt.

2.6. Gender Mainstreaming

Der Journalist Volker Zastrow schreibt in seinem Büchlein *Gender*[85] über die unter dem Titel »Gender Mainstreaming« verfolgten Projekte der Bundesregierung: »Die Bundesregierung[86] verfolgt derzeit mehrere Projekte von ›Gleichstellung‹ und ›Gleichbehandlung‹. (...) Unionspolitiker in Bund und Ländern ... deuten die hinter beiden Projekten spürbare Bewegungsrichtung als unerklärliche und letztlich anonyme Strömung des Zeitgeistes. Viele wissen auch aus eigener Erfahrung, was Umfragen immer neu belegen: daß die überwältigende Mehrheit der Mütter in Deutschland gern halbtags, aber nur ungern ganztags arbeiten würde. Und doch verabschiedeten die beiden stark geschrumpften Volksparteien ein gerade auf das Gegenteil zielendes Gesetz. Abgeordnete mit einem herkömmlichen

Familienbild (Vater, Mutter und Kinder bilden die Familie) fragen sich fast verzweifelt, woher das alles kommt und warum es, obwohl kaum jemand dafür zu sein scheint, gleichsam unwiderstehlich über die Politik hereinbricht.«[87]

Hier gilt es zunächst klarzustellen, daß »Gleichbehandlung« und »Gleichstellung« durchaus nicht dasselbe sind. »Gleichbehandlung« bedeutet, daß Frauen nicht bereits aufgrund ihres Geschlechts an der Verfolgung ihrer Berufswünsche gehindert oder sonstwie diskriminiert werden sollen. »Gleich*stellung*« ist etwas vollkommen anderes: Es bedeutet, daß die Berufsstrukturen von Männern und Frauen durch politische Maßnahmen angeglichen werden. Es werden also zwei verschiedene Ziele verfolgt: eines, dem jeder billig und gerecht denkende Mensch ohne weiteres zustimmen wird, und eines, dessen Sinn kaum jemandem einleuchtet und das mit dem ersten sogar in Widerspruch steht. Wer nämlich mit politischen Mitteln dahin kommen will, daß es ebenso viele männliche wie weibliche Ingenieure, Physiker, Professoren oder Manager gibt, wird um diskriminierende Praktiken, und zwar solche zulasten von Männern, ebensowenig herumkommen wie um Sanktionen gegen Frauen, die es vorziehen, die ihnen zugedachten Karrierewege nicht zu beschreiten. Die Freiheit, die durch die Gleichbehandlung eröffnet wurde, wird durch die Gleichstellung kassiert.

Wer beides unter einen Hut bringen will, muß zu einem ideologischen Kunstgriff Zuflucht nehmen und unterstellen, daß es zwischen Männern und Frauen keine natürlichen Unterschiede gebe, daß also geschlechtsspezifisch unterschiedliches Verhalten nicht etwas von Männern und Frauen Gewolltes, sondern von der Gesellschaft »Konstruiertes« und den Einzelnen Aufgezwungenes sei. Unterschiede in der Berufsstruktur bewiesen also letztlich nur, daß die Gesellschaft Frauen nach wie vor strukturell diskriminiere; dies aber nicht, wie man vor dreißig Jahren vielleicht noch behaupten konnte, indem sie die *einzelne* Frau diskriminiere, sondern *die* Frau schlechthin, indem sie den Frauen den ihnen an sich vollkommen fremden Wunsch nach Mutterschaft, Familie und Heterosexualität suggeriere.

Es sei mithin Sache der Gesellschaft – letztlich also der Politik und der ihr nahestehenden ideologieproduzierenden Institutionen

Universität, Schule, Medien, Kirchen –, die Nichtexistenz natürlicher Unterschiede zu konstruieren und in den Köpfen zu verankern. Geschehe dies, so würden Frauen von den ihnen gesellschaftlich aufgezwungenen Rollenbildern befreit, ihr Verhalten auch in beruflicher Hinsicht dem von Männern anpassen und in denselben Berufen Karriere machen wie diese.

Dies ist die Ideologie des »Gender Mainstreaming«. Zu ihr einige Anmerkungen:

Erstens: Sie ist der ideologische Hintergrund, der es ermöglicht, eine Politik, die den Wünschen und Bedürfnissen der meisten Frauen offensichtlich widerspricht, als Politik ihrer »Befreiung« zu verkaufen. »Gleichbehandlung« im Sinne von Nichtdiskriminierung ist das Etikett, das dieser Politik eine öffentliche Zustimmung sichern soll, die sie nicht hätte, wenn ihre Prämissen, Ziele und Implikationen deutlich benannt würden.

Zweitens: Die Vorstellung, wonach Frauen, oder jedenfalls die überwältigende Mehrheit von ihnen, den Wunsch nach Kindern, Familie und heterosexueller Partnerschaft nicht von Natur aus, sondern aufgrund gesellschaftlicher Zwänge und Rollensuggestionen hätte, ist offenkundig eine Ideologie von Lesben. Für sie – und praktisch nur für sie! – trifft nämlich tatsächlich zu, daß die Gesellschaft sie mit Erwartungen konfrontiert, die ihnen zutiefst zuwider sein müssen. Folgerichtig trifft man unter den »Gender«-Lobbyistinnen überdurchschnittlich häufig auf lesbische Frauen. Die »Gender«-Ideologie ermöglicht ihnen, ihre eigenen Partikularinteressen und ihre Mentalität – also die Interessen und die Mentalität einer kleinen Minderheit – als Interessen *der Frau schlechthin* und ihre eigene minderheitenspezifische Mentalität als deren eigentliches Wesen darzustellen.

Drittens: Die so verstandene »Gleichstellung« der Frauen ist ein anderes Wort für deren Vollbeschäftigung. Dies ergibt sich nicht nur als Implikation, sondern auch ausdrücklich aus den Kompetenzzuweisungen und Programmen der für »Gender Mainstreaming« zuständigen Institutionen, etwa des EU-Kommissariats für Beschäftigung und Soziales. Wieder Zastrow: »Das Brüsseler Komissariat verantwortet die Definition der Gleichstellung als Vollbeschäftigung, die ideologischen Grundlagen dieser Definition und das Verfahren zur Durchsetzung und Einspeisung dieser Politik in ganz Europa. Der Erfolg wird durch die ›neue gestraffte Koordinierungsmethode‹ der EU-Politik gemessen und überwacht, die, dem betriebswirtschaftlichen Controlling nachgebildet, tief in die Politik der Mitgliedsstaaten hineinreicht.«[88]

Wie schon bei der Einwanderungspolitik und dem sie vorantreibenden Kartell aus linken Strategen und Großkapital finden wir auch hier eine Interessenkoalition zwischen den Partikularinteressen eben dieses Großkapitals und den Vertretern einer sich emanzipatorisch gebärdenden Ideologie, in deren Namen Partikularinteressen einer Minderheit strategisch durchgesetzt werden, und zwar auf Kosten gerade der Menschengruppe, um deren Interessen es vorgeblich geht.

Mit Entdifferenzierung haben wir es hier gleich in einem doppelten Sinne zu tun: einmal in der banalsten Bedeutung von Gleichmacherei, damit verbunden aber auch mit Strukturauflösung – die Familie soll ihre Funktion als ökonomischer Solidarverband einbüßen, der und vor allem *die* Einzelne dem Markt, vor allem dem Arbeitsmarkt, zur Verfügung stehen. Und als müsse dies so sein, wird dem Nationalstaat, und damit der demokratisch legitimierten Politik, wieder ein Stückchen Kompetenz weggenommen und mit einer »›neuen, gestrafften Koordinierungsmethode‹ ... tief in die Politik der Mitgliedsstaaten« hineinregiert: Entstrukturierung, Entsolidarisierung, Entnationalisierung, Entdemokratisierung und Ökonomisierung gehen auch hier Hand in Hand, und wieder werden die Interessen einer Minderheit als Hebel benutzt.

2.7. Entdemokratisierung durch Supranationalisierung

Die Art, wie »Gender Mainstreaming« als Leitideologie und -programm in den Staaten der EU durchgesetzt wurde, liefert zugleich Anschauungsmaterial zur Arbeitsweise supranationaler Organisationen und den Konsequenzen, die es haben muß, wenn solche Organisationen die Kompetenzen von Nationalstaaten an sich ziehen.

Ich zitiere wieder Zastrow: »Den wenn auch öffentlich nahezu unbeachteten Durchbruch erreichte das Gender Mainstreaming bei der von den Vereinten Nationen ausgerichteten Weltfrauenkonferenz in Peking 1995. Sie wurde von sogenannten NGO's, Nichtregierungsorganisationen, gestaltet. Der Begriff ist unsinnig, weil einerseits eigentlich nichtsstaatliche Organisationen gemeint sind, und weil solche Interessengruppen andererseits in vielen westlichen Ländern von der öffentlichen Hand finanziert werden. Auch die deutschen Frauenlobbys konnten für die Vorbereitung und Durchführung der Pekinger Konferenz auf beträchtliche Unterstützung des Familienministeriums zurückgreifen, das damals von der 29 Jahre alten thüringischen CDU-Politikerin Claudia Nolte geführt wurde. Sie hatte 1994 Angela Merkel als Ministerin abgelöst.«[89]

Zwei CDU-Ministerinnen unterstützen Initiativen zur internationalen Durchsetzung von »Gender Mainstreaming«, einem klassischen linksfeministischen Anliegen, und dies schon in den neunziger Jahren und praktisch unter Ausschluß der Öffentlichkeit! Erinnern Sie sich noch an das, was ich oben[90] über Parteienkartelle geschrieben habe?

»Die Pekinger Weltfrauenkonferenz verabschiedete neben ihrem umfangreichen Bericht auch eine sogenannte ›Aktionsplattform‹, in der das Gender Mainstreaming enthalten war (›an active and visible policy of mainstreaming a gender perspective in all policies and programmes‹). Fast wäre das Projekt gescheitert, weil noch der Entwurf auch den Schutz der ›sexuellen Orientierung‹ verlangte, also der (weiblichen) Homosexualität ...«[91]

Ich zitiere diesen Satz, weil es meine These untermauert, daß »Gender Mainstreaming« eine Ideologie von Lesben ist.

»... – hierfür war die Zustimmung des Vatikans und der meisten moslemischen sowie der südamerikanischen Länder nicht zu erlangen. Daß schließlich die Annahme des Berichts in der Vollversammlung der Vereinten Nationen am 8. Dezember 1995 (Resolution 50/42) zustande kam, wurde auch mit dem Argument begründet, daß die sogenannte Aktionsplattform nur Empfehlungscharakter [habe] und keine völkerrechtlich bindende Wirkung entfalte – also mit ihrer Unverbindlichkeit.

Doch mit dem entgegengesetzten Argument, der Verbindlichkeit der Zustimmung zu dieser Resolution, wurde das Gender Mainstreaming umgehend in die Politik der Europäischen Union eingeführt. Bereits am 22. Dezember 1995 beschloss der EU-Ministerrat, das ›Mainstreaming‹ in einem Aktionsprogramm, eine ›Kommissarsgruppe zur Chancengleichheit‹ wurde eingerichtet. Im darauffolgenden Februar erging eine Mitteilung der EU-Kommission über das ›Mainstreaming‹ unter der ›gender perspective‹. Im Amsterdamer Vertrag, praktisch einer Neugründung der Union, wurde das Prinzip in Artikel 3 Absatz 2 niedergelegt (›bei allen ihren Tätigkeiten‹), zugleich wurde die Union in Artikel 12 ermächtigt, Diskriminierungen aufgrund der ›sexuellen Orientierung‹ zu bekämpfen.«[92]

Wie in einem politikwissenschaftlichen Lehrbuch wird hier illustriert, wie kleine Interessengruppen supranationale Organisationen benutzen, um bestimmte politische Agenden durchzusetzen, denen das Volk, würde es gefragt, kaum zustimmen würde. Man sieht auch, wie die Verbindlichkeit trichterartig von oben nach unten immer mehr zunimmt: Zunächst schafft man auf UNO-Ebene allgemeine Akzeptanz für das Thema und liefert damit der nächst unteren Ebene – hier also der Europäischen Union – eine Vorgabe, aufgrund derer zunächst in stillen Expertenrunden ein Konsens erarbeitet und dann von den Regierungschefs abgesegnet wird, die ihn (und zwar im Paket mit anderen Regelungen als nur einen Punkt unter vielen anderen) in Verträgen festschreiben, gegen die die Parlamente zwar theoretisch noch Einspruchsrechte hätten, von denen sie aber mangels politischem Spielraum – welche Parlamentsmehrheit würde schon die Verantwortung für das Scheitern eines solchen Vertragswerks auf sich nehmen? – keinen Gebrauch machen können. Bevor so etwas wie eine öffentliche Debatte überhaupt stattfinden kann, ist ein Vertragswerk fix und fertig installiert, dessen Inhalte der Nationalstaat zwingend umsetzen muß, ohne daß man noch irgendeinen Politiker dafür verantwortlich machen und zur Rechenschaft ziehen, gegebenenfalls abwählen könnte.

Man beachte, daß es hier um Themen geht, bei denen ein Bedarf an supranationaler Zuständigkeit nicht erkennbar ist, ja nicht

einmal behauptet wird. Ob man »Gender«-Politik nun für etwas
Wünschenswertes hält oder nicht: In der Sache besteht nicht der ge-
ringste Grund, das Thema der Zuständigkeit des Nationalstaates –
und das heißt: demokratisch legitimierter Politik und der Aufmerksamkeit der Medien – zu entziehen. Rhetorisch wird zwar nach
wie vor das Subsidiaritätsprinzip hochgehalten, das besagt, daß die
übergeordnete Ebene nur dort einspringen soll, wo kleinere Einheiten sich sonst durch ihren Wettbewerb gegenseitig schädigen würden; faktisch spielt dieses Prinzip aber längst keine Rolle mehr. Die
Entscheidungsprozesse supranationaler Organisationen sind vielmehr der Arkanbereich, wo vollendete Tatsachen geschaffen werden, und zwar durch Vertreter von Interessen, die allen Grund haben, das Licht der Öffentlichkeit zu scheuen.

Die weithin propagierte Vorstellung, wonach die Übertragung
von Kompetenzen an UNO und EU sozusagen *per se* etwas Gutes sei,
weil dadurch doch der Frieden, die internationale Zusammenar-
beit, der grenzüberschreitende Handel, der Umweltschutz, die Menschenrechte und dergleichen gefördert wurden, ist vor diesem Hintergrund unschwer als ideologische Begleitmusik eines Prozesses
der systematischen Entdemokratisierung, der Entmündigung von
Völkern und Bürgern zu durchschauen. Es soll den Menschen einfach nicht mehr möglich sein, so zu leben, wie sie es für richtig halten; sie sollen vielmehr die ihnen zugedachte Rolle in einem utopischen Projekt spielen.

Wenn es aber doch so leicht zu durchschauen ist – warum
wird es dann nicht durchschaut? Was hindert denn zum Beispiel
die Medien daran, ihre Aufmerksamkeit der supranationalen Ebene
zuzuwenden und frühzeitig Alarm zu schlagen, wenn Regelungen
vertraglich festgeschrieben werden sollen, die den Interessen und
Wünschen der meisten Bürger offensichtlich widersprechen?

Hier spielt sicherlich die Eigengesetzlichkeit des modernen Me-
dienbetriebes eine gewisse Rolle: Die Details etwa von EU-Verträgen
sind nicht leicht zu erklären, verschlingen die knappe Zeit schlecht-
bezahlter und oft freiberuflich tätiger Redakteure, sind nicht in per-
sonalisierter Form darzustellen und haben keinen Unterhaltungs-
wert; sie sind dröge. Wer von den Massenmedien seriöse und rele-

vante Information erwartet, sollte sich bewußt sein, daß deren Berichterstattung bereits aus strukturellen Gründen oberflächlich und kurzatmig sein muß.

Und doch ist es zu menschenfreundlich, die systematische Unterschlagung relevanter Informationen bloß auf strukturelle Ursachen zurückzuführen und die Verantwortlichen ob ihrer schweren Aufgabe womöglich noch zu bedauern. Es hat durchaus Gründe, warum man bei den etablierten Massenmedien nicht auf den Gedanken kommt, an Vorgängen wie den oben beschriebenen könnte irgend etwas interessant oder gar skandalös sein:

Wer von der Metaideologie, das heißt, von der Utopie her denkt, wird eine utopiegeleitete Politik schwerlich kritisierenswert finden und daher nicht nur Projekte wie das »Gender Mainstreaming« inhaltlich gutheißen, sondern auch den Gedanken akzeptieren, daß Demokratie nur so weit reichen sollte, daß sie die Verfolgung der Utopie nicht gefährdet, umgekehrt also: daß das Volk (und damit eben auch dessen politische Repräsentation, der Nationalstaat) entmündigt werden sollte, sofern es von sich aus etwas täte, was der Utopie widerspräche oder ihre Verfolgung hemmen könnte.

Dabei spielt es durchaus keine Rolle, daß das schreibende Fußvolk der Medien eine andere (nämlich linke) Utopie im Kopf hat als die Chefetagen und die milliardenschweren Anzeigenkunden, denen es um eine entgrenzte, alle Lebensbereiche ökonomisierende Marktwirtschaft geht, bei denen also der Gleichklang von Ideologie und materiellem Interesse offen zutage liegt – ganz zu schwiegen von einer Politik, die ein Interesse daran hat, den Bereich unkontrollierbarer Macht (denn um nichts anderes handelt es sich bei Institutionen wie der EU) auszuweiten und sich demokratischer Kontrolle zu entziehen.

Wir sehen hier, wie die gemeinsame Bezugnahme auf dieselbe Metaideologie ein Zusammenwirken auch dort ermöglicht, wo die beteiligten Akteure divergierende Ziele und Interessen verfolgen. Wir haben es wieder einmal mit einem Kartell zu tun, dessen Beteiligte das Gegenteil von dem tun, was ihrer offiziellen Selbstbeschreibung entspricht, und einander dabei Rückendeckung geben.

2.8. Selbstermächtigung supranationaler Organisationen

Während bei obigem Beispiel die Nationalstaaten sich lediglich solchen Regelungen zu unterwerfen haben, denen sie selbst zugestimmt haben, und ihre Souveränität insofern wenigstens formal respektiert wird, wenn auch nur zum Zwecke ihrer sukzessiven Beseitigung – sie sollen noch einmal »Ja« sagen, um dann nie wieder »Nein« sagen zu können –, so wird auf einer anderen Ebene, nämlich der Interventionspolitik der UNO, über die Köpfe der Staaten hinweg, wenn auch nicht ohne stillschweigende Billigung vieler westlicher Regierungen, freihändig neues »Recht« geschaffen, das bei näherem Hinsehen freilich das Gegenteil von Recht schlechthin ist.

Es ist in den letzten Jahren angesichts der Zunahme von Militärinterventionen unter Führung der USA in der westlichen Öffentlichkeit üblich geworden, die Legalität solcher Interventionen von der Zustimmung des UNO-Sicherheitsrates abhängig zu machen, und Kriegen, bei denen eine solche Ermächtigung nicht – oder doch nicht in hinreichend bestimmter Weise – vorliegt, wie im Falle des Kosovo- und des Irak-Krieges, *deswegen* die völkerrechtliche Legalität abzusprechen. So »kritisch« eine solche Haltung anmutet, sie impliziert doch bereits die geistige Kapitulation vor der völkerrechtswidrigen Selbstermächtigung des Sicherheitsrates und insbesondere seiner fünf ständigen Mitglieder.

Kein einziges völkerrechtliches Dokument, am allerwenigsten die UN-Charta, gibt dem Sicherheitsrat nämlich das Recht, nach Gutdünken Kriege zu führen oder andere dazu zu ermächtigen. Der Sicherheitsrat ist dazu da, die Bestimmungen der Charta zu *vollstrecken,* und diese Charta läßt militärische Gewaltanwendung ausschließlich zur Selbstverteidigung eines militärisch angegriffenen Staates zu und ermächtigt sowohl die übrigen Unterzeichnerstaaten zur individuellen als auch die Vereinten Nationen, vertreten durch den Sicherheitsrat, zur kollektiven Hilfeleistung.

Der Sicherheitsrat hat also einen breiten politischen Spielraum, wenn es um die Feststellung geht, ob ein solcher Angriff und damit die Voraussetzung für ein militärisches Eingreifen vorliegt oder nicht. Kein Wort der Charta ermächtigt ihn aber zu Kriegshandlungen in Fällen, in denen diese Voraussetzungen *nicht* erfüllt sind. Tut er es trotzdem, so überschreitet er seine Kompetenzen und handelt illegal, und zwar auch dann, wenn sein Vorgehen von vielen oder sogar den meisten Regierungen der Welt gebilligt wird.

Leider ist diese Machtusurpation – meist unter der schönfärberischen Bezeichnung »humanitäre Intervention« – in den letzten Jahrzehnten fast schon zur Regel geworden. Hier ist ein Gewohnheits-»Recht« etabliert worden, in dessen Konsequenz es liegt, daß die Vereinten Nationen, das heißt faktisch: der Sicherheitsrat als deren Exekutive, das Monopol beanspruchen, verbindlich zu definieren, wer legal Gewalt anwenden darf und vor allem: *gegen wen* legal Gewalt angewendet werden darf. Eine Institution, die ein globales Gewaltmonopol beansprucht, erhebt implizit keinen geringeren Anspruch als den, eine Weltregierung zu sein.

Daß eine solche Weltregierung bereits deswegen ein hochproblematisches Projekt sein muß, weil damit die Unterminierung und gewaltsame Vereinheitlichung konkreter und notwendig verschiedenartiger lokaler Ordnungen verbunden ist, die damit ihre friedens- und ordnungsstiftende Kraft einbüßen, glaube ich hinreichend begründet zu haben. An diesem Befund würde sich auch dann nichts ändern, wenn diese Weltregierung ähnlich effektiv an die UN-Charta gebunden wäre, wie nationale Regierungen an die Verfassung ihres Landes gebunden sind oder doch sein sollten. Wir haben aber gesehen, daß nicht einmal dieses Minimum an Machtbeschränkung wirksam ist. Insofern ist es euphemistisch, den Sicherheitsrat eine Welt*regierung* zu nennen: Eine Regierung, die nach Gutdünken und ohne rechtliche Bindung Gewalt anwendet, einzelne Staaten für vogelfrei erklärt und deren politischen Repräsentanten verhaften läßt,[93] hat nichts mit dem zu tun, was man sich in Verfassungsstaaten unter einer »Regierung« vorstellt; es handelt sich dann vielmehr um die exekutive Spitze einer globalen *Diktatur*.

Daß dieser Sachverhalt noch halb verdeckt ist, es also immer noch Staaten gibt, die sich den Interessen der USA widersetzen, liegt schlicht daran, daß im Weltsicherheitsrat neben den USA und ihren Vasallen Frankreich und Großbritannien nach wie vor Rußland und China als ständige Mitglieder mit Vetorecht vertreten sind, die sich dem Mißbrauch des Rates als eines verlängerten Arms amerikanischer Politik punktuell dort widersetzen, wo dadurch ihre eigenen Interessen tangiert sind. Für potentielle »Schurkenstaaten« – zu denen eines Tages durchaus auch demokratische Länder Europas gerechnet werden könnten, wenn es ihnen etwa einfallen sollte, allzu eigene Wege zu gehen – ist ein solcher Schutz zwar immer noch besser als keiner; seine Kehrseite ist dennoch, daß sie ihren Anspruch auf Respektierung ihrer Souveränität nicht aus eigenem Recht geltend machen können, sondern in dieser Hinsicht von der Protektion durch Rußland bzw. China abhängig sein werden.

Sollten die herrschenden Eliten dieser Länder eines Tages in derselben Weise vom amerikazentrierten Elitennetzwerk kooptiert werden, wie das bei den europäischen Eliten schon lange der Fall ist,[94] so wird auch dieser minimale Schutz wegfallen: Diese Eliten wären dann ebenso wie die europäischen nicht mehr als *nationale* Eliten aufzufassen, die zunächst die Interessen des je eigenen Landes verfolgen, sondern als Teil einer globalen Gesamtelite, die ein gemeinsames, im einzelnen flexibles, im Großen und Ganzen aber schlüssiges Gesamtkonzept verfolgt. Nationale Interessen werden dann, wenn überhaupt, nur noch so weit eine Rolle spielen, wie sie mit diesem Gesamtkonzept kompatibel sind.

2.9. Partikularität und Demokratie

Es wird zielstrebig daran gearbeitet, die Eliten der führenden Länder miteinander nicht nur zu verflechten, sondern auf der Basis gemeinsamer Interessen und einer gemeinsamen Ideologie geradezu zu verschmelzen. Eine Ideologie, die dies erreichen soll, muß zwangsläufig universalistisch und global ausgerichtet sein, und das heißt, sie muß sich an einem »Menschheitsinteresse« ausrichten. Das *klingt* zwar menschenfreundlich, und es *soll* ja auch so klingen; es hat aber einige höchst menschenfeindliche Implikationen:

Empirisch existiert die Menschheit zwar als rein objektiv zu beschreibende additive Gesamtheit aller einzelnen Menschen, nicht aber als Kollektiv, das durch gemeinsame Wertvorstellungen und wechselseitige Solidaritätserwartungen zusammengehalten wird. Folglich kann ein »Menschheitsinteresse« nicht von der Menschheit selbst artikuliert werden, und sie wird auch von niemandem authentisch in der Weise repräsentiert, daß er für sich in Anspruch nehmen könnte, den Willen der Menschheit zum Ausdruck zu bringen.

Ein »Menschheitsinteresse« zu vertreten heißt folglich, eine Ideologie zu vertreten, deren Verfechter bloß *behaupten*, in ihr verkörpere sich das Interesse der »Menschheit«. Da trifft es sich gut, daß es ein Kollektiv namens »Menschheit« empirisch nicht gibt, und daß man es deswegen auch nicht nach seiner Meinung fragen kann. Wie ich an anderer Stelle schrieb:

»Mit anderen Worten: Für die Globalisten hat die ›Menschheit‹ mit den wirklichen Menschen so wenig zu tun wie für die Kommunisten die ›Arbeiterklasse‹ mit den wirklichen Arbeitern. Es handelt sich um bloß gedankliche, utopische Konstrukte, die erst im Zuge eines revolutionären Prozesses nach und nach empirische Realität gewinnen sollen. Gerade deshalb sind solche Konstrukte einerseits ideal geeignet, die Herrschaft der jeweiligen revolutionären Avantgarde ideologisch zu legitimieren, die diesen Prozeß – im Namen eines ideologisch antizipierten, also empirisch nichtexistenten Kollektivs – vorantreibt, andererseits dem Publikum Sand über den wirklichen Charakter dieser Art von Herrschaft in die Augen zu streuen und sie innerlich zu entwaffnen: Welcher Arbeiter will schon gegen die ›Arbeiterklasse‹ sein, welcher Mensch gegen die ›Menschheit‹?«[95]

Es handelt sich mithin um eine Herrschaftsideologie, und zwar um die Ideologie einer Herrschaft, die nicht einmal *behauptet*, in irgendeiner Form dem Willen der Beherrschten zu entsprechen; sie ist also nicht nur nicht demokratisch, sie ist nicht einmal *pseudo*demokratisch im Sinne einer ideologischen Perversion der demokratischen Idee.

Wir hatten oben gesehen, daß eine Ideologie, die sich an einer Utopie orientiert, sich vom empirischen Willen der Menschen in dem Maße entfernen muß, wie ihre Verwirklichung voranschreitet, weil sie gezwungen ist, die demokratischen – und das heißt: aus der Gegenwart stammenden – Legitimitätsressourcen durch solche zu ersetzen, die aus einer imaginierten Zukunft stammen. Zugespitzt formuliert, führen die Verfechter einer solchen Ideologie im Namen einer künftigen Menschheit Krieg gegen die gegenwärtige.[96] Eine solche Ideologie ist wie geschaffen, Herrschaft sowohl zu legitimieren als auch zu bemänteln; aus ihr lassen sich zugleich die Parolen gewinnen, mit denen der jeweils nächste Schritt hin zu einer »Einheit der Menschheit« legitimiert wird, welche Einheit freilich nur darin besteht, daß alle derselben Herrschaft unterworfen sind.

Indem partikulare durch globale Strukturen ersetzt werden, werden demokratische Strukturen und Verfahren entwertet, die notwendig partikular sein müssen und auf globaler Ebene selbst dann nicht gleichwertig etabliert werden könnten, wenn der politische Wille dazu vorhanden wäre (was nicht der Fall ist): Die hergebrachten nationalen demokratischen Strukturen werden weiterhin existieren, aber sie werden, wie die republikanischen Institutionen der römischen Kaiserzeit oder heute die verbliebenen Monarchien Europas, nur noch leere Hüllen und dekorative Schauseite eines politischen Systems sein, das seine ursprüngliche Substanz, in diesem Falle also die demokratische, verloren hat.

Mit der Partikularität verschwindet zugleich jenes Moment »impliziter Demokratie«, das selbst die autoritärsten Regime der Moderne gezwungen hat, auf die Belange des Volkes Rücksicht zu nehmen. Der enorme Aufwand an Propaganda, den solche Regime treiben, bringt ja nicht nur die faktische Distanz zwischen Volk und Führung zum Ausdruck (und ist ein erstklassiger Indikator für Volksfeindlichkeit, weswegen der Tsunami an gutmenschlich-multikultureller Toleranzpropaganda, mit dem Europa überschwemmt wird, schon *per se* hinreichend beweist, wie es um die »Demokratie« bestellt ist), sondern enthält zugleich das Eingeständnis, auf das Volk angewiesen zu sein.

In der Tat können Staaten, die miteinander in vielfachen Konflikt- oder doch wenigstens Wettbewerbssituationen stehen, sich normalerweise schwerlich eine innere Front gegen das eigene Volk leisten; zumindest werden sie *versuchen*, eine solche Konstellation zu vermeiden. Mit der Globalisierung der Machtstrukturen reduziert sich dieser Zwang dramatisch. Die Propaganda wird sich dann wahrscheinlich verringern, was eine gute Nachricht wäre, aber sie wird es nur deshalb tun, weil es auf die Meinung der Beherrschten ohnehin nicht mehr ankommen wird.

2.10. Fazit

In **Kapitel II** waren wir zu dem Ergebnis gekommen, daß die Metaideologie auf die Beseitigung von Differenzen und Strukturen abzielt, die der Gesellschaft Ordnung und damit Stabilität verleihen, und daß sie damit zugleich ihrer totalitären Durchdringung Tür und Tor öffnet; daß sie von unwahren, weil utopischen Prämissen ausgeht, und daß die Gesellschaft, die ihr anhängt, gleich einem Wanderer, der einer falschen Karte folgt, sich von ihren emanzipatorischen Idealen in dem Maße entfernen muß, wie sie ihnen näherzukommen glaubt.

In diesem **Kapitel III** nun haben wir anhand einiger zentraler praktisch-politischer Beispiele gesehen, daß dies mitnichten ein nur theoretischer Befund ist: Vielmehr ist die Liquidierung der Strukturen, auf denen die europäische Zivilisation basiert, der Kern praktisch der gesamten Politik, die von allen relevanten Großakteuren westlicher Gesellschaften vorangetrieben wird.

Dies betrifft sowohl die Ziele dieser Politik, die unter anderem auf die Auflösung ethnisch homogener Nationen und Beseitigung traditioneller, territorial beschränkter Staatlichkeit zugunsten unkontrollierbarer supranationaler Strukturen hinausläuft, als auch die Mittel, mit denen sie verfolgt werden, unter anderem also die internationale Verschmelzung der Funktionseliten zu einer global herrschenden Klasse, die Förderung eines globalen Migrationskarussells, die Umgehung und Pervertierung rechtsstaatlicher Normen und die Kompromittierung der Autonomie gesellschaftlicher Teilsysteme nach Maßgabe politischer Zielsetzungen. Diese Prozesse finden gleichzeitig statt, greifen ineinander und verstärken einander.

Sie werden beileibe nicht nur deshalb vorangetrieben, weil Ideologen ein Bedürfnis nach Konsequenz haben, oder weil die gesellschaftliche Akzeptanz ihrer Ideologie sozusagen von selber dazu führt, daß sie die Konsequenzen immer weiter und weiter treiben können.

Die *Eigenlogik* der Metaideologie, zumal unter den Bedingungen ihres gesellschaftlichen Monopols, spielt zwar eine nicht zu unterschätzende Rolle; ihre Durchschlagskraft gewinnt sie aber erst durch ihre Verschwisterung mit den Interessen mächtiger gesellschaftlicher Akteure, denen diese Strukturen auf die eine oder andere Weise hemmend im Wege stehen.

Insbesondere das in vielerlei Hinsicht *machtbegrenzende* Moment von Strukturen wie etwa funktionierenden Solidargemeinschaften, autonomen gesellschaftlichen Teilsystemen (wie Medien, Wissenschaft und Religion), Staat, Recht und Demokratie muß jedem ein Dorn im Auge sein, der – aus welchen Gründen auch immer – ein Interesse daran hat, daß die Menschen anders leben, als sie es von sich aus tun würden, und deshalb Macht auf eine Weise ausüben möchte, für die er eine demokratische Legitimation nicht erwarten kann.

Charakteristisch für die dabei entstehenden Interessenkartelle ist, daß Akteure aufgrund von höchst unterschiedlichen Interessen und Motiven zu Koalitionen zusammenfinden, die oft nicht einmal explizit ausgehandelt zu werden brauchen, sondern sich wie von selbst ergeben, und zwar dadurch, daß das *Angriffsobjekt,* nämlich die Strukturen der Gesellschaft, dasselbe ist.

Die Interessengruppen, die hierbei eine Rolle spielen, überlappen sich vielfach personell, was die Kartellbildung erleichtert. Ohne Anspruch auf Vollständigkeit lassen sich folgende Gruppen identifizieren:

◆ die international vernetzte politische Klasse mit ihrem Kollektivinteresse, sich von demokratischer Kontrolle zu befreien und dem individuellen Karriereinteresse ihrer Mitglieder, das sie auf ideologische und machtpolitische Konformität festlegt;

- ❖ die politische Linke, getrieben von ideologischen Zielen und Machtinteressen;

- ❖ ethnisch-religiöse Minderheiten und deren oft selbsternannte Interessenvertreter;

- ❖ gesellschaftliche Randgruppen mit hoher ideologischer Durchsetzungsmacht, etwa die Homosexuellenlobby;

- ❖ sekundäre Interessengruppen, etwa die Angehörigen der Sozial-, Integrations- und Ideologieindustrie, die mit der Verwaltung, Deutung und Beschönigung der Probleme betraut sind, die durch die Politik der systematischen Entstrukturierung entstehen, allein deshalb schon ein Interesse an deren Fortbestand haben und obendrein von der Unterstützung insbesondere durch die Politik abhängig sind;

- ❖ und schließlich »das Großkapital«, genauer die Letzteigentümer der miteinander verflochtenen internationalen Großkonzerne, eine relativ kleine Schicht von Multimilliardären, von denen einige aktiv, speziell über die von Ihnen kontrollierten Stiftungen, an der gesellschaftlichen Durchsetzung von Ideologien und Politiken arbeiten, die einem ungehemmten Globalkapitalismus förderlich sind.[97]

Diese letztere Interessengruppe ist diejenige, die ihre Ziele voraussichtlich durchsetzen wird, sofern die Politik der Entstrukturierung fortgesetzt wird. Die politische Klasse wird in ihrer Funktion als Managerin des entstehenden globalen Herrschaftssystems ein gewisses Eigengewicht behalten, die übrigen Gruppen sind kaum mehr als nützliche Narren, die aufgrund ihrer Funktion als Rammböcke, die hemmende Strukturen zum Einsturz bringen, eine gewisse Narrenfreiheit genießen, solange sie benötigt werden – sofern sie nicht, wie die erwähnten sekundären Interessengruppen, ohnehin abhängige Größen sind.

Zusammenfassung

Das ideologische Paradigma der Aufklärung ist in den westlichen Ländern so vorherrschend geworden, daß weite Teile der Gesellschaft seine Prämissen – die deswegen aus der gesellschaftlichen Diskussion und sogar aus dem individuellen Bewußtsein verschwinden – als Selbstverständlichkeiten verinnerlicht haben. Die Konsequenzen, die es haben muß, wenn auf der Basis dieser Annahmen Politik gemacht wird, können daher nicht als Konsequenzen einer *Ideologie* durchschaut, die aus ihr resultierenden Probleme nicht adäquat angegangen werden.

Zu diesen Prämissen gehört, die Gesellschaft als etwas von Menschen »Gemachtes« zu interpretieren, das demgemäß auch von Menschen nach Belieben verändert werden könne. Systematisch ausgeblendet wird dabei, daß die Menschen ihre Gesellschaft nicht in dem Sinne »machen«, daß sie dabei einem bewußten Plan folgen würden:

Jede funktionierende Gesellschaft beruht auf einem weitgehenden und größtenteils unbewußten Konsens über ein hochkomplexes Normen- und Wertesystem, das insbesondere bestimmt, was als wahr und unwahr, gerecht und ungerecht, gut und böse, anständig und unanständig zu gelten hat, vor allem aber auch, wem man in welchen Zusammenhängen welches Maß an Solidarität schuldet, vereinfacht gesagt also: wer »wir« und wer »sie«, »die Anderen«, sind.

Solche Systeme werden von niemandem »erfunden«, sondern entwickeln sich über Jahrhunderte in unzähligen sozialen Interaktionen, wobei sie sich gewiß auch verändern, aber eben nicht aufgrund eines darauf abzielenden Plans: Sie wachsen historisch, und sie stellen eine jeweils einzigartige Antwort auf das grundlegende Existenzproblem menschlicher Gesellschaft dar.

Sie können aber nur deshalb zustande kommen, weil Menschen von Natur aus bestimmte Eigenschaften besitzen, die sie befähigen, friedlich und geordnet zusammenzuleben. Aufgrund dieser Eigenschaften waren sie jahrtausendelang in der Lage, eben dies ohne Anleitung durch aufgeklärte Ideologen zu tun.

Zu diesen Eigenschaften gehören unter anderem die Bereitschaft und Fähigkeit zur Bildung von Solidargemeinschaften, die auf dem Ausschluß der Nichtdazugehörigen beruhen, demgemäß die Bevorzugung des Eigenen vor dem Fremden, die Bereitschaft zur Akzeptanz eines gesellschaftlichen Konsenses über Normen, Werte und Spielregeln, verbunden mit der Diskriminierung dessen, was davon abweicht. Alles zusammen ergibt die Grundlage des gesunden Menschenverstandes, des Unterschiedes und Gegensatzes zu einer aus ideologischen Prämissen abgeleiteten Gesellschaftsideologie und -utopie.

Das aufklärerische Paradigma tendiert dazu, die soziale Funktion solcher Wertorientierungen zu ignorieren, weil es von der Prämisse ausgeht, daß Erkenntnis stets zu erfolgreichem Handeln führen und rational durchdachte Pläne daher stets zu besseren Lösungen führen müßten als die bloße Fortschreibung des Überkommenen – eine Annahme, die im technologischen Bereich zweifellos zutrifft, im sozialen aber nicht. Sie trifft deshalb nicht zu, weil Gesellschaften um so stabiler sind, je weniger die überkommenen Selbstverständlichkeiten hinterfragt werden, je weniger Aufklärung also stattfindet. Die Dynamik, die durch Aufklärung in Gang gesetzt wird, kann bedeutende Errungenschaften hervorbringen und hat dies auch getan, aber auf Kosten der Faktoren, die die Gesellschaft zusammenhalten. Die Gesellschaft, die sich auf diese Dynamik einläßt, gleicht dem zu Beginn von **Kapitel I** beschriebenen Wolkenkratzer, der immer höher und prächtiger mit Material ausgebaut wird, das den Fundamenten entnommen ist.

Wenn Gesellschaft aber planbar ist, wie die Aufklärung unterstellt, dann spricht vom aufklärerischen Standpunkt nichts dagegen, die Schaffung einer Gesellschaft auf die Tagesordnung zu setzen, in der alle Menschen im umfassendsten Sinne frei von jeglichem Zwang sind – insbesondere frei von Bindungen, Pflichten und Erwartungen, ja sogar von ihrer eigenen menschlichen Natur.

Da diese »Zwänge« freilich die (nicht nur, aber manchmal und für die Aufklärung grundsätzlich immer) lästige Kehrseite der Existenz von Solidargemeinschaften und überhaupt einer zivilisierten Gesellschaft sind, tendiert das aufklärerische Paradigma, das nur ihren repressiven Aspekt wahrnehmen kann, dazu, die Voraussetzungen von Gesellschaft überhaupt zu untergraben.

Der immanente Atheismus aufklärerischen Denkens, der sich früh von einer methodischen Fiktion zum integralen Bestandteil der Ideologie mausert, mündet in den Versuch, die natürliche Religiosität des Menschen zu hintergehen und verwandelt das aufklärerische Denken in eine Pseudoreligion, die die Erlösung des Menschen in einem paradoxerweise diesseitigen Jenseits zu verwirklichen sucht: Das atheistisch-aufklärerische Äquivalent zum Reich Gottes ist die Utopie, die diesseitig ist, insofern sie auf Erden verwirklicht werden soll, aber transzendent, insofern die Verwirklichung zu jedem gegebenen Zeitpunkt in der Zukunft liegt.

Aus der Verbindung zwischen der Verwerfung des Überkommenen und der pseudosakralen Überhöhung der Utopie resultiert eine Geschichtsideologie, die den permanenten »Fortschritt« in Richtung der Utopie zum Normalzustand und zur Bestimmung des Menschen erklärt. Ferner resultiert daraus ein Wahrheitsverständnis, das als »wahr« nur akzeptieren kann, was mit der Utopie vereinbar ist und ihrer Verwirklichung Vorschub leistet. Wahr ist also nicht das, was in einem *empirischen* Sinne wahr ist, sondern was wahr *gemacht* werden soll. Umgekehrt sind zutreffende Tatsachenbehauptungen »unwahr« im Sinne utopistischer Erkenntnistheorie, sofern die mit ihnen beschriebenen Wirklichkeiten solche sind, die es im Zuge des »Fortschritts« zu beseitigen gilt.

Seine »wissenschaftlichen« Weihen erlangt dieses pseudoreligiöse Wahrheitsverständnis durch einen Dekonstruktivismus, dessen Quintessenz lautet, Wahrheit sei etwas, was man sich ausdenken könne. Wer sich die aus der Sicht der Utopie »falschen« Wahrheiten »ausdenkt« – indem er zum Beispiel seinen Augen traut und offenkundige

Tatsachen ausspricht – ist daran selbst schuld und muß, da es sich um »böse«, der utopischen Pseudoreligion zuwiderlaufende Wahrheiten handelt, ein böser Mensch sein, dem man keine Toleranz schuldet.

Dieses aufklärerische Paradigma findet seine Konkretisierung in den beiden Hauptideologien des Liberalismus und des Sozialismus, die beide gleichermaßen utopisch orientierte Ideologien sind und ungeachtet ihres Gegensatzes eine ganze Reihe von Annahmen teilen. Zusammen bilden sie die *Metaideologie* unserer Gesellschaft, d.h. sie definieren gemeinsam, was als politische Ideologie überhaupt akzeptabel ist: nämlich das, was zwischen ihnen nicht umstritten und mit dem aufklärerischen Paradigma vereinbar ist, keineswegs aber irgendeine Ideologie, die »rechts« in dem Sinne ist, daß sie die Frage nach den Grundlagen von Gesellschaft schlechthin (und nicht die nach einer wünschenswerten Utopie) an den Beginn ihrer Überlegungen stellt; die utopische Politikentwürfe daran mißt, ob ihre Verwirklichung mit diesen Grundlagen vereinbar ist oder nicht; und die die überkommenen konkreten Ordnungen, Strukturen, Werte, Normen, Konsense und Solidargemeinschaften aufrechtzuerhalten sucht.

Gerade diese Strukturen, Werte, Normen, Konsense und Solidargemeinschaften sind nämlich das Angriffsziel der Metaideologie und der ihr anhängenden politischen Bewegungen, Institutionen und Interessengruppen. Da sie mit fortschreitendem Erfolg ihres Destruktionsprogramms die Grundlagen der Gesellschaft unterminieren, führen sie Verwerfungen und Zerfallsprozesse herbei, die sie anders als durch zunehmende Repression nicht unter Kontrolle halten können. Das Denken von der Utopie her erzwingt eine systematisch pathologisch verzerrte Wahrnehmung der Wirklichkeit: Da seine Prämissen fiktiv sind, muß eine auf ihnen beruhende Politik zwangsläufig zu unerwarteten und ideologieimmanent unerklärbaren Folgeproblemen führen. Da die Metaideologie aber durch moralische Überhöhung der Kritik entzogen ist, läßt sie nur zwei einander ergänzende (und einander sogar zirkulär bestätigende) »Problemanalysen« zu: erstens, daß die Utopie (deren Verfolgung in Wahrheit die *Ursache* der Probleme ist) eben noch nicht hinreichend verwirklicht sei und erst recht verfolgt werden müsse; zweitens, daß die *Kritiker* der utopistischen Metaideologie schuld an den von dieser verursachten Problemen seien und deshalb unterdrückt werden müßten.

Ab einem gewissen Punkt läßt die Metaideologie also nur noch pathologisches Lernen zu. Ein Weltbild, das ursprünglich auf der Aufklärung und deren Postulat autonomer Urteilskraft beruhte, schlägt aufgrund seiner eigenen Logik in sein Gegenteil um. Es mutiert zu einem in sich geschlossenen Wahnsystem, dessen Wahrheitsverständnis sich von jeder Empirie löst, seine Anhänger zur Ausblendung ideologisch unerwünschter Sachverhalte zwingt, und sie zur manipulierbaren Masse macht; ein System, dessen soziale Dominanz nicht nur die Problemlösungsfähigkeit der Gesellschaft untergräbt, sondern auf die Dauer sogar ihre Existenz gefährdet.

Mit fortschreitender Verwirklichung utopischer Politik wird die Repression zunehmend totalitäre Züge annehmen, und zwar ganz unabhängig davon, ob am Ende die Anhänger der Metaideologie selbst, oder die Verfechter radikaler, etwa islamistischer oder faschistischer Gegenentwürfe – dann vermutlich in einem Bürgerkrieg – den Sieg davontragen.

Zur Zeit haben die Verfechter der Metaideologie freilich praktisch ein Monopol auf die politische, publizistische und ideologische Macht, was es wahrscheinlich macht, daß sie die Sieger dieses Bürgerkrieges sein werden, den sie übrigens als *kalten* Krieg und – in dieser Hinsicht nicht anders als die Nationalsozialisten – als *Bürgerkrieg von oben* längst führen. Es handelt sich bei ihnen um ein heterogenes Kartell von – insbesondere politischen, ideologischen, sozialen, ökonomischen und ethnischen – Interessengruppen, die aus verschiedenen Gründen ein Interesse an der Dominanz der Metaideologie und an der Fortführung der von ihr postulierten Destruktions- und Entstrukturierungsprozesse haben. Daß die Ziele dieser Gruppen einander auf den ersten Blick teilweise widersprechen, hindert sie nicht an der Kartellbildung, weil sie alle dieselben Angriffsobjekte aufs Korn nehmen und in Positionen sind, in denen sie sich gegenseitig Rückendeckung geben.

Anders als vom aufklärerischen Paradigma vorausgesetzt, verschwinden mit der Zerstörung vorgefundener Strukturen Macht,

Herrschaft und Zwang keineswegs aus der Gesellschaft, ganz im Gegenteil: Da zu den angegriffenen Strukturen auch Recht und Staatlichkeit gehören, wächst der Bereich unkontrollierter und unkontrollierbarer Macht, die über supranationale Organisationen und deren Arkanbereiche, private Einflußnetzwerke, Stiftungen und sonstige Organisationen, linke Seilschaften, manchmal auch schlicht durch den Mob ausgeübt wird.

Die Tendenz zum Erziehungs- und Weltanschauungsstaat (die bereits in der Grundidee enthalten ist, Politik als Projekt zur Gestaltung der Gesellschaft nach Maßgabe von Ideologien aufzufassen, die dem gesunden Menschenverstand ins Gesicht schlagen) findet in solchen gewissermaßen flüssigen Machtstrukturen, die informell, unkontrollierbar, damit unkritisierbar und letztlich unzerstörbar sind, das ihr gemäße Vehikel.

Wie zuvor schon der Kommunismus, verwechselt auch die Metaideologie ihre eigene Herrschaft mit deren Abwesenheit und mutiert zu einer immer fadenscheinigeren ideologischen Fiktion, deren Funktion in der Bemäntelung faktischer Macht besteht. Die Zerstörung von Strukturen zerstört nämlich nicht die Macht als solche, sondern die in diesen Strukturen enthaltene *Begrenzung* von Macht, bewirkt also genau das Gegenteil dessen, was angeblich erreicht werden soll. Die Atomisierung der Gesellschaft und die Zerstörung ihrer religiösen und sittlichen Grundlagen machen den Menschen zum berechenbaren und manipulierbaren Objekt eines schrankenlosen globalen Kapitalismus und seiner Nutznießer.

Der Grund für die Parallelen zum Kommunismus liegt darin, daß die ideologische Tiefenstruktur von Kommunismus, »gemäßigt« linken Ideologien und Liberalismus dieselbe ist: Sie basieren alle auf denselben Fehlannahmen und werden deshalb – bei Fortdauer der jetzt gegebenen politischen Kräfteverhältnisse – in dieselbe, nämlich totalitäre, Art von Herrschaft münden.

Dieser Totalitarismus wächst in dem Maße, wie die organisch gewachsenen Mechanismen zerstört werden, denen die Gesellschaft ihre Zivilisiertheit verdankte. Noch existiert er nur in Ansätzen, aber er wird aufgrund derselben Logik weiter wuchern, der bereits diese Ansätze ihre Entstehung verdanken. Er steht als »Lösung« selbstgeschaffener Probleme bereit, bisweilen sogar als Lösung für Probleme, die er nicht einmal geschaffen, sondern bloß erfunden hat, um seine eigene Expansion zu rechtfertigen. Die voll entwickelte Diktatur – bei Fortbestand einer »demokratischen« Fassade – wird spätestens dann unvermeidlich werden, wenn Erschütterungen offenlegen, wie fragil das Gesellschaftsgefüge unter der Wirkung utopistischer Experimente bereits geworden ist; wenn totalitäre Herrschaft sich mithin als die einzige Alternative zum völligen Zerfall der Gesellschaft darstellt – ungefähr so, wie es Anfang der dreißiger Jahre schon einmal der Fall war.

All dies geschieht nicht einfach von selbst. Es geschieht insbesondere deshalb, weil bestimmte strategisch plazierte Gruppen ein Interesse daran haben, daß es geschieht. Es könnte aber nicht geschehen, wenn die Gesellschaft nicht in den Denkstrukturen just jener pathologischen Ideologie gefangen wäre, die ihre Zerstörung legitimiert und dazu führt, daß sie die Ursachen dieser Zerstörung nur undeutlich wahrnimmt und bestenfalls halbherzig, in jedem Fall aber unangemessen darauf reagiert.

Dieses Buch leistet Gegenaufklärung, also Aufklärung über die Folgen der Aufklärung. Ob solche Gegenaufklärung den Zerfall der Gesellschaft, die Zerstörung ihrer Strukturen, die Beseitigung ihrer zivilisatorischen – einschließlich ihrer emanzipatorischen – Errungenschaften noch aufhalten kann oder ob die Zersetzung dazu schon zu weit fortgeschritten ist, ist eine Frage, die niemand beantworten kann.

Sicher ist aber, daß eine Fortsetzung der mindestens seit Jahrzehnten, zum Teil auch schon viel länger, betriebenen Politik der Entstrukturierung und Umwälzung und deren fortgesetzte Duldung durch die Gesellschaft just die hier skizzierten Konsequenzen haben wird, daß der Widerstand dagegen nur aus der Gesellschaft erwachsen kann und daß dies nur geschehen wird, wenn diese Gesellschaft die sie beherrschende Metaideologie hinsichtlich ihrer Prämissen und Konsequenzen durchschaut und verwirft.

Anmerkungen

1   MANFRED KLEINE-HARTLAGE: *Das Dschihadsystem. Wie der Islam funktioniert,* Gräfelfing 2010.

2   DERS.: *Neue Weltordnung – Zukunftsplan oder Verschwörungstheorie?* Schnellroda 2011.

3   DERS.: *Warum ich kein Linker mehr bin,* Schnellroda 2012.

4   siehe hierzu insbesondere Kap. II., 3.4.

5   siehe hierzu insbesondere Kap. II., 3.8.

6   KLEINE-HARTLAGE: *Das Dschihadsystem,* S. 23.

7   HARALD SEUBERT: *Jenseits von Sozialismus und Liberalismus. Ethik und Politik am Beginn des 21. Jahrhunderts,* Gräfelfing 2011, S. 122.

8   Es versteht sich von selbst, daß es zwischen den verschiedenen europäischen Monarchien des 19. Jahrhunderts gravierende Unterschiede gab: Zwischen dem liberalen französischen Bürgerkönigtum und dem russischen Zarismus lagen Welten, in denen die verschiedenartigsten Abstufungen existierten. Es geht hier also nicht darum, »die« Monarchie des 19. Jahrhunderts als fiktiven Idealtyp zu konstruieren und die Unterschiede zwischen ihnen kleinzureden, sondern den Unterschied auf der Zeitachse, also zwischen den Monarchien des 18. und denen des 19. Jahrhunderts, zu unterstreichen, und dieser war in ganz Europa beträchtlich, am wenigsten vielleicht in Rußland.

9   Realhistorisch lagen die Dinge freilich insofern komplizierter, als bereits die absolutistische Monarchie nicht einfach »traditionalistisch« war, sondern spätestens durch das Werk von Thomas Hobbes eine rationalistische und insofern aufgeklärte Rechtfertigung erfahren hatte. Eine ausführliche Erörterung dieses Themas würde allerdings den Rahmen dieses Buches sprengen.

10   Darunter verstehe ich in diesem Zusammenhang nicht nur äußerliche
      soziale, sondern auch ideelle Strukturen, etwa Wertmuster und
      Glaubenshaltungen.

11   Dieses »bestenfalls« muß leider betont werden: Wer sich staatlichen
      Zumutungen zu entziehen versucht, zahlt dafür unter Umständen einen
      hohen Preis, wie schon manche christlichen Eltern erfahren mußten,
      die versuchten, ihre Kinder von einem auf gezielte Sexualisierung aus-
      gerichteten Unterricht fernzuhalten, und deshalb ins Gefängnis kamen.

12   vgl. EGON FLAIG: »Der Islam will die Welteroberung«, in: *FAZ*, 16.9.2006,
      Nr. 216, S. 35, siehe www.faz.net (abgerufen am 1.6.2013).

13   SIEGFRIED KOHLHAMMER: »Der Hass auf die eigene Gesellschaft«, in: DERS.:
      *Islam und Toleranz. Von angenehmen Märchen und unangenehmen
      Tatsachen*, Springe 2011, S. 15–44.

14   ebd.: S. 34.

15   OSWALD SPENGLER: *Der Untergang des Abendlandes. Umrisse einer Mor-
      phologie der Weltgeschichte*, Patmos-Verlag Düsseldorf 2007, S. 678–681

16   Und zwar am besten so vernünftig, daß niemand, der guten Willens ist,
      sinnvollerweise eine andere Ordnung der Gesellschaft fordern kann; so
      daß man denjenigen, der solches trotzdem fordert, ohne weiteres als
      böse identifizieren und aus der Gesellschaft ausschließen kann. Dies
      gehört zur Dialektik des Liberalismus, mit der wir uns in Kapitel II., 5.
      noch eingehend beschäftigen werden.

17   Insofern war Lenins Analyse, wonach das Proletariat von sich aus
      lediglich ein gewerkschaftliches, nicht revolutionäres Bewußtsein
      hervorbringen könne und deshalb der Führung der kommunistischen
      Partei bedürfe, von seinem revolutionären Standpunkt zwar an sich
      richtig, aber nur die Konkretisierung eines viel allgemeineren Problems.

18   Es ist hier nicht der Ort, auf den Kirchenbegriff verschiedener
      christlicher Konfessionen einzugehen. Wenn ich von »Kirche« spreche,
      meine ich im vorliegenden Zusammenhang allgemein die Kirche
      Jesu Christi und überlasse es dem Glauben des Lesers, welche
      christlichen Gemeinschaften er in diesem Sinne als Teil der Kirche
      ansieht und welche nicht.

19   Gen 3,5.

20   BRUCE G. CHARLTON: »Clever Sillies – Why the high IQ lack common sense«, in: *Medical Hyptheses*, 73, 2009, S. 867–870, zitiert nach www.medical-hypotheses.blogspot.de (abgerufen am 4.2.2013).

21   ebd.: »When the most intelligent people over-ride the social intelligence systems and apply generic, abstract and systematic reasoning of the kind which is enhanced among higher IQ people, they are ignoring an ›expert system‹ in favour of a non-expert system.«

22   ebd.: »... the motivation behind the moralizing venom of political correctness is the fact that spontaneous human instincts are universal and more powerfully-felt than the absurd abstractions of PC; plus the fact that common sense is basically correct while PC is perversely wrong. Hence, at all costs a fair debate must be prevented if the PC consensus is to be protected. Common sense requires to be stigmatized in order that it is neutralized.«

23   Daß das Wort »Diskriminierung«, das lediglich »Unterscheidung« bedeutet, von kaum jemandem mehr wertneutral aufgefaßt werden kann, sondern regelmäßig als Bezeichnung eines »Unrechts« interpretiert wird, illustriert, mit welcher Selbstverständlichkeit und Gedankenlosigkeit unsere Gesellschaft den Egalitarismus linker Ideologie bejaht: Daß Diskriminierung, also Unterscheidung, per se ein Unrecht sei, kann nämlich nur bejahen, wer prinzipiell ein Recht auf bzw. eine Pflicht zur Nichtunterscheidung postuliert, und zwar auch dann, wenn das Kriterium, nach dem unterschieden wird, das Verhalten des Betroffenen selbst ist.

24   Man betrachte zum Beispiel das Verhalten des Schriftstellers Stefan Heym, der nach der Machtergreifung Hitlers aus Deutschland nach Amerika floh, die amerikanische Staatsbürgerschaft annahm und im Zweiten Weltkrieg für Amerika kämpfte. In dieser Zeit fühlte er sich bestimmt aufrichtig als Amerikaner. Wegen des Koreakrieges und der McCarthy-Politik gab er seine Staatsbürgerschaft zurück. Kann man sich vorstellen, daß ein gebürtiger Amerikaner diese Konsequenz gezogen hätte?

25   KARL MARX: *Zur Kritik der Hegelschen Rechtsphilosophie. Einleitung*, in: *MEW* Bd. 1, Berlin 1981, S. 378–391, S. 385.

26   Man denke an Bakunins Polemik, vgl. RUDOLF BAHRO: *Die Alternative. Zur Kritik des real existierenden Sozialismus*, Frankfurt/M. 1977, S. 47f.

27 Es entbehrt allerdings nicht einer gewissen Ironie, daß die Marxisten, nachdem sie an die Macht gekommen waren, sich ihrerseits als unfähig erwiesen, den totalitären Herrschaftscharakter des von ihnen selbst konstruierten sozialen Zusammenhangs zu durchschauen und angemessen zu kritisieren. Ausnahmen bestätigen lediglich die Regel.

28 siehe Kap. III, 2.5.

29 Kleine-Hartlage: *Das Dschihadsystem.*

30 vgl. Kleine-Hartlage: *Das Dschihadsystem,* S. 16, S. 39f.

31 [Fußnote im Orignal:] vgl. z.B. die Verwendung der Begriffe »Islamophobie« und »Homophobie« bei Wilhelm Heitmeyer: *Deutsche Zustände. Folge 6,* Frankfurt/M. 2007.

32 Kleine-Hartlage: *Das Dschihadsystem,* S. 18f.

33 Wie sehr unsere Gesellschaft tatsächlich immer mehr auf einen »neuen Menschen« zugeschnitten wird, wird kritisch reflektiert bei Karl Otto Hondrich: *Der Neue Mensch,* Frankfurt/M. 2001.

34 Es sei denn von einem Genie wie Rudolf Bahro, dessen marxistische Analyse (*Die Alternative. Zur Kritik des real existierenden Sozialismus,* Köln/Frankfurt 1977) der Herrschaft von Marxisten unter letzteren freilich denkbar unpopulär war, was damit zusammenhängen dürfte, daß sie, zu Ende gedacht, die Unmöglichkeit eines nichttotalitären Kommunismus bewies, obwohl Bahro selbst dieser Konsequenz nach Kräften zu entgehen versuchte. Selbst kritische Marxisten spürten instinktiv, daß Bahros Theorie letztlich auf die Selbstwiderlegung des Marxismus hinauslief.

35 Als die NPD-Fraktion im mecklenburgischen Landtag Anfang 2012 – gewiß in provozierender Absicht – den Antrag stellte, »den biologi-schen Fortbestand des deutschen Volkes zu bewahren«, wurde diese Forderung nicht etwa achselzuckend als Selbstverständlichkeit abge-tan, auch nicht als etwas Unwichtiges, sondern von der stellvertretenden Vorsitzenden der SPD-Fraktion, explizit im Namen der »demokratischen Fraktionen des Landtags« mit flammender Empörung und der Begrün-dung zurückgewiesen, dies zu fordern sei »rassistisch und menschen-verachtend, engstirnig und rückwärtsgewandt zugleich« und zeige »geistige Nähe zur NS-Ideologie (...) Sie stellen somit das deutsche Volk über alle anderen Menschen. Gerade diese Arroganz und der damit verbundene Größenwahn der Überlegenheit anderen Völkern gegenüber

hat der Menschheit in der Vergangenheit immer wieder Tod, Zerstörung und Unglück gebracht.«, zitiert nach MARTIN LICHTMESZ: »Es lebe der Volkstod«, *Sezession im Netz*, siehe www.sezession.de vom 9. Februar 2012 (abgerufen am 16.3.2013). Lichtmesz kommentiert: »Das eigene Staatsvolk also zugrunde gehen zu lassen (der ›Volkstod‹ oder wie immer man es nennen will, ist eine unbestreitbare demographische Tatsache, an der keine Rhetorik etwas ändern kann) wäre demnach ›antirassistisch und menschenliebend, großherzig und vorwärtsgewandt zugleich‹, während schon das bloße Ansinnen, als Volk zu überleben und seine Eigenart sowie ein positives Selbstwertgefühl zu bewahren, Zeichen von ›Arroganz‹, ›Größenwahn‹ und Selbstüberhebung sei. Und diese Politik der Deutschland- und Deutschenabschaffung führe dann wohl zu Leben, Aufbau und Glück.«

36 EUROPARAT: Parlamentarische Versammlung, »Combating sexist stereotypes in the media«, siehe www.medrum.de (abgerufen am 31.3.2013).

37 In *Das Dschihadsystem* habe ich gezeigt, daß islamisch geprägte Gesellschaften konservativ in dem Sinne sind, daß der Islam die ethischen, rechtlichen und kulturellen Grundlagen der Gesellschaft direkt aus dem ewigen Willen Allahs ableitet und damit der Veränderung entzieht. Konfrontiert mit einer westlichen Gesellschaft, die das notwendige Gleichgewicht zwischen Stabilität und Dynamik zugunsten einer allumfassenden Dynamik aufgegeben hat, kann er sich auf die Dauer durchaus als das stärkere System erweisen: »Die Gefahr, daß die offene Gesellschaft von den von ihr selbst hervorgebrachten Zentrifugalkräften zerrissen wird, ist heute realer denn je, und der Islam dringt jetzt bereits als alternatives Ordnungssystem in diejenigen immer größer werdenden Nischen vor, in denen die westliche Gesellschaft es nicht mehr vermag, stabile Strukturen wechselseitiger Erwartungen zu sichern. (...) Komplexität erhöht die *Leistungsfähigkeit* eines Systems, hier also der westlichen Gesellschaft, aber *nicht* ihre *Stabilität*. Daher kann der Islam sich am Ende durchaus als der lachende Erbe einer westlichen Zivilisation herausstellen, die von ihrer Eigendynamik zerrissen wurde.« KLEINE-HARTLAGE: *Das Dschihadsystem*, S. 224f.

38 siehe Seite 36f.

39 siehe www.eur-lex.europa.eu (abgerufen am 3.4.2013).

40 siehe www.internet-strafrecht.com (abgerufen am 3.4.2013).

41   vgl. meinen Blogartikel »Bei Nacht und Nebel« vom 29.10.2010,
siehe www.korrektheiten.com (abgerufen am 3.4.2013).

42   siehe Kap. I. 14.

43   GEORGE ORWELL: *1984*, Taschenbuchausgabe Ullstein-Verlag,
Frankfurt/M. 1976, S. 195.

44   Vor vielen Jahren wurden in »Versteckte Kamera« die Versuchs-
personen aufs Glatteis gelockt, indem ein Passant, scheinbar mit einem
Stadtplan in der Hand, sie nach dem Weg zum Bahnhof fragte und sich
diesen Weg auf dem »Stadtplan« erklären ließ, der in Wirklichkeit
ein Schnittmuster aus »Burda Moden« war. Da entspannen sich dann
(sinngemäß aus dem Gedächtnis zitiert) Dialoge wie: »Also, sie müssen
jetzt hier geradeaus« – »Bei ›Fadenlauf‹?« – »Ja genau, und dann hier
rechts ...« – »Richtung ›Tasche‹?« – »Ja, ja. Und dann links« – »An
›Knopfloch‹ vorbei?« – »Ganz recht.« Die Bereitschaft, eine angebotene
Situationsdefinition (hier also das Schnittmuster als »Stadtplan«) als
»wahr« zu übernehmen, kann so stark sein, daß auch offenkundige
Widersprüche in oder zu dieser Definition nicht wahrgenommen werden.

45   siehe www.pi-news.net.

46   Man denke an manche »Islamkritiker«, Ralph Giordano zum Beispiel,
und deren hysterische Verleumdung von Organisationen wie den Pro-
Parteien. Vgl. MANFRED KLEINE-HARTLAGE: *Feindbild Islamkritik* (Rezension), in: *Korrektheiten*, 7.5.2011, siehe www.korrektheiten.com
(abgerufen am 10.4.2013).

47   Es handelt sich nicht etwa um hypothetische Beispiele. Beide
Äußerungen sind mir aus zuverlässiger Quelle hinterbracht worden.

48   Die semantische Odyssee des Wortes »rechts« sagt überhaupt einiges
über die Technik der (bewußten) Begriffsverwirrung als Herrschafts-
instrument aus: Früher war jeder rechts, der nicht links oder liberal war.
Von einer gewissen Zeit an wandte die Linke das Wort immer dann an,
wenn offiziell nur Rechtsextremisten gemeint waren, bis sie die Meinung
verbreitet hatte, »rechts« und »rechtsextrem« seien dasselbe. Das Ergebnis dieser Manipulation ist, daß »rechts«, ein an sich wertneutraler
Begriff der politischen Gesäßgeographie, heute zugleich eine Verunglimpfung enthält, mit deren Hilfe Konservative ins Tal der Aussätzigen
gedrängt werden.

49   So ist es etwa dem Verfasser dieses Buches ergangen, der früher selbst zur politischen Linken gehörte, irgendwann aber feststellen mußte, daß deren Ideologie ihn an der Erkenntnis der Wirklichkeit hinderte, und daraufhin zu einer vollständigen Revision seines politischen Weltbildes gezwungen war. Vgl. KLEINE-HARTLAGE: *Warum ich kein Linker mehr bin*

50   Ich beziehe mich hier auf den wissenschaftlichen, nicht etwa den religiösen Wahrheitsbegriff. Es geht hier um Wahrheit im allerschlichtesten (weltimmanenten, nicht transzendenten) Sinne der Übereinstimmung einer Aussage mit der empirischen, wahrnehmbaren Wirklichkeit.

51   Erst recht konnten sie sich nicht leisten zuzugeben, daß das, wovor Sarrazin warnte, nämlich die Selbstabschaffung Deutschlands, aus ihrer Sicht eine erhebende Vision ist.

52   siehe www.culcom.uio.no vom 21.4.2011: Auf die Frage des Interviewers: »Blank spots? Topics that ought to be researched more thoroughly?« antwortete Eriksen: »The most important blank spot exists now in deconstructing the majority so thoroughly that it can never be called the majority again.«

53   siehe S. 19 f.

54   siehe Kap. II., 3.6.

55   KLEINE-HARTLAGE: *Warum ich kein Linker mehr bin*, S. 24 f.

56   siehe insbesondere Kap. I., 16.

57   siehe Kap. I., 12.

58   siehe Kap. I., 16.

59   Das betrifft nicht nur die rein fachlichen Qualifikationen, sondern auch Dinge wie Arbeitseinstellung, Gesundheit, wirtschaftliches Verständnis usw.

60   Was selbstredend nicht bedeutet, daß alles, was die Wissenschaft behauptet, deshalb schon wahr wäre, sondern daß das, was von der Wissenschaft als unwahr bezeichnet wird, von der Gesellschaft in anderen, also nichtwissenschaftlichen Zusammenhängen nicht als wahr akzeptiert werden wird.

61   Die präzise Definition dieser Leitunterscheidungen ist teilweise Gegenstand der soziologischen Debatte. So könnte man für das Wirtschaftssystem auch die Unterscheidung Gewinn/Verlust oder für die Politik Macht/Nicht-Macht oder Regierung/Opposition einführen (die hier

bevorzugte Unterscheidung lehnt sich an Carl Schmitt an, vgl. CARL SCHMITT: *Der Begriff des Politischen*. Text von 1932 mit einem Vorwort und drei Corollarien, Berlin 2009, S. 26). An dieser Stelle geht es nicht darum, eine Einführung in die soziologische Systemtheorie zu liefern, sondern den Leser für das Wesen von Differenzierung und insbesondere für die Problematik von Entdifferenzierungsprozessen zu sensibilisieren, und dazu sollte die verwendete Begrifflichkeit ausreichen.

62   Ein gelernter Systemtheoretiker würde hier freilich einwenden, daß von Entdifferenzierung in diesem Zusammenhang nicht gesprochen werden könne, wenn diese Systeme ihren Spielraum lediglich in einer Weise nutzten, die den unterstellten Kartellinteressen bloß entgegenkäme. Die Informationsauswahl der Medien, die Forschungsprogramme der Wissenschaft oder die Auslegung unbestimmter Rechtsbegriffe durch die Justiz könnten durchaus systemfremde Erwägungen berücksichtigen, ohne daß dies bereits ihre Autonomie beeinträchtige. Ein solcher Einwand wäre theorieimmanent stichhaltig, seine Begrifflichkeit ginge aber am hier verfolgten Erkenntnisinteresse vorbei.

63   Vgl. für die Bedeutung dieses Zusammenhangs in der internationalen Politik CARL SCHMITT: *Die Wendung zum diskriminierenden Kriegsbegriff*, München 1938.

64   ANGELA MERKEL: Rede von Bundeskanzlerin Merkel auf der Konferenz »Falling Walls«, gehalten am 9. November 2009 in Berlin; siehe www.bundesregierung.de (abgerufen am 5.4.2013).

65   vgl. KLEINE-HARTLAGE: *Das Dschihadsystem*, S. 103.

66   »So macht etwa die feministische Propaganda viel Aufhebens darum, daß die Lehrstühle der Universitäten überwiegend von Männern besetzt sind, und schließt daraus, Frauen seien ›diskriminiert‹. Männer sind aus dieser Sicht also nicht etwa deshalb überrepräsentiert, weil sie – aus welchen Gründen auch immer – in größerer Zahl bessere wissenschaftliche Leistungen vollbringen, also aufgrund der Eigenlogik wissenschaftlicher Konkurrenz, sondern weil sie – dies ist die Implikation der Diskriminierungsthese – sich gegen Frauen verschwören. Diese Logik entspricht exakt der der Nationalsozialisten, die die Überrepräsentation von Juden nicht etwa auf deren wissenschaftliche Leistungsfähigkeit zurückführten, sondern auf ihre Verschwörung gegen die ›Arier‹.« (KLEINE-HARTLAGE: *Warum ich kein Linker mehr bin*, S. 39f.).

67   Matthias Kamann: »Migrantinnen passen sich deutscher Geburtenrate an«, *Welt-Online* vom 10.8.2010, siehe www.welt.de (abgerufen am 7.4.2013).

68   Nadja Milewski: *Fertility of immigrants: a two-generational approach in Germany,* Heidelberg 2010.

69   Thilo Sarrazin: *Deutschland schafft sich ab: Wie wir unser Land aufs Spiel setzen,* München 2010.

70   Alle Zahlen nach Kleine-Hartlage: *Das Dschihadsystem,* S. 275–279.

71   Margreth Lünenborg/Simon Berghofer: *Politikjournalistinnen und -journalisten. Aktuelle Befunde zu Merkmalen und Einstellungen vor dem Hintergrund ökonomischer und technologischer Wandlungsprozesse im deutschen Journalismus,* Freie Universität Berlin 2010, S. 13.

72   vgl. Kleine-Hartlage: *Warum ich kein Linker mehr bin,* S. 54–61.

73   vgl. Kleine-Hartlage: *Neue Weltordnung,* insb. S. 50–68.

74   »Ilse Aigner unterstützt ›Netz gegen Nazis‹«, *Junge Freiheit,* siehe www.jungefreiheit.de vom 12.10.2010 (abgerufen am 11.4.2013).

75   Die diskriminierende Bespitzelung der Linkspartei durch den Verfassungsschutz bildet eine Ausnahme, die die Regel bestätigt, aber an dem Tag ihr Ende finden wird, an dem diese Partei sich bereit findet, die Politik der Entmachtung des Nationalstaates zugunsten supranationaler Institutionen, etwa EU und NATO, also wiederum eine Politik der Entstrukturierung und Entdifferenzierung, gutzuheißen.

76   Ich selbst halte dies für eine Milchmädchenrechnung; der Islam hat eine starke ordnungsbildende Kraft, die sich gerade in zerfallenden Gesellschaften zeigt; vgl. Kleine-Hartlage: *Das Dschihadsystem,* S. 223f.

77   vgl. Youssef Courbage/Emmanuel Todd: *Die unaufhaltsame Revolution. Wie die Werte der Moderne die islamische Welt verändern,* München 2008 und Hamad Abd-el Samad: *Der Untergang der islamischen Welt. Eine Prognose,* München 2011.

78   So Bassam Tibis gelungene Formulierung, z.B. in Bassam Tibi: *Die neue Weltunordnung. Westliche Dominanz und islamischer Fundamentalismus,* München 2001, S. 68.

79   Kleine-Hartlage: *Warum ich kein Linker mehr bin,* S. 65f.

80   siehe Kap. II., 7.

81   Und damit auch ja alle in Frage Kommenden dieses Schicksal erkennen und sich nicht etwa irrtümlich für heterosexuell halten, wird schon an

Grundschulen dafür gesorgt, daß Kinder ein positives Verhältnis zur Homosexualität bekommen, um einer eventuell vorhandenen latenten Bisexualität beste Chancen auf Vereindeutigung in Richtung Homosexualität zu geben (und nicht etwa umgekehrt, wie es jede Gesellschaft tut, die Interesse an ihrem Fortbestand hat). Vgl. hierzu Gabriele Kuby: *Die globale sexuelle Revolution. Zerstörung der Freiheit im Namen der Freiheit,* Kisslegg 2012, S. 293–367. Es gibt übrigens starke empirische Hinweise darauf, daß Homosexualität in der Regel keineswegs einfach »angeboren« ist, sondern in erheblichem Maße auf störenden Umwelteinflüssen während der kindlichen bzw. juvenilen Entwicklung basiert; vgl. z.B. auf der Basis praktischer Erfahrung als Psychotherapeutin Christa Meves: *Verführt. Manipuliert. Pervertiert. Die Gesellschaft in der Falle modischer Irrlehren. Ursachen – Folgen – Auswege,* 4. Aufl., Gräfelfing 2007, S. 125–142.

82   Martin Lichtmesz: »Die Vielen und die Totgesagten«, in: *Die Verteidigung des Eigenen. Fünf Traktate,* Schnellroda 2011, S. 61.

83   ebd.: S. 62f.

84   vgl. Kleine-Hartlage: *Das Dschihadsystem,* S. 185–194.

85   Volker Zastrow: *Gender. Politische Geschlechtsumwandlung,* Waltrop und Leipzig 2006; zum Gesamtkomplex der Ideologie des »Gender Mainstreaming« und seiner politischen Durchsetzung vgl. auch Kuby: *Die globale sexuelle Revolution,* insbesondere S. 77–106, S. 149–173.

86   Die Rede ist hier von der seit Ende 2005 amtierenden Großen Koalition, in der allerdings eine CDU-Ministerin – Ursula von der Leyen – unter anderem für den Bereich »Frauengleichstellung« zuständig war.

87   ebd.: S. 7f.

88   ebd.: S. 9.

89   ebd.: S. 23ff.

90   siehe Kap. III., 2.3.

91   ebd.: S. 25.

92   ebd.: S. 25f.

93   Diesen strafrechtlichen Aspekt des Globalregimes und seine politischen Implikationen, besonders die faktische Aufhebung der staatlichen Souveränität habe ich am Beispiel des Haftbefehls gegen den libyschen Staatschef Gaddafi herausgearbeitet in Kleine-Hartlage: *Neue Weltordnung,* S. 22–27.

94   vgl. ebd.: S. 60–83.

95   ebd.: S. 18f.

96   Vor den totalitären Implikationen des Anspruchs »die wahren Interessen der Menschheit der Zukunft zu vertreten«, warnt auch Harald Seubert mit der Begründung, daß Gegner dann »nicht nur zu Feinden dieses partikularen Staates, sondern der gesamten Menschheit erklärt werden. Wer davon ausgeht, legitimiert zu sein, seine Gegner zu absoluten Feinden und Unpersonen zu erklären, hat damit faktisch auch das Recht, alle nur erdenklichen Mittel einzusetzen, wenn sie nur dem Ziel dienen, einen solchen Feind abzuwehren«. SEUBERT: *Jenseits von Sozialismus und Liberalismus*, S. 125.

97   Für konkretere Angaben vgl. bezüglich der deutschen Migrationspolitik KLEINE-HARTLAGE: *Neue Weltordnung*, S. 50–68; im Hinblick auf die systematische Förderung und Verbreitung linker Ideologie durch die Stiftungen des amerikanischen Großkapitals, unter anderem durch die Rockefeller-, Ford- und Carnegie-Foundation (mit genauen Angaben insbesondere über Höhe und Empfänger der Fördersummen) vgl. KERRY BOLTON: *Revolution from Above. Manufacturing ›Dissent‹ in the New World Order*, Großbritannien 2011.

Literaturverzeichnis

ABD-EL SAMAD, HAMAD: *Der Untergang der islamischen Welt. Eine Prognose,*
München 2011;

BAHRO, RUDOLF: *Die Alternative. Zur Kritik des real existierenden Sozialismus,*
Frankfurt/M. 1977;

BOLTON, KERRY: *Revolution from Above. Manufacturing ›Dissent‹ in the New World
Order,* Großbritannien 2011;

CHARLTON, BRUCE G.: »Clever Sillies – Why the high IQ lack common sense«, in:
Medical Hyptheses, 73, 2009, S. 867–870,
zit. nach www.medicalhypotheses.blogspot.de;

COURBAGE, YOUSSEF/TODD, EMMANUEL: *Die unaufhaltsame Revolution. Wie die Werte
der Moderne die islamische Welt verändern,* München 2008;

EUROPARAT: *Parlamentarische Versammlung, Combating sexist stereotypes in
the media,* siehe www.medrum.de;

EUROPARAT: *Zusatzprotokoll zum Übereinkommen über Computerkriminalität
betreffend die Kriminalisierung mittels Computersystemen begangener
Handlungen rassistischer und fremdenfeindlicher Art,*
siehe www.internet-strafrecht.com;

FLAIG, EGON: »Der Islam will die Welteroberung«, in: *FAZ,* 16.9.2006, Nr. 216, S. 35,
siehe www.faz.net;

HEITMEYER, WILHELM: *Deutsche Zustände, Folge 6,* Frankfurt/M. 2007;

HONDRICH, KARL OTTO: *Der Neue Mensch,* Frankfurt/M. 2001;

JUNGE FREIHEIT: »Ilse Aigner unterstützt ›Netz gegen Nazis««, *Junge Freiheit*
(Netzausgabe), siehe www.jungefreiheit.de vom 10.12.2010;

KAMANN, MATTHIAS: »Migrantinnen passen sich deutscher Geburtenrate an«,
welt-online, siehe www.welt.de vom 10.8.2010;

KLEINE-HARTLAGE, MANFRED: *Das Dschihadsystem. Wie der Islam funktioniert,*
Gräfelfing 2010;

DERS.: *Neue Weltordnung. Zukunftsplan oder Verschwörungstheorie?,* Schnellroda 2011;

DERS.: *Warum ich kein Linker mehr bin,* Schnellroda 2012;

DERS.: »Bei Nacht und Nebel«, in: *Korrektheiten*,
   siehe www.korrektheiten.com vom 29.10.2010;

DERS.: »Feindbild Islamkritik« (Rezension), in: *Korrektheiten*,
   siehe www.korrektheiten.com vom 7.5.2011;

KOHLHAMMER, SIEGFRIED: *Islam und Toleranz. Von angenehmen Märchen
   und unangenehmen Tatsachen*, Springe 2011:

KUBY, GABRIELE: *Die globale sexuelle Revolution. Zerstörung der Freiheit
   im Namen der Freiheit*, Kisslegg 2012;

LICHTMESZ, MARTIN: *Die Verteidigung des Eigenen. Fünf Traktate*, Schnellroda 2011;

DERS.: »Es lebe der Volkstod«, in: *Sezession im Netz*,
   siehe www.sezession.de vom 9.2.2012;

LÜNENBORG, MARGRETH/BERGHOFER, SIMON: *Politikjournalistinnen und -journalisten.
   Aktuelle Befunde zu Merkmalen und Einstellungen vor dem Hintergrund
   ökonomischer und technologischer Wandlungsprozesse im deutschen Journalismus*,
   Freie Universität Berlin 2010;

MARX, KARL: *Zur Kritik der Hegelschen Rechtsphilosophie*, Einleitung,
   in: *MEW* Bd. 1, Berlin 1981, S. 378–391;

MERKEL, ANGELA: Rede von Bundeskanzlerin Merkel auf der Konferenz »Falling
   Walls«, gehalten am 9. November 2009 in Berlin;
   siehe www.bundesregierung.de;

MEVES, CHRISTA: *Verführt. Manipuliert. Pervertiert. Die Gesellschaft in der Falle
   modischer Irrlehren. Ursachen – Folgen – Auswege*, 4. Aufl., Gräfelfing 2007;

MILEWSKI, NADJA: *Fertility of immigrants: a two-generational approach in Germany*,
   Heidelberg 2010;

ORWELL, GEORGE: *1984*, Frankfurt/M. 1976;

RAT DER EUROPÄISCHEN UNION: Rahmenbeschluss zur strafrechtlichen
   Bekämpfung bestimmter Formen und Ausdrucksweisen von Rassismus und
   Fremdenfeindlichkeit, siehe www.eur-lex.europa.eu vom 28.8.2008;

SARRAZIN, THILO: *Deutschland schafft sich ab: Wie wir unser Land
   aufs Spiel setzen*, München 2010;

SCHMITT, CARL: *Der Begriff des Politischen*, Text von 1932 mit einem Vorwort und
   drei Corollarien, Berlin 2009;

DERS.: *Die Wendung zum diskriminierenden Kriegsbegriff*, München 1938;

SPENGLER, OSWALD: *Der Untergang des Abendlandes. Umrisse einer Morphologie
   der Weltgeschichte*, Patmos Verlag Düsseldorf 2007;

Seubert, Harald: *Jenseits von Sozialismus und Liberalismus. Ethik und Politik am Beginn des 21. Jahrhunderts,* Gräfelfing 2011;

Tibi, Bassam: *Die neue Weltunordnung. Westliche Dominanz und islamischer Fundamentalismus,* München 2001;

Zastrow, Volker: *Gender. Politische Geschlechtsumwandlung,* Waltrop und Leipzig 2006

Manfred Kleine-Hartlage bei Antaios

Reihe Antaios Thema

Fjordman
Europa verteidigen – Zehn Texte
246 S., 19 €
ISBN: 978-3-935063-65-4

Der norwegische Publizist Fjordman
veröffentlicht seit 2005 Essays, in denen
er den Untergang Europas aufgrund
von Masseneinwanderung und Ver-
teidigungsschwäche skizziert. Martin
Lichtmesz und Manfred Kleine-Hartlage
haben ihn übersetzt und kommentiert.

Götz Kubitschek / Michael Paulwitz
Deutsche Opfer, fremde Täter
272 S., 19 €
ISBN: 978-3-935063-66-1

Ausländergewalt ist eine Alltagserschei-
nung, die zu einem entscheidenden
politischen Problem geworden ist. Kann
man der aggressiven Landnahme noch
Einhalt gebieten? Der Fall Daniel S.
(Kirchweyhe) ist einer von vielen. Die
Chronik im Buch beweist dies.

VERLAG  ANTAIOS

Rittergut Schnellroda · 06268 Steigra
Tel/Fax (034632) 9 09 41 · www.antaios.de